2019年中国十大宪法事例评析

ZHONGGUO SHIDA XIANFA SHILI PINGXI

中国人民大学宪治与行政法治研究中心

主　编／胡锦光
副主编／王　锴　王　旭

法律出版社
LAW PRESS·CHINA

编委会

王　锴

1978年生，男，陕西汉中人，法学博士。北京航空航天大学法学院长聘教授、博士研究生导师。现任北京航空航天大学宪法与行政法研究中心主任、备案审查制度研究中心主任、最高人民法院少年司法研究基地执行主任。兼任中国法学会宪法学研究会常务理事、学术委员会委员；中国科技法学会常务理事、《中国大百科全书》（第三版·宪法学分支）副主编、司法部法规规章备案审查专家委员会委员等。1997～2007年在中国人民大学分别获历史学学士、法学硕士和法学博士学位。2013～2014年在德国弗莱堡大学担任访问学者。

主要从事宪法学、行政法学的教学与研究工作。在《中国法学》《法学研究》等CLSCI期刊发表学术论文30余篇。主持国家社科基金重大项目，教育部、司法部、北京市等省部级以上课题10余项。

获第一届韩德培法学奖青年原创成果奖、第十届中青年宪法学者优秀科研成果一等奖、中国法学会第十届中国法学青年论坛主题征文一等奖、第二届首都法学优秀成果奖论文类三等奖、第七届中青年宪法学者优秀科研成果二等奖、第六届中青年宪法学者优秀科研成果三等奖、中国法学会第十二届中国法学青年论坛主题征文优秀奖等奖励多项。

王　旭

1981年生，男，湖南长沙人，法学博士。中国人民大学法学院教授、博士研究生导师，教育部“长江学者奖励计划”之青年学者（2018年），首批中国人民大学“杰出学者”（青年学者A岗)。兼任最高人民法院国家责任研究基地秘书长、北京市人民政府立法工作法律专家委员会委员、中国人民大学法治与社会治理研究中心执行主任等。

主要从事宪法学、行政法学、国家法学的教学与研究工作。出版专著两部，在《中国社会科学》《法学研究》《中国法学》《求是》等刊物独立发表论文40余篇。主持国家社科基金一般项目、国家社科基金重大项目子课题、教育部人文社科项目、中组部党建研究重点项目、北京市社科基金、中国法学会、司法部等国家级、省部级课题多项。

获国家级高等教育教学成果奖一等奖、第三届中国法学优秀成果奖一等奖、第十五届北京市哲学社会科学优秀成果奖二等奖、第六届“董必武青年法学成果奖”一等奖、中国法学会宪法学中青年优秀成果一等奖等国家级、省部级奖励多项。

序论：我国法院适用宪法的空间

胡锦光*

引言：问题的缘起

任何一个国家的法院，其职能都在于力求公正、准确地就当事人之间的权利义务纠纷作出裁判。为完成这一根本目的，其案件审理活动的主要内容为两项，即在运用证据查明案件事实的基础上，选择最恰当的法律规范作为依据作出裁判。通常情况下，法院在法律规范中选择一个最妥当的法律规范作出裁判即告终结，但在某些情况下，法院在选择适用最恰当的法律规范时，可能涉及是否适用比法律规范效力更高的宪法规范的问题：(1)当作为案件裁判依据的法律规范是否符合宪法存在争议时，法院能否适用宪法判断该法律规范是否符合宪法，即能否进行合宪性审查？(2)在没有法律规范时，法院能否单独适用宪法作为裁判依据？(3)法院能否将宪法规范和法律规范同时并用共同作为裁判依据？(4)法院能否为了理解法律规范，在裁判理由部分适用宪法，阐释宪法原理？

最高人民法院在关于法院裁判文书中能否适用宪法的问题上，发布过以下态度不一或者态度不明确的文件：(1)1955年关于法院不得引用宪法作为刑事案件的审理依据的司法解释；①(2)1986年关于法院审理案

---

* 中国人民大学法学院教授。

① 1955年7月30日最高人民法院研字第11298号对当时新疆省高级人民法院的请求作出批复：在刑事判决中，宪法不宜引为论罪科刑的依据。反对者认为，这一批复只是说在宪法不宜引为论罪科刑的依据，并没有说在民事、经济和行政等判决中不可以引用宪法，也没有说在刑事诉讼中不可以适用宪法。参见王振民：《我国宪法可否进入诉讼》，载《法商研究》1999年第5期。

件时可以适用的法律依据的肯定式规定中没有列举宪法;①(3)1988年10月14日,最高人民法院在(88)民他字第1号《最高人民法院关于雇工合同"工伤概不负责"是否有效的批复》中,允许法院在法无明文规定的情况下,直接援引宪法关于公民享有劳动权的规定,确认该类协议无效。②(4)1989年通过的我国《行政诉讼法》(2014年修改)在明确列举的裁判依据中也没有列明宪法;③(5)最高人民法院在法释〔2001〕25号《关于以侵犯姓名权的手段侵犯宪法保护的公民受教育的基本权利是否应承担民事责任的批复》中允许法院在裁判依据部分适用宪法;④(6)据悉,最高人民法院于2008年向全国各级法院发布的通知中明确规定,法院裁判文书一律不得引用宪法;⑤(7)最高人民法院于2009年7月13日由审判委员会第1470次会议通过、自2009年11月4日起施行的《关于裁判文书引用

---

① 1986年10月28日,最高人民法院法(研)复[1986]31号对江苏省高级人民法院《关于制作法律文书应如何引用法律规范性文件的批复》中认为,法律、行政法规、地方性法规、自治条例和单行条例可以引用,而国务院各部委发布的命令、指示和规章,各县、市人大通过和发布的决定、决议,地方各级人民政府发布的决定、命令和规章以及最高人民法院的意见和批复等规范性文件不得引用。反对者认为,这一批复只罗列了各种"子法",没有把"母法"包括进去。对人民法院是否可以引用宪法规定判案,该批复既没有肯定,也没有否定,采取了回避态度。参见王振民:《我国宪法可否进入诉讼》,载《法商研究》1999年第5期。

② 参见周伟:《宪法基本权利司法救济研究》,中国人民公安大学出版社2003年版,第185页。

③ 《行政诉讼法》第63条规定,人民法院审理行政案件,以法律和行政法规、地方性法规为依据。地方性法规适用于本行政区域内发生的行政案件。人民法院审理民族自治地方的行政案件,并以该民族自治地方的自治条例和单行条例为依据。人民法院审理行政案件,参照规章。

④ 最高人民法院法释〔2001〕25号批复:山东省高级人民法院:你院1999鲁民终字第258号《关于齐玉苓与陈晓琪、陈克政、山东省济宁市商业学校、山东省滕州市第八中学、山东省滕州市教育委员会姓名权纠纷一案的请示》收悉。经研究,我们认为,根据本案事实,陈晓琪等以侵犯姓名权的手段,侵犯了齐玉苓依据宪法规定所享有的受教育的基本权利,并造成了具体的损害后果,应承担相应的民事责任。

⑤ 该通知因属于法院系统的内部文件,未向社会公开,故无法查阅。

法律、法规等规范性法律文件的规定》中未明确列明《宪法》；[①](8)最高人民法院于2016年6月28日通过的《人民法院民事裁判文书制作规范》规定，裁判文书不得引用宪法作为裁判依据，但其体现的原则和精神可以在说理部分予以阐述[②]。

法院系统对于在裁判文书中引用宪法的做法也极为不一：(1)有的是在裁判主文中援引宪法规定（将宪法规定作为裁判依据）；(2)有的是在裁判理由中援引宪法规定；(3)有的是在裁判事实部分援引宪法规定。[③]从裁判文书中引用宪法的作用看，有的是作为双方当事人主张权利的依据，有的是作为法院判决书的说理部分，有的是明确作为裁判依据。[④]

尤其是最高人民法院在法院能否适用宪法上态度摇摆不定。最高人民法院的法释〔2001〕25号《关于以侵犯姓名权的手段侵犯宪法保护的公民受教育的基本权利是否应承担民事责任的批复》，明确法院可以将宪法作为裁判依据予以适用，山东省高级人民法院正是据此批复及宪法条款就齐玉苓案作出终审判决。而该批复又于2008年被最高人民法院废止，[⑤]并明令各级法院不得在判决文书的任何办法适用宪法。

我国学者对于法院能否适用宪法作为裁判理由并未展开争论，对于能否将宪法条款作为裁判依据分别持赞成和反对两论。赞成者认为，法院应当将宪法作为裁判依据：(1)宪法的法律性质决定了宪法应当作为审判依据；(2)宪法的一些实在内容具有可诉性；(3)宪法的原则性、概括性并不构成作为审判依据的障碍，反而正好可以弥补法律漏洞；(4)宪法中的许多规定无法通过法律来具体化；(5)宪法进入诉讼，有助于实现法治、

---

① 第2条规定，并列引用多个规范性法律文件的，引用顺序如下：法律及法律解释、行政法规、地方性法规、自治条例或者单行条例、司法解释。同时引用两部以上法律的，应当先引用基本法律，后引用其他法律。引用包括实体法和程序法的，先引用实体法，后引用程序法。

② 该制作规范之4.裁判文书不得引用宪法和各级人民法院关于审判工作的指导性文件、会议纪要、各审判业务庭的答复意见以及人民法院与有关部门联合下发的文件作为裁判依据，但其体现的原则和精神可以在说理部分予以阐述。

③ 参见余军等：《中国宪法司法适用之实证研究》，中国政法大学出版社2017年版，第11页。

④ 参见王禹编著：《中国宪法司法化：案例评析》，北京大学出版社2005年版，第7页。

⑤ 2008年12月18日，最高人民法院发布公告称，自当月24日起，废止2007年年底以前发布的27项司法解释。其中包括这一批复。

民主、宪政等价值。[①] 反对者认为，法院不应当将宪法作为裁判依据。其主要理由是：(1)刻意追求宪法的司法适用，会模糊宪法的"公法"定位，从而弱化甚至"消解宪法本身应有的神圣性和根本性"；[②](2)宪法效力的发挥并不以进入诉讼为前提，[③]即使进入诉讼，也并不只有在普通诉讼中作为审判依据这一条途径；[④](3)宪法的政治性太强，无法通过普通诉讼的方式解决。[⑤]

这一学术观点的争议又追溯到《宪法》第131条"人民法院依照法律规定独立行使审判权"中的"法律"是否包括宪法。赞成者认为，此处的"法律"应当包括宪法；反对者认为此处的"法律"不应当包括宪法。[⑥]

此外，世界其他国家的法院在裁判文书中能否适用宪法，在做法上也极不一致。以美国为代表的实行司法审查制国家，普通法院裁判理由和裁判依据都可以适用宪法；以德国和法国为代表的实行宪法法院审查制或者宪法委员会审查制国家，只有宪法法院或者宪法委员会才能适用宪法，普通法院则无权将宪法作为裁判依据。

可见，在全面依法治国、建设社会主义法治国家、依法治国关键是依宪治国的大背景下，我国法院能否适用宪法，以及在何种情形下才能适用宪法，即是一个非常值得探讨的课题。笔者认为，分析我国法院能否适用宪法，必须基于以下三点：(1)宪法性质是国家根本法，具有最高法律效

① 参见王振民：《我国宪法可否进入诉讼》，载《法商研究》1999年第5期；参见王禹编著：《中国宪法司法化：案例评析》，北京大学出版社2005年版，第4页。

② 秦前红：《关于宪法司法化第一案的几点法理思考》，载《法商研究》2002年第1期。

③ 刘松山：《人民法院的审判依据为什么不能是宪法》，载《法学》2009年第2期；童之伟：《宪法适用如何走出"司法化"的歧路》，载《政治与法律》2009年第1期。

④ 许崇德、郑贤君：《"宪法司法化"是宪法学的理论误区》，载《法学家》2001年第6期。

⑤ 蔡定剑：《中国宪法司法化路径探索》，载《法学研究》2005年第5期。

⑥ 反对者认为，我国现行宪法全文都是在严格区分宪法和法律两个概念的基础上作出各项规定的，既然条文中是"依照法律"而非依照"宪法和法律"，那么就不应当包括宪法在内。赞成者认为，反对者的依据并不成立，宪法中的确有条款并用宪法和法律，但有的条款中的"法律"实际包含了宪法，如《宪法》第33条第2款"中华人民共和国公民在法律面前一律平等"中的"法律"显然包括宪法；宪法中还将宪法、法律、行政法规并用，如果都只作狭义的理解，行政法规就不是法院的审判依据，显然违反行政诉讼法的规定。参见陈坤：《宪法能否司法适用无宪法文本依据——对我国〈宪法〉第126条及其它相关条文的误读及其澄清》，载《政治与法律》2017年第7期。

力,主要功能是规范公权力;(2)应当将法院在审理案件过程中遇到适用宪法的必要性与法院能否适用宪法的可能性予以区分;(3)我国法院在现行宪法体制中的地位和权能。

一、法院能否进行合宪性审查?

法院在选择适用法律规范作为裁判依据时,案件当事人或者法院自身认为,该法律规范与宪法可能相抵触,即无法直接依据受到质疑或者挑战的法律规范作为裁判的依据,而必须先依据宪法审查判断法律规范的合宪性,再依据这一判断结论对案件作出裁判。换言之,在此种情形下,法律规范的合宪性已成为对案件争议作出裁判的“先决问题”,如果不首先解决这一先决问题,而直接依据受到质疑或者挑战的法律规范对具体案件作出裁判,则司法功能并没有彻底完成。法院必须先解决法律规范是否合乎宪法这一宪法问题,才能查到恰当的法律规范,对当事人之间的纠纷作出裁判。

案例1:北京大学博士学位案

北京大学学位评定委员会作出不批准授予博士研究生刘某某博士学位的决定,北京大学并据此作出不颁发博士毕业证书的决定。刘某某不服,向法院提起诉讼。根据1980年全国人大常委会制定的《中华人民共和国学位条例》(以下简称《学位条例》)的规定,获得博士学位的程序包括:(1)在博士学习期限过半时参加综合考试,成绩必须及格;(2)论文写作完成后由导师认定博士论文是否达到博士学位水平,并推荐参加博士论文答辩;(3)论文由同行专家进行通讯评议,并认为已达到博士学位论文水平,同意参加博士学位论文答辩;(4)由博士学位论文答辩委员会通过论文答辩,同意建议学位评定委员会授予博士学位;(5)由系(院)学位评定委员会批准授予博士学位,并向学校学位评定委员会推荐;(6)校学位评定委员会作出批准授予博士学位的决定。刘某某通过了前五项程序,但未通过第六项程序,即北京大学学位评定委员会不予批准授予其博士学位。北京大学学位评定委员会由21名委员组成,该21名委员来自北京大学的不同学科,来自刘某某攻读博士学位的学科的委员为一名。

此案一审由北京市海淀区人民法院审理,二审由北京市第一中级人民法院审理。在诉讼中,原告一方认为,前五个程序中都认定其博士论文已达到博士学位水平,认定者均为本学科的教授,即是能够读懂其论文的

“内行”;北京大学学位评定委员会委员中只有一人为本学科教授,绝大多数委员为读不懂其论文的“外行”。根据《学位条例》的规定,“内行”只具有建议权,而“外行”却具有批准权。这一学位授予体制违反了宪法,侵犯了其宪法规定的公民受教育权,故要求对《学位条例》规定的学位授予体制的合宪性进行审查。

在本案中,《学位条例》规定的学位授予体制的合宪性受到质疑,如果不对其进行审查,而是直接依据存在争议的《学位条例》作出裁判,则该纠纷即无法得到彻底解决。①

案例2:周某某案

生于1949年10月的周某某退休前任建设银行平顶山分行出纳部副经理。2005年1月,建行平顶山分行以周某某已达到法定退休年龄为由,通知其办理退休手续。周某某认为自己应与男职工同龄退休,单位要求自己55周岁退休的决定与我国《宪法》和法律的有关规定相抵触,应予以撤销,遂提起劳动仲裁,后于2005年10月28日向湛河区法院递交了民事起诉状。法院审理认为,周某某对已满55岁且参加工作年限满10年并无争议,依照国务院《关于安置老弱病残干部的暂行办法》的规定,符合办理退休手续的条件,被告建行平顶山分行以此为据为其申报退休的决定符合现行国家政策和法规,并无不当。周某某认为被告为其办理退休手续的决定违背了《宪法》关于男女平等的原则,要求予以撤销的理由无法律依据,法院不予支持。

《宪法》第33条第2款规定,中华人民共和国公民在法律面前一律平等;《宪法》第48条特别规定,中华人民共和国妇女在政治的、经济的、文化的、社会的和家庭的生活等各方面享有同男子平等的权利。国务院《关于安置老弱病残干部的暂行办法》规定,男性60岁退休,女性55岁退休。在退休年龄上的差别规定是否违反了宪法规定,成为本案争议的焦点问题和先决问题。因此,只有先对国务院关于男女退休不同龄的规定是否

① 刘某某诉北京大学不批准授予博士学位和不颁发博士证书案,海淀区人民法院一审判决认定北京大学学位评定委员会的不批准决定未过半数委员通过,判决要求重新讨论。作为上诉审法院的北京市第一中级人民法院裁定发回重审。海淀区人民法院以原告起诉超过诉讼时效为由裁定驳回原告起诉。一、二审法院在审理过程中均未涉及对《学位条例》的合宪性审查问题。

符合宪法作出判断,才能对本案中的退休决定是否合法作出判决。

可见,法院在审理案件过程中是有可能遇到其选择适用的作为裁判依据的法律规范是否存在合宪的争议的。但是,法院在审理案件过程中可能遇到需要对裁判依据的合宪性进行审查的情形,不等于法院必然有权依据宪法对裁判依据的合宪性进行审查判断。法院依据宪法对裁判依据的合宪性进行附带性审查判断,从各国的制度和实践看,需要具备以下两个基本条件。

(一)释宪权

宪法是由一系列基本原则和基本规范组成的,因此,与法律规范相对而言比较抽象。若要以这些比较抽象的宪法基本原则和宪法规范去判断法律规范是否违宪,则必须进行解释。换言之,审查判断法律规范是否违宪的机关必须以具有宪法解释权为前提。从法解释学的意义上说,在适用宪法时,其解释的必要性、空间比法律规范要大得多。如果说法学主要是法解释学,那么,宪法学就更是如此。

美国联邦宪法只规定联邦宪法在地位和效力上高于联邦法律、州法律,而未规定由什么部门审查联邦法律、州法律是否符合宪法。联邦最高法院通过 1803 年的"马伯里诉麦迪逊案"开创了由联邦法院审查联邦法律是否符合宪法的先例。在宪法未明确规定的情况下,联邦法院获得这一重要权力的主要宪法上的根据是法院对宪法的解释权。在英美法系,法院既然要适用宪法和法律,当然地必须有权解释宪法和法律,法院对宪法的解释权被认为是司法权的固有权能。法院在适用宪法和法律时,通过解释认为,法律的规定与宪法的规定相抵触,而宪法的效力高于法律,同时,法官在就职时宣誓忠于宪法,只服从宪法。因此,法官在作出判决时有权拒绝适用与宪法相抵触的法律。

与美国的情形相似,我国香港特别行政区法院获得基本法审查权的根据也是如此。《香港特别行政区基本法》第 11 条规定,根据我国《宪法》第 31 条,香港特别行政区的制度和政策,包括社会、经济制度,有关保障居民的基本权利和自由的制度,行政管理、立法和司法方面的制度,以及有关政策,均以本法的规定为依据。香港特别行政区立法机关制定的任何法律,均不得同本法相抵触。《香港特别行政区基本法》第 17 条设置了保障基本法地位的制度:香港特别行政区享有立法权。香港特别行政区的立法机关制定的法律须报全国人民代表大会常务委员会备案。备案不影响该法律的生效。全国人民代表大会常务委员会在征询其所属的香港特别行政区基本法委员会后，如认为香港特别行政区立法机关制定的任何法律不符合本法关于中央管理的事务及中央和香港特别行政区的关系的条款，可将有关法律发回，但不作修改。经全国人民代表大会常务委员会发回的法律立即失效。该法律的失效，除香港特别行政区的法律另有规定外，无溯及力。

实践中，香港特别行政区法院通过具体案件的审理实际获得了基本法审查权，其根据也是香港特别行政区法院拥有对基本法的解释权。香港特别行政区法院固有地拥有对香港法律的解释权，并通过《香港特别行政区基本法》第158条获得对基本法中自治条例的完全解释权和非自治条款的部分解释权。法院在审理案件过程中认为，适用于该案件的法律可能与基本法相抵触，其通过对基本法条款的解释，最终作出认定，并在判决中拒绝适用与基本法相抵触的法律。

我国现行《宪法》明确规定，全国人大常委会有权解释《宪法》。《宪法》虽然没有明确规定全国人大具有宪法解释权，但宪法学界通说认为，依据《宪法》关于"全国人大有权改变全国人大常委会不适当的决定、决议"的规定，可以推定全国人大也具有宪法解释权。质言之，在我国，具有宪法解释权的机关仅为全国人大和全国人大常委会。可见，依据《宪法》的规定，所有的法院包括最高人民法院并不具有宪法解释权。

（二）先例约束原则

所谓先例约束原则或者称"遵循先例原则"，是指上级法院的裁判作为先例对下级法院具有约束力，是下级法院未来类似案件裁判的依据。上级法院特别是最高法院的裁判虽然直接是对个案产生法律效力，但与先例约束原则相结合，使其具有了一般效力，即具有法的一般效力而成为判例。我国在法院系统内部并不存在"先例约束原则"，上级法院的裁判并不能成为下级法院作出裁判时的依据，或者说，下级法院在作出裁判时并不能及必须直接依据上级法院的类似裁判作为裁判依据。换言之，因缺乏先例约束原则，上级法院的裁判并不能成为判例而具有一般性的法律效力。上级法院的裁判对于下级法院作出裁判时只具有参考或者指导意义。

因没有先例约束原则，如果法院在审理案件时直接依据宪法审查判断作为案件审理依据的法律规范是否符合宪法，就面临此法院认为某法律违反宪法拒绝适用而彼法院认为同一法律符合宪法予以适用的局面,如此一来,在一国之内,即无法保证法律效力的统一性和宪法秩序的统一性。①

日本属于大陆法系国家,而采用美国式的司法审查制,由普通法院在审理案件过程中附带性地对法律是否符合宪法进行审查。因在法院系统内部缺乏先例约束原则,对同一个宪法行为即难以保证宪法判断的同一性。因此,日本宪法学者提出需要对日本的合宪性审查机制进行改造,或者成立德国式的宪法法院,或者至少最高法院作出的宪法判断具有宪法法院决定的效力。②

因缺乏上述两个基本条件,我国法院在审理案件过程中不具有直接依据《宪法》审查判断作为案件审理依据的法律规范是否符合《宪法》的权力。也就是说,在我国法院的司法权能中,不包含合宪性审查权。

正因为如此,我国《宪法》基于特定的宪法制度,设计了另外一套合宪性审查制度。根据《宪法》规定,全国人大和全国人大常委会③行使合宪性审查权,有权对行政法规、地方性法规、自治条例和单行条例、规章、授权法规、司法解释等的合宪性进行审查。④ 由全国人大宪法和法律委员会⑤及全国人大常委会法制工作委员会协助全国人大和全国人大常委会进行合宪性审查工作。

基于法院在审理案件过程中可能会遇到裁判依据是否符合《宪法》、致使案件审理活动无法正常进行的问题,2000 年全国人大制定的《立法

---

① 欧洲国家中的意大利等曾经模仿美国实行附带性的司法审查制度,但因不具有基本条件,最后不得不选择采用德国模式。

② 在实行宪法法院审查制的国家,宪法法院的决定具有一般效力,有权撤销违反宪法的法律,使违反宪法的法律直接失去效力,而非仅拒绝适用违反宪法的法律。

③ 依据立法法的规定,合宪性审查权主要由作为最高国家权力机关的常设机关的全国人大常委会行使。

④ 《宪法》、《立法法》、《行政法规、地方性法规、自治条例和单行条例、经济特区法规备案审查工作程序》(2000 年 10 月 16 日第九届全国人民代表大会常务委员会第三十四次委员长会议通过)、《司法解释备案审查工作程序》(2005 年 12 月 16 日十届全国人大常委会第四十次委员长会议通过)对合宪性审查的对象作出规定。

⑤ 2018 年宪法修正案将"全国人大法律委员会"更名为"全国人大宪法和法律委员会",其更名的原因为推进合宪性审查工作;2018 年全国人大常委会就该委员会的职责作出决定,推进合宪性审查工作是其重要职责之一。

法》(2015年修改)第99条第1款赋予最高人民法院向全国人大常委会提出对上述法律文件的合宪性进行审查"要求"的资格,第2款赋予所有的法院提出对上述法律文件的合宪性进行审查"建议"的资格。[①] 法院在审理案件过程中如果认为这些法律文件有违反宪法的嫌疑,有权向全国人大常委会提出审查要求或者建议。即法院有权对这些法律文件是否合宪提出质疑,但没有审查的权力。在案件审理过程中,法院应当依据立法法的规定,就案件裁判依据的法律文件的合宪性提请全国人大常委会进行审查,然后再依据全国人大常委会的审查结论对审理的具体案件作出裁判。如此,在案件的审理依据上才能做到正确、准确地适用法律,也才能真正完成司法功能。

令人遗憾的是,迄今为止,法院虽然在审理案件过程中遇到诸多此类问题,但并未向全国人大常委会提出审查请求或者建议,[②]在裁判依据存在争议的背景下仍然作出法律裁判,致使其无法实际上彻底完成司法功能,也使宪法没能得到彻底的实施。同时,至今也没有见到最高人民法院出台向全国人大常委会提出合宪性审查要求的程序规定,以及地方人民法院在审理案件过程中发现法律文件可能违反宪法时如何向最高人民法院或者直接向全国人大常委会提出合宪性审查建议的程序规定。

二、法院能否单独适用宪法作为案件的裁判依据?

实践中可能存在这样一种情形,即宪法中有明确的规定,而法律并没有将宪法规定作出明确的具体化规定,在发生纠纷以后,在法律层面无法找到明确的裁判依据,那么,此时,法院能否单独依据宪法的规定作出裁判?[③]

---

① "要求"与"建议"的区别在于,最高人民法院提出审查"要求",则合宪性审查机关直接进入审查程序,而地方法院提出审查"建议",先需要进行初步审查,再决定是否进入正式的审查程序。

② 全国人大常委会法制工作委员会主任沈春耀在《全国人民代表大会常务委员会法制工作委员会关于2018年备案审查工作情况的报告》中披露,2018年没有收到有关国家机关提出的审查要求。

③ 宪法颁行之后,立法者不可能在短期内将宪法的规定具体化,形成完备的法律体系。因此,宪法赋予立法者以立法裁量权,判断立法的轻重缓急及立法内容。同时,立法者也可能因为考虑不周,未能作出周全的规定。

案例1：王某某等诉北京民族饭店案

王某某等16人原系北京民族饭店员工。1998年下半年，北京市西城区人大代表换届。10月，北京民族饭店作为一个选区公布的选民名单，确定了该16名员工的选民资格。后因该16名员工与北京民族饭店的劳动合同届满，双方解除了劳动关系，该16名员工离开了北京民族饭店。北京民族饭店没有通知这些应在原单位选举的员工参加选举，也没有发给他们选民证，致使该16名员工未能参加选举。为此，王某某等16人向北京市西城区法院起诉，状告北京民族饭店侵犯其选举权，要求判令被告依法承担法律责任，并赔偿经济损失200万元。

西城区法院经审查认为，原告王某某等16人关于被告北京民族饭店对其未能参加选举承担法律责任并赔偿经济损失的请求，依法不属法院受案范围。对王某某等人的起诉，不予受理。王某某等其中的15人不服一审裁定，向北京市第一中级法院提起上诉，请求撤销原裁定，予以受理。法院经审查认为原审法院不予受理的裁定正确：驳回上诉，维持原裁定。

这一案件涉及公民的选举权救济问题。我国《宪法》规定，年满18周岁的中华人民共和国公民除被法院依法剥夺政治权利的以外，都有选举权和被选举权。依据《宪法》的规定，全国人大制定了《选举法》。《选举法》第52条对于破坏选举的行为，规定了三项法律责任：(1)破坏选举，违反治安管理规定的，依法给予治安管理处罚；构成犯罪的，依法追究刑事责任；(2)国家工作人员破坏选举的，还应当依法给予行政处分；(3)实施破坏选举违法行为当选的，其当选无效。对于选举争议诉讼，选举法只规定了选民名单案件，①而未对其他选举诉讼作出规定。② 相应地，民事诉

① 《选举法》第28条规定，对于公布的选民名单有不同意见的，可以向选举委员会提出申诉。选举委员会对申诉意见，应在三日内作出处理决定。申诉人如果对处理决定不服，可以在选举日的五日以前向人民法院起诉，人民法院应在选举日以前作出判决。人民法院的判决为最后决定。

② 选举争议诉讼通常包括选民资格诉讼、候选人资格诉讼、选举权争议诉讼、选举无效诉讼和当选无效诉讼等。

讼法规定了选民资格案件的审查程序。[①] 但是,选举法及民事诉讼法没有规定选举权及被选举权在受到其他侵害时的救济途径和方式。本案即属于选举权受到其他侵害的情形。

本案的两难在于,如果法院不能直接把《宪法》作为裁判案件的依据,在选举法及民事诉讼法层面找不到相应的受理和审理依据,选民的选举权虽在《宪法》上作出了规定,但法律层面若没有作出规定,其在受到侵害时即无法获得司法救济或者其他救济;如果法院直接依据《宪法》的规定作为案件的裁判依据,则法院又不具备适用的基本条件。法院最终选择的是不予受理,那么,选举权的受害人的宪法权利如何获得救济?[②]

案例2:齐玉苓案

1990年,原告齐玉苓与被告之一陈晓琪都是山东省滕州市第八中学的初中学生,都参加了中等专科学校的预选考试。陈晓琪在预选考试中成绩不合格,失去继续参加统一招生考试的资格。而齐玉苓通过预选考试后,又在当年的统一招生考试中取得了超过委培生录取分数线的成绩。山东省济宁商业学校给齐玉苓发出录取通知书,由滕州八中转交。陈晓琪从滕州八中领取齐玉苓的录取通知书,并在其父亲陈克政的策划下,运用各种手段,以齐玉苓的名义到济宁商校就读直至毕业。毕业后,陈晓琪仍然使用齐玉苓的姓名,在中国银行滕州支行工作。齐玉苓发现陈晓琪冒其姓名后,向山东省枣庄市中级人民法院提起民事诉讼。

枣庄市中级人民法院作出一审判决后,齐玉苓向山东省高级人民法院提起上诉。二审法院在审理该案中主要遇到两个基本问题:(1)在本案中,齐玉苓的受教育权和姓名权都受到侵犯,两者是并行地受到侵犯,还是其中一个为手段一个为目的?(2)侵犯受教育权是否应当承担民事责任?目前的民事法律规范没有明确规定。第一个问题实际上为事实判断问题,审理案件的法院完全可以自行作出判断,而无须请求最高人民法院

---

① 《民事诉讼法》第181条规定,公民不服选举委员会对选民资格的申诉所作的处理决定,可以在选举日的五日以前向选区所在地基层人民法院起诉;第182条规定,人民法院受理选民资格案件后,必须在选举日前审结。审理时,起诉人、选举委员会的代表和有关公民必须参加。人民法院的判决书,应当在选举日前送达选举委员会和起诉人,并通知有关公民。

② 倘若在实行其他类型的合宪性审查机制的国家,在立法未将宪法规定具体化时,可以以立法机关为被告向合宪性审查机关提起立法不作为诉讼,以寻求宪法救济。

作出解释。第二个问题为裁判依据问题。在案件发生时，我国还未制定教育法，公民的受教育权受到侵犯能否提起诉讼并没有明确规定；案件发生时，我国也没有制定侵权责任法，对于受教育权受到侵犯是否需要承担民事责任也没有规定；已经生效的民法通则中没有关于受教育权受到侵犯应当承担民事责任的规定。这样，在案件裁判的法律规范依据方面存在不足。因此，审理案件的法院需要请求具有法律解释权的最高法院作出解释。

最高人民法院经过研究后，作出了《关于以侵犯姓名权的手段侵犯宪法保护的公民受教育的基本权利是否应承担民事责任的批复》法释〔2001〕25 号（以下简称《批复》）：经研究，我们认为，根据本案事实，陈晓琪等以侵犯姓名权的手段，侵犯了齐玉苓依据宪法规定所享有的受教育的基本权利，并造成了具体的损害后果，应承担相应的民事责任。

山东省高级人民法院认为，陈晓琪、陈克政、滕州八中、滕州教委的故意和济宁商校的过失行为从形式上表现为侵犯齐玉苓的姓名权，其实质是侵犯齐玉苓依照宪法所享有的公民受教育的基本权利。山东省高级人民法院依照《宪法》第 46 条①和最高人民法院的批复作出判决，对枣庄市中级人民法院的一审判决予以部分维持、部分撤销，各被上诉人对该侵权行为所造成的后果，承担赔偿责任。

最高人民法院在司法解释中引用了宪法关于受教育权的规定，但没有对这一宪法规定的具体内涵进行解释和说明；②司法解释中没有引用民法通则的规定。因此，最高人民法院的这一司法解释给人的感觉是对宪法的规定直接进行了解释，而不是对法律的解释。审理案件的山东省高级人民法院直接引用《宪法》第 46 条关于公民受教育权的规定和最高人民法院的这一司法解释作出了裁判，给人的感觉是法院直接将宪法规定作为裁判依据。

正因为如此，关于本案的裁判依据及本案的性质存在完全不同的看法。依据最高人民法院及部分学者的看法，本案是中国法院适用宪法作出判决的第一案，即“宪法司法化的第一案”，因为最高人民法院通过解释

---

① 《宪法》第 46 条规定，中华人民共和国公民有受教育的权利和义务。

② 应该说最高人民法院法释〔2001〕25 号批复是非常粗糙的，其没有列明《宪法》规定受教育权的具体条款，以及这一条款的全文。

宪法而将宪法适用于具体案件。另有大部分学者认为,本案并不属于法院适用宪法作出裁判的所谓宪法案件:(1)在我国,法院无权解释宪法,如果最高人民法院的批复属于宪法解释,则该解释为无效解释,依据该解释作出的判决为无效判决;(2)该解释实际上为法律解释,是对民法通则的解释,本案为民事案件,与适用宪法无关;(3)如果该案件的性质为宪法案件,则当事人应当承担的是宪法责任,而非民事赔偿责任。

面对上述第一个案件,法院采用的方法是不予受理。法院如果受理此案,则面临能否单独适用宪法给予选举权的受害人提供宪法救济的问题。① 上述第二个案件,笔者认为,其性质是一个民事案件,即使不适用宪法亦可作出裁判,而法院单独依据宪法作出了裁判。

据余军教授查阅到的资料,河北省怀安县人民法院(2014)安商初字第175号判决在怀安县左卫镇冀家庄村民委员会与李守功土地承包合同纠纷案中单独依据宪法条款认定该合同合法有效;江西省抚州市临川区人民法院(2014)临民初字第1379号判决在黄福高诉李兵财买卖合同纠纷案中单独适用宪法条款认定合同无效。②

笔者认为,在法律层面缺乏裁判依据时,法院不具备单独依据宪法作出裁判的基本条件。

第一,我国法院没有宪法解释权及法院系统内部没有"先例约束原则"。宪法解释权对于宪法适用的重要性,本文已经作了阐述。在上述民族饭店选举权案中,法院如果不对宪法规定的选举权及宪法责任作出解释,无法导出选举委员会是否应当承担民事赔偿责任的结论。在上述齐玉苓案中,法院如果不对宪法规定的受教育权及宪法责任作出解释,也无法导出民事被告人应当承担民事赔偿责任的结论。在余军教授查阅到的案件中也是如此。③ 先例约束原则对于法院适用宪法的重要性,前文也作出了阐述。在齐玉苓案中,最高人民法院作出了司法解释性质的批复,其

① 大多数法学家认为,法院应该受理本案,即使在法律中没有关于此类案件的主管和管辖的具体规定,但也可以依据法律理念、法律精神的指导,从而实现对权利的有效救济。参见董和平、秦前红主编:《宪法案例》,中国人民大学出版社2006年版,第209页。

② 参见余军等:《中国宪法司法适用之实证研究》,中国政法大学出版社2017年版,第155页。

③ 实际上,在这些案件的判决书中,法院都没有对引用的宪法规定作出任何解释,只是单纯地引用宪法规定。

具有一般效力,可以起到统一全国各地各级人民法院在审理受教育权案件的审判标准。但余军教授查阅到的案件,是由地方人民法院单独适用宪法作出判决,在审判标准上存在重大隐患。

第二,混淆了宪法的基本功能。人民制定宪法的目的在于规范公权力,细而言之,其基本功能在于:(1)赋予公权力,以保障公权力的合法性和正当性;(2)保障公权力的有效运行;(3)防止公权力滥用。因此,宪法调整的基本社会关系是国家与公民之间的关系,以及由此基本关系延伸而出的其他关系,如国家机关之间的关系、国家整体与部分之间的关系等。而宪法调整这些基本社会关系的内容是国家权力与公民权利、国家权力与国家权力,在这些权力(权利)关系中,主要是规范国家权力。在上述案件中,基本上属于平等主体之间的民事关系。宪法并不直接调整这些民事关系,而是透过法律予以调整。所谓"透过法律",宪法要求立法机关必须制定相关法律、法律必须符合宪法基本原则和基本精神、法律必须保护民事权利(只是在必要时限制民事权利),要求司法机关必须严格依照法律裁判。

第三,易于使宪法的作用泛化。与法律相比较,宪法的规定更为原则、抽象,因此,需要立法机关通过法律将其具体化、制度化,具有可操作性。如果可以单独适用宪法作为裁判的依据,则宪法可以作为一切案件的裁判依据,法律也就没有必要,立法机关也就无须存在。期待宪法能够起到这样的作用,那么,宪法就需要不计其数的条款。

实际上法院无法单独依据宪法直接作出裁判,为当事人提供宪法救济。在此种情况下,当事人只能在穷尽法律救济或者在缺乏法律救济的前提下,直接请求具有宪法救济权的全国人大或者全国人大常委会提供救济。而在法律层面缺乏明确的裁判依据时,法院应当最大限度地通过解释法律,为当事人提供法律救济。只有在即使最宽泛地解释法律仍然无法为当事人提供法律救济的前提下,才能由当事人直接向全国人大或者全国人大常委会寻求宪法救济。

三、法院能否将宪法规范和法律规范并列作为裁判依据?

法院在某些案件审理中,虽然已经存在明确的法律规范,但可能是考虑到法律规范不足以作为充分的裁判依据,同时引用宪法规范进行补强,即将宪法规范和法律规范同时作为裁判依据进行适用。在名誉权案件和继承权案件中,这种做法比较常见。有的学者也持同样的观点,认为在具体案件中直接引用宪法规范作为裁判依据,可以强化宪法的权威,提高公民的宪法意识。

案例1:龙某某诉中州建筑公司、姜某某、永胜县交通局损害赔偿纠纷案

云南省永胜县人民法院认为,我国《宪法》第42条第4款规定:"国家对就业前的公民进行必要的劳动就业训练。"《劳动法》第4条规定,用人单位应当依法建立和完善规章制度,保障劳动者享有劳动权利和履行劳动义务。《民法通则》第106条第2款规定,公民、法人由于过错侵害国家的、集体的财产,侵害他人财产、人身的,应当承担民事责任。被告中州公司是经国家批准有资格承包建设工程的企业,在用人时应当承担《宪法》和《劳动法》规定的提供劳动保护,对劳动者进行劳动就业训练等义务。中州公司通过签订《建设工程承包合同》,向被告交通局承包了过境线工程。作为该工程的直接承包者和劳动法规定的用人单位,中州公司在将该工程转交给被告姜某某具体负责施工后,没有履行《宪法》和《劳动法》规定的上述义务,也未对姜某某的工作情况进行监督管理,因而引起工伤事故的发生。对此,中州公司应当承担民事责任。中州公司在与被告姜某某签订的内部承包合同中约定:"如发生一切大小工伤事故,应由姜某某负全部责任",把只有企业才能承担的风险转给实力有限的自然人承担。该约定损害了劳动者合法权益,违反了《宪法》和《劳动法》的规定,是无效约定,不受法律保护。

案例2:刘某诉铁道部第20工程局二处第8工程公司、罗某某工伤赔偿案

四川省眉山县人民法院认为,我国《宪法》第42条第2款规定:"国家通过各种途径,创造劳动就业条件,加强劳动保护,改善劳动条件,并在发展生产的基础上,提高劳动报酬和福利待遇。"《劳动法》第3条规定,劳动者有"获得劳动安全卫生保护的权利。"第4条规定:"用人单位应当依法建立和完善规章制度,保障劳动者享有劳动权利和履行劳动义务。"被告罗某某作为工程承包人和雇主,依法对民工的劳动保护承担责任。被告第8公司在与被告罗某某签订的承包合同中约定"施工中一切发生伤、亡、残事故,由罗某某负责",把只有企业才能承担的安全风险,推给能力有限的自然人承担,该条款损害了劳动者的合法权益,违反了我国宪法和劳动法前述规定。

上述两例法院裁判中，既不是以宪法规定理解法律规范的内涵，也不是以宪法规定判断法律规范是否违反宪法，而是将宪法规范与法律规范同时并用作为裁判的依据。

据余军教授查阅到的资料，有的法院将宪法与合同法并用，有的法院将宪法与继承法并用，有的法院将宪法与土地管理法并用，有的法院将法院与合同法、土地管理法、民法通则并用，有的法院将宪法与物权法、土地管理法、合同法并用，有的法院将宪法与民事诉讼法并用，有的法院将宪法与村民委员会组织法并用，有的法院将宪法与人口与计划生育法、河南省人口与计划生育条例、民事诉讼法并用，有的法院将宪法与选举法并用，有的法院将宪法与侵权责任法并用，有的法院将宪法与民法通则、侵权责任法及其司法解释并用，有的法院将宪法与妇女权益保障法并用，有的法院将宪法与老年人权益保障法、婚姻法并用，有的法院将宪法与民法通则、民事诉讼法并用。①

笔者认为，法院的这一适用是不恰当的：

第一，法院对宪法的适用是一种实体性适用，而如前所述，根据宪法规定，我国的法院对宪法没有解释权。就上述两个案件而言，宪法规定的基本内涵是什么，如果不作解释，难以成为案件裁判的直接依据。②

第二，混淆了宪法的功能与法律的功能。关于宪法的基本功能前文已经作出阐述。法律的基本功能在于调整基本的社会关系，平衡社会不同利益主体之间的利益关系，以作为社会主体的行为界限。换言之，宪法是法律的“法律”，法律是社会成员的具体的行为规范。

第三，混淆了宪法与法律在效力上存在的位阶之分。③ 宪法的效力高于法律，而如果两者同时并用，将宪法的效力等同于法律，或者将法律的效力等同于宪法，则都是不妥当的。

---

① 参见余军等：《中国宪法司法适用之实证研究》，中国政法大学出版社 2017 年版，第 154～159 页、第 173～178 页。

② 据余军教授查阅到的此类案件，所有的法院裁判理由部分都未对宪法进行阐释和说明，而只是在裁判依据部分直接引用宪法。

③ 我国《宪法》第 5 条规定，一切法律、行政法规和地方性法规都不得同宪法相抵触。《立法法》第 87 条规定，宪法具有最高的法律效力，一切法律、行政法规、地方性法规、自治条例和单行条例、规章都不得同宪法相抵触。

四、法院能否在裁判理由部分适用宪法?

基于公权力的公定力原理,即立法机关通过法律以后虽然面临合宪和违宪两种可能,但为了保证公权力的有效行使及公共利益的实现,在合宪性审查机关作出撤销该法律的决定之前,假定或推定该法律是合宪的。因此,法院在法律文件不存在合宪性争议时,当然必须适用一般法律规范作为判案的依据。

宪法是法律制定的基础和依据。我国绝大多数法律的第一条通常明确规定,"根据宪法,制定本法"。少数法律的第一条可能没有这一规定,但其也是根据宪法制定的。"根据宪法,制定本法"的基本含义包括:(1)依据宪法的立法授权制定法律;(2)依据宪法保留和法律保留的规定制定法律;(3)依据宪法规定的立法程序制定法律;(4)依据宪法的理念、精神和基本原则制定法律;(5)依据宪法的规范内涵制定法律。

既然法律是依据宪法制定的,那么,法官在选择适用法律时,必须理解法律的内涵。而法官在理解法律的内涵时,有时就有必要从宪法层面理解法律,而不能仅仅从法律层面理解法律。否则,就无法全面地、完整地、透彻地理解法律的含义,而只能机械地理解法律的规定。特别是在法律的含义存在分歧时,就更需要从宪法的层面上理解法律。但是,最高人民法院向全国法院系统发出通知明确规定,法院在判决书中不得引用宪法①。这一通知的直接后果可能是,法官认为没有必要学习宪法、领会宪法。因此,这一通知的消极作用是非常明显的。

案例1:上海"孟母堂"案

2005年9月,"孟母堂"在上海松江开设。记诵中国古代经典是最主要的教学方式,其教学内容包括:语文学科所读的是《易经》《论语》等中国古代传统典籍;英语以《仲夏夜之梦》起步;数学则由外聘老师根据读经教育的观念,重组教材,编排数理课程;体育课以瑜珈、太极之类修身养性的运动为主。在"孟母堂"求学的孩子来自全国各地,除部分短期补习的

---

① 最高人民法院发布这一通知的背景是,广州市黄埔区法院在审理厂方禁止员工外宿的规定是否合法时引用宪法,这一引用被学者认为是中国法院"适用宪法保护自由权的第一案"。

以外,还有一些接受全日制教育的学生。2006年7月24日,“孟母堂”被上海市教育委员会定性为违法办学而取缔。这些孩子之监护人不服,认为自己有权利决定孩子接受何种教育和在何处接受教育。

关于上海市教育委员会的做法,存在两种截然相反的观点:一种观点认为,“孟母堂”违反了教育法律制度:(1)违反了教育收费的有关规定;(2)未获得办学许可证;(3)未按规定把子女送到经国家批准的教育机构接受义务教育;(4)“读经教育”内容和方式与《义务教育法》相关规定不符。另一种观点则认为,“孟母堂”并不违法:(1)“孟母堂”不是办学,只是现代在家学习或在家教育的一种方式;(2)义务教育法的“义务”首先是指国家义务,至于儿童则是享受这种义务的权利。本案中,并不是家长没有送孩子入学,而是入什么学。不入公学,是家长的权利。于家长,这属于自由选择,他人无权干涉,国家也无权干涉。家长有权利不让自己的子女上公立学校,而去“孟母堂”求学,政府理应尊重。

案例2:王某诉侯某不充分履行监护权案

北京人侯某将7岁的儿子明明(化名)放在家里进行封闭教育,使明明在英语和阅读方面表现了超过同龄儿童的能力,甚至能够看懂古典文学和英文报纸;但前妻王某认为,不接受正常的学校教育对明明今后的成长不利,于是诉至石景山法院要求取得明明的监护权。

法院认为,离婚后的子女抚养问题,应当从有利于子女身心健康,保障子女的合法权益,并结合父母双方的抚养能力及条件等方面予以综合考虑。本案中,明明自2004年6月在侯某的自行教育下,英语、汉语的阅读能力确实取得了有目共睹的、超越于同龄人的成绩,本人表示“以读书为乐”说明孩子与父亲感情关系的融洽,而明明在与外界的接触中,除表示“不愿意与王某共同生活”外,其天真、快乐之行为表现与同龄儿童无异。因此,无法证明王某关于明明身心健康受到侯某不良影响的主张成立。因此,法院对王某要求变更抚养关系的诉讼请求不予支持。

此两个案件均涉及我国《宪法》和《义务教育法》关于受教育的规定,因此,对作为案件裁判依据的法律规范的选择适用,就不能仅仅从《义务教育法》上去理解,而同时必须从宪法层面上去理解。我国《宪法》规定①,中华人民共和国公民有受教育的权利和义务。即受教育既是公民的基本权利,又是公民的基本义务。从基本权利的意义出发,公民可以接受教育,也可以不接受教育;可以接受这样的教育,也可以接受那样的教育;可以在此地接受教育,也可以在彼地接受教育。在适龄儿童及监护人向国家提出受教育的请求时,国家必须举办学校,以满足其需要。但是,《宪法》同时规定,受教育是公民的基本义务,即每一个公民都必须接受教育。据此,国家制定了《义务教育法》。根据《义务教育法》的规定,每一个公民必须接受9年的义务教育、接受教育部规定的课程体系的教育、在每门课程中接受教育部规定的教材内容的教育、接受教育部门认可的具有教师资格的人的教育。

在上海"孟母堂"案中,参加"孟母堂"私塾学习的孩子监护人的做法符合宪法上规定的受教育作为基本权利的性质。但是,这些孩子在"孟母堂"学习的内容、课程体系、教师等方面违反了《宪法》规定的受教育作为公民基本义务的性质。因此,上海市教育委员会的决定是符合《宪法》关于公民受教育的全面规定的。

在王某诉侯某不充分履行监护权案中,涉及能否在家接受教育的问题。受教育作为基本权利,在家接受教育当然是可以的。义务教育及义务教育基本要求的基本目的是使每一个公民都能够成为适应现代社会需要的现代人。因此,私立学校因是按照义务教育的基本要求实施的,故是合法的。但是,在家接受教育能否达到与在学校接受教育相同的效果,需要进行考察。换言之,如果在家接受教育也能够达到在学校接受教育的效果,当然是可以的。这就需要制定对于在家接受教育的考核制度,以检验在家接受教育的实际效果。而目前我国《义务教育法》中并没有设计对在家接受教育的考核制度,这是《义务教育法》的缺陷,需要等待未来修改时予以完善。在《义务教育法》完善之前,实际上无法具体考核在家接受教育的效果。因此,法院应当判决孩子的监护人即父亲必须送被监护人到学校去接受教育。

① 《义务教育法》(1986年4月12日第六届全国人民代表大会第四次会议通过,2006年6月29日第十届全国人民代表大会常务委员会第二十二次会议修订)第4条规定,凡具有中华人民共和国国籍的适龄儿童、少年,不分性别、民族、种族、家庭财产状况、宗教信仰等,依法享有平等接受义务教育的权利,并履行接受义务教育的义务。

而在本案中,法院仅仅根据在侯某的自行教育下,英语、汉语的阅读能力确实取得了有目共睹的、超越同龄人的成绩,本人表示“以读书为乐”说明孩子与父亲感情关系的融洽,而明明在与外界的接触中,除表示“不愿意与王某共同生活”外,其天真、快乐之行为表现与同龄儿童无异这些情况,即得出可以继续在家接受教育的结论。法院的这些判断是否属于司法权的范畴是值得商榷的①。从最低层次上说,法官没有能够认识到司法权能的边界;从中层次上说,法官没有能够理解国家实行义务教育的本质特性,进而也就没有能够理解义务教育的基本内容;从最高层次上说,法官没有能够理解宪法关于公民受教育规定的两个方面的基本性质,特别是受教育作为公民基本义务的性质。如果法院在审理本案过程中,能够直接引用宪法关于公民受教育的基本权利和基本义务两个属性的规定,并且进行适当的分析,再结合义务教育法的规定,本案的判决即不是现在的状况。

笔者认为,在此种情形下,法院在判决书中应当直接引用宪法关于公民受教育的权利和义务的规定,以理解受教育作为基本权利和基本义务的基本含义,同时,以理解义务教育法关于义务教育的基本含义。同时,法院判案的直接规范依据仍然是法律规范而非宪法规范。

案例3:禁止员工外宿案

广州市黄埔区某工厂规定,禁止员工外宿,并为员工提供宿舍。某员工违反该规定外宿,从住地到工厂途中,遇车祸受伤害,要求作工伤处理。遭厂方拒绝而引发诉讼。厂方认为,已经明确规定不允许员工外宿且为员工提供了宿舍,而该员工违反该规定自行外宿,应自己承担责任而不应该由工厂负责。本案的核心问题是,工厂关于禁止员工外宿的规定是否有效?黄埔区法院在判决中认为,厂方规定禁止员工外宿,违反了宪法关于公民人身自由不受侵犯的规定,因此是无效的,应按照工伤处理。但也有观点认为,在本案中,法院适用宪法的规定作出判决是错误的。

《宪法》第37条规定,中华人民共和国公民的人身自由不受侵犯。任何公民,非经人民检察院批准或者决定或者人民法院决定,并由公安机关执行,不受逮捕。禁止非法拘禁和以其他方法非法剥夺或者限制公民的人身自由,禁止非法搜查公民的身体。依据这一规定,在中国,只有人民

① 对此判断的权力应当属于教育权的范畴,而非司法权的范畴。

检察院批准或者决定或者人民法院决定,并由公安机关(包括国家安全机关)执行,不受逮捕。同时,2000年由全国人大制定的《立法法》第8、9条将限制人身自由列入法律保留的范畴。即只有全国人大制定的基本法律和全国人大常委会制定的非基本法律才有权规定在何种情形下需要限制公民的人身自由,除此之外的其他国家机关不得作出限制公民人身自由的规定。社会组织包括企业组织和事业组织不得作出限制公民人身自由的规定,亦属当然之列。

依据我国《宪法》的规定,在法律层面规定了限制人身自由的情形,包括作为刑事上的刑罚制度、作为刑事上的强制措施、作为行政处罚上的拘留和作为行政强制上的措施等。这些规定都是从正面意义上规定何种国家机关可以在何种情形下限制公民的人身自由,而没有作出反面的列举式排除规定。只是在刑法上设定了非法拘禁罪。在本案中,厂方并未对员工实施非法拘禁的行为,因而无法适用非法拘禁罪。本案的争议是在上班途中发生交通事故能否适用工伤的规定。而争议的焦点是厂方关于禁止员工外宿的规定是否有效。对这一规定的合法性进行判断可以说是法院解决该案件争议的先决问题。

法院在作出判断时,如前所述,法律层面上并没有直接的禁止性规定,因此,缺乏法律上判断的直接依据。在此情形下,法院只能依据《宪法》上关于公民人身自由保护的条款,以阐明人身自由的价值、对人身自由限制的目的、限制人身自由的法律保留原则等,分析判断厂方作出的禁止员工外宿规定的合法性。可以设想,法院如果不引用《宪法》上关于人身自由保护的规定作为判断厂方规定的合法性依据,在法律层面上又无法找到相应直接的、正面的依据,即不可能在案件审理过程中解决这一先决问题,也就无法对是否属于工伤这一案件争议作出判决。

最高人民法院于2016年6月28日发布的《人民法院民事裁判文书制作规范》中规定,不得引用《宪法》作为裁判依据,但《宪法》的原则和精神可以在说理部分予以阐述。这一规定为我国法院系统如何在裁判书中适用宪法确定了界限。笔者认为,法院的裁判书不得将《宪法》作为裁判依据,而可以在裁判理由部分适用《宪法》,是非常妥当的。但有以下问题值得进一步研究。

第一,适用范围。最高人民法院是在《人民法院民事裁判文书制作规范》作出上述规定,而不是在《最高人民法院关于裁判文书引用法律、法规等规范性法律文件的规定》中作出规定。如此,可以理解为只允许法院在民事裁判书的理由部分适用《宪法》,而不允许在刑事裁判书和行政裁判书的理由部分适用《宪法》。

虽然有学者认为,最高人民法院的这一规定并未禁止《宪法》条文在其他类型案件中的适用,①但如果只要《宪法》和法律文件未作出禁止性规定,国家机关都可以实施某种行为,这与公权力的授权原理是相违背的。从理论上说,宪法是规范国家权力之法,刑法是国家追究刑事被告人刑事责任之法,行政法是规范行政权力之法,宪法对于刑法和行政法的规范作用要强于民事法律。因此,法院的刑事裁判书和行政裁判书的理由部分更应当适用宪法。② 对此,最高人民法院的司法解释应当予以明确。

第二,适用方式。目前,法院在裁判书理由部分适用主要有两种情况:(1)在裁判理由中仅援引宪法条文或者是单单出现"宪法"二字,但未对相关的宪法规定进行任何解释或者阐释,即"非解释性适用"。非解释性适用又分为五种情形:一是在裁判理由中将宪法条款的相关内容十分明确、完整地予以援引、陈列;二是虽然明确标示出所援引的宪法条款项目,但是不在裁判文书中援引、罗列具体内容;三是在裁判理由中不直接援引宪法条款的相关内容,法院只对有关条款的内容进行转述,亦不明确标示出所引述规定的条款项目;四是只提及"宪法"二字,需要结合具体的案情和相关内容才能判定法院具体指向宪法中的哪一条款作为论证之依据;五是虽然法院在裁判理由中提及"宪法",但是结合案情和相关内容无法识别出具体指向哪一条款作为论证之依据,或直接将"宪法"二字用以指称整部宪法文本。(2)法院于裁判之中不仅援引《宪法》规定,并对援引内容进行一定程度的解释或者阐释,即"解释性适用"。③ 法院在裁判理由部分对《宪法》的解释,在解释方法、阐述语言、表达内容等方面各具特色,不一而足,难以形容。

---

① 余军等:《中国宪法司法适用之实证研究》,中国政法大学出版社 2017 年版,第 21 页。

② 实践中,法院在裁判理由部分适用宪法并不限于民事案件,刑事案件和行政案件的裁判理由部分适用宪法并不少见。参见余军等:《中国宪法司法适用之实证研究》,中国政法大学出版社 2017 年版,第 106 ~ 107 页。

③ 参见余军等:《中国宪法司法适用之实证研究》,中国政法大学出版社 2017 年版,第 22 ~ 23 页。

笔者认为,法院在普通法律诉讼案件的裁判理由部分适用《宪法》属于我国《宪法》赋予法院的司法权能范围之内,对于法院彻底完成司法功能是必要的。但法院在裁判理由部分适用《宪法》必须遵循以下原则:

1. 必要性原则。即法院在理解作为裁判依据的法律时必须运用宪法原理进行分析,案件的裁判理由充分,才可以适用《宪法》。换言之,裁判理由部分如果不引用《宪法》并对《宪法》条款的含义作出恰当的阐释和说明,法律文件的含义就不清晰、明确,法院就必须适用《宪法》;反之,裁判理由部分即使不适用《宪法》,法律文件的含义也非常清晰、明确,作出裁判的理由已经充分,就没有必要适用《宪法》。因此,并不是所有的案件都需要在裁判理由部分适用《宪法》,也并不是只要《宪法》有相关规定,裁判理由部分就必须适用。上述"非解释性适用",如果只是在裁判理由部分引用《宪法》条款,甚至只是提到《宪法》,对于理解作为案件裁判依据的法律丝毫没有意义,那么这种引用纯属"画蛇添足"。

2. 符合宪法基本精神和基本原则。我国《宪法》具有作为宪法的共通的基本精神和基本原则,例如,宪法的基本功能都在于规范国家权力,限制公民基本权利都必须遵循比例原则,任何一项国家权力都必须由人民通过宪法授予,宪法在效力上高于法律等。但我国《宪法》是一部具有中国特色的社会主义宪法,其具有自己特定的基本精神和基本原则,同时,我国《宪法》又属于社会主义初级阶段的宪法,其具有初级阶段的基本特征。例如,我国宪法确认了中国共产党的领导地位、实行民主集中制的人民代表大会制度、在单一制国家结构下特殊区域实行地方自治等。即使在基本原则的表述上与其他国家可能相同,但其性质和内容则完全相异。例如,同样是"人民主权原则",其理论渊源和基本内涵即与其他国家完全不同。

3. 阐释宪法原理。宪法除总体上的基本原理外,每一项基本制度、基本规范都具有特定的基本原理。裁判理由部分之所以需要适用宪法,其意义在于通过阐释与案件相关的宪法制度、宪法规范的基本原理,以理解法律规范的含义。例如,法院审理案件涉及具体的权利义务纠纷,相应地,涉及宪法上的公民基本权利。除基本权利的一般原理外,每一项公民基本权利都具有特定的基本原理,诸如平等权原理、言论自由原理、财产权原理、通讯自由和通信秘密原理、人格尊严原理、受教育权原理等。在原告中国银行股份有限公司成都高新技术产业开发区支行诉被告沙某某信用卡纠纷一案中,成都高新技术产业开发区人民法院民事判决书(2015)高新民初字第6730号的说理部分适用《宪法》,是一个比较成熟的案例。其运用宪法上平等权的原理,即差别对待必须具有合理根据和合理限度,分析银行关于信用卡滞纳金规定不具有合理性。①

4. 明确性原则。法院在裁判理由部分适用《宪法》,必须明确指明所引用的《宪法》的具体条款项目。

最高人民法院既然规定法院在裁判理由部分可以适用《宪法》,体现《宪法》的精神和原则,必须制定一个统一的、明确的适用规范,以防止各地法院各行其是、滥用宪法的适用权。

结论

1. 基于我国法院在宪法制度中的地位和权能,法院不具备进行合宪性审查、单独适用《宪法》作为裁判依据、与其他法律并用共同作为裁判依据的基本条件,但法院在必要时可以在裁判理由部分适用《宪法》,通过阐释宪法原理,以利于充分理解法律规范的含义,补强和充实裁判理由。这是法院在审理案件、完成司法功能过程中,厘清裁判依据的必要。最高人民法院应当尽快制定相应的适用《宪法》的具体规范,以统一全国各地各级人民法院的做法。

2. 最高人民法院在审理案件过程中,当遇到作为裁判依据的法律文件可能与《宪法》相抵触,成为案件裁判中的"先决问题"时,应当依照《立法法》第99条第1款的规定,向全国人大常委会提出进行合宪性审查的

---

① 该判决书在裁判理由部分指出,我国《宪法》第32条第2款昭示:"中华人民共和国公民在法律面前一律平等。"平等,也是社会主义核心价值理念的基本内容与内涵。平等意味着对等待遇,除非存在差别对待的理由和依据。一方面,国家以贷款政策限制民间借款形成高利;另一方面,在信用卡借贷领域又形成超越民间借贷限制一倍或者几倍的利息。这显然极可能形成一种"只准州官放火,不许百姓点灯"的外在不良观感。《最高人民法院关于审理民间借贷案件适用法律若干问题的规定》将经金融监管部门批准设立的从事贷款业务的金融机构及其分支机构发生的借贷行为排除在民间借贷范围。可见,民间借贷与金融借贷的法律实质特征区别在于是否经金融监管部门批准从事贷款。国家对特定实体予以批准从事金融活动,是期待其通过金融活动在扩大投资和促进消费两方面对社会经济发展作出特有贡献,而并非特许银行可以形成高利、高息,形成特权。对于中国人民银行及其他银行监管部门从维护金融稳定、促进社会经济进步良好目的和愿景出发执行的相关规定进行解读与适用,不能仅仅局限于某个实体和行业利益。

要求；地方各级人民法院和专门人民法院在遇到上述问题时，应当依照《立法法》第99条第2款的规定，向全国人大常委会提出进行合宪性审查的建议。最高人民法院应当尽快制定向全国人大常委会提出合宪性审查要求和合宪性审查建议的程序规定。

3. 最高人民法院关于齐玉苓案的司法解释是一个并不成功的例子。该司法解释完全可以只对《民法通则》进行解释，就足以为案件的裁判提供法律依据，而实无必要引用《宪法》。即使引用《宪法》，也不应该只引用《宪法》条文的部分表述。更加不妥的是，2008年又向全国法院发出通知，要求在判决书中一律不得引用《宪法》。

4. 最高人民法院的司法解释已经成为被公民个人和社会组织向全国人大常委会提出合宪性审查和合法性审查建议的重点，①也已成为全国人大常委会进行合宪性审查和合法性审查的主要对象，②因此，如何保证其自身的司法解释符合《宪法》和法律，是一个值得最高人民法院高度重视的问题。在依法治国首先是依宪治国、依法执政首先是依宪执政的新时代，法官学习宪法、理解宪法、尊崇宪法、维护宪法、运用宪法，是建设法治中国的永恒命题。

① 2018年，全国人大常委会法制工作委员会共收到公民、组织涉及规范性文件的各类来信来函4578件，可以明确为审查建议的有1229件，其中属于全国人大常委会备案审查范围的有112件，占9.1%。112件审查建议中，建议对行政法规进行审查的5件，占4.5%；建议对地方性法规进行审查的63件，占56.3%；建议对司法解释进行审查的44件，占39.2%。

② 2018年全国人大常委会法制工作委员会对有关规范性文件中存在的问题及时予以督促纠正和妥善处理的共5件，其中有2件涉及最高人民法院司法解释。

目录

Catalogue

目录
Catalogue

目录
Catalogue

目录 Catalogue

目录 Catalogue

目录 Catalogue

目录

Catalogue

事例1:收容教育制度的合法性与合宪性
——评《全国人大常委会决定废止有关收容教育法律规定和制度的决定》

侯　宇*

一、事例回放及相关背景

(一)事例回放

随着2003年6月《城市流浪乞讨人员收容遣送办法》被废除、2013年12月针对轻微违法犯罪人员劳动教养制度被废除,作为被称为我国三大"法外之刑"最后一个堡垒的收容教育制度逐渐跃入公众视野。2014年5月中旬,著名演员黄海波因卖淫嫖娼被北京市公安局行政拘留之后,被转为6个月的收容教育,其所属经纪公司在事后向公众道歉。此事件将收容教育制度推向了风口浪尖,成为社会各界热议的话题。2014年6月7日,中国政法大学教授江平、应松年,全国律协刑事专业委员会主任田文昌等40余位法学学者、律师,在京召开关于收容教育制度的研讨会,探讨收容教育的性质及存在的问题,并对废止收容教育制度进行了论证。研讨会后,全体与会者联合署名形成了一份关于废止收容教育制度的建议书,拟润色并征求各界意见后提交全国人大常委会。① 2014年6月18日,江平、陈光中、田文昌等133位法学专家、律师联合签名的《关于废止收容教育制度的建议书》正式邮寄给全国人大常委会法工委。该建议书称,鉴于收容教育制度与相关法律存在冲突,已不合时宜,制度安排也不合理,

---

* 郑州大学法学院副教授。

① 参见邢世伟:《40余学者律师联名建议废止收容教育制度》,载《新京报》2014年6月9日,第A10版。

建议全国人大常委会法工委予以废止。[1] 从此,废除收容教育制度的呼声日益高涨。

2019年12月28日,第十三届全国人民代表大会常务委员会第十五次会议通过了《全国人民代表大会常务委员会关于废止有关收容教育法律规定和制度的决定》(以下简称《废止决定》),决定内容如下:"一、废止《全国人民代表大会常务委员会关于严禁卖淫嫖娼的决定》第四条第二款、第四款,以及据此实决定实行的收容教育制度。二、在收容教育制度废止前,依法作出的收容教育决定有效;收容教育制度废止后,对正在被依法执行收容教育的人员,解除收容教育,剩余期限不再执行。本决定自2019年12月29日起施行。"[2]至此,收容教育制度宣告终结。

(二)收容教育制度的背景

收容教育制度滥觞于中华人民共和国成立初期。当时,为了扫除封建残余,大力推行妇女解放、净化社会风气、增进国民健康,禁娼便成新中国建立后开展妇女解放的第一项任务,妓女解放被作为其基本内容和首要目标。1949年11月,北京市第二届人民代表大会决议关闭妓院,将妓女集中起来进行思想教育并对妓院老板和贪赃枉法的警察进行严厉惩罚。[3] 此后,各地政府开始探索帮助解放妓女的措施,许多城市根据本地的具体情况,纷纷建立妇女劳动教养所,在禁娼时将妓女收容教养所内,然后对她们逐步进行改造与安置。[4]《2000年中国人权事业的进展》白皮书高度肯定了这项成就:"在很短的时间内,就使这种在中国延续3000多年、严重摧残妇女身心健康和尊严的罪恶渊薮绝迹。"

随着1979年改革开放,经济的发展和人口流动加速,作为改革开放前沿的东南沿海城市暗娼开始盛行。因此,为了禁止卖淫嫖娼行为、改造卖淫嫖娼人员、控制性病的传播,收容教育制度悄然恢复。1988年公安部提出推广上海、北京、武汉、大连、西安等地开办收容教育所的经验。1991年9月4日,第七届全国人民代表大会常务委员会第二十一次会议通过

---

① 参见刘苗:《133名法学专家律师联名建议废止收容教育制度》,载新浪网,http://news.sina.com.cn/c/2014-06-19/041530386223.shtml。

② 《全国人民代表大会常务委员会关于废止有关收容教育法律规定和制度的决定》,载《人民日报》2019年12月29日,第2版。

③ 参见杨敏:《1949:妓女的解放》,载《中国新闻周刊》2010年第43期。

④ 武舟:《中国妓女文化史》,中国出版集团东方出版中心2006年版,第359页。

的《全国人民代表大会常务委员会关于严禁卖淫嫖娼的决定》(以下简称《决定》)第4条第2款规定:"对卖淫、嫖娼的,可以由公安机关会同有关部门强制集中进行法律、道德教育和生产劳动,使之改掉恶习。期限为六个月至二年。具体办法由国务院规定。"①这一规定正式确定了收容教育制度的法律地位,同时,授予国务院制定具体办法的权力。1991年,公安部发布了《关于认真贯彻执行全国人大常委会〈关于严禁卖淫嫖娼的决定〉的通知》。1993年9月4日,国务院颁布了《卖淫嫖娼人员收容教育办法》(以下简称《办法》),《办法》吸收了公安部上述通知的规定内容,同时将解释和执行该办法的权力授予公安部。于是,《办法》便成了收容教育制度建立的主要规范依据。自此,收容教育所在全国各地陆续建立。2003年,公安部颁布施行《收容教育所管理办法》,主要针对收容教育所进行规范,具体规定涉及收容教育所的设置、警力配备等软硬件条件;同时,规定了被收容教育人员的管理、教育、性病检查与治疗等规范,与《办法》配套实施。此外,1986年颁布实施的《治安管理处罚条例》第39条也通过劳动教养对卖淫、嫖娼行为制裁。

正因《办法》的出台以及后续有效实施措施,使1992~2005年成为收教教育的鼎盛时期。据《21世纪经济报道》,截至2005年,全国建立了200余所收容教育所。高峰时期,部分省份一度每个地市都建了一个收教所,甚至有的县也建起了自己的收教所。②

伴随法治理念的勃兴,作为被民间称为"三大恶法"的针对城市流浪乞讨人员的收容遣送制度,于2003年6月终于被废除。废除收容教养和收容教育另两大"恶法"的呼声此消彼长。自2006年3月1日开始,《治安管理处罚条例》被废止,取而代之的《治安管理处罚法》开始施行。《治安管理处罚法》对卖淫、嫖娼,引诱、容留、介绍他人卖淫等违法行为,规定了最长15日拘留、最高5000元罚款的治安管理处罚;同日起施行的《娱乐场所管理条例》对娱乐场所及其从业人员实施组织、强迫、引诱、容留、

① 实际上,除收容教育措施外,《决定》第4条第3款、第4款规定可以采取劳动教养和强制检查与强制治疗措施:"因卖淫、嫖娼被公安机关处理后又卖淫、嫖娼的,实行劳动教养,并由公安机关处5000元以下罚款。对卖淫、嫖娼的,一律强制进行性病检查。对患有性病的,进行强制治疗。"

② 蒋伊晋:《收容教育制度今日起废止》,载《成都商报》2019年12月29日,第4版。

介绍他人卖淫、嫖娼,以及为进入娱乐场所的人员实施上述行为提供条件的行为,明确予以禁止,并规定了相应的行政处罚。《治安管理处罚条例》中规定与收容教育功效类似的劳动教养自此消失了踪迹,为2013年教养制度的废止悄然埋下了伏笔。鉴于社会各界废除收容教育的呼吁,各地对收容教育采取十分谨慎的态度。从2006年开始,"收容教育的生存环境越来越恶劣,每年的收容量都在减少,每年地方上都有些收容教育所因收不到人员而面临关闭或是合并"。2014年,公安部首次公布全国收容教育所数量,截至2014年,全国共有330多个地级以上城市、自治州,仅剩116个收教所,平均每两个城市一个收教所。①

2011年1月8日,国务院对《办法》进行了修订,针对收容教育实施进行规范,规定收容教育的主管单位是公安部,卖淫嫖娼人员收容教育决定由公安机关作出,收容教育的场所由公安机关设立并进行管理,收容教育决定的程序、收容教育的期限及解除、对被收容教育人员的管理和权利救济等都均作出规定。

随着我国依法治国进程的深入推进,尤其是2013年劳动教养制度被废止后,收容教育措施的运用逐年减少,收容教育人数明显下降,有些地方已经停止执行相关规定。虽然在一定程度上收容教育表面停止执行了,但是,该制度及作为基础的《办法》依然存在,收容教育仍然可以随时"依法"启动。鉴于社会各界出于"只要制度还在,就随时可能被继续使用"的担忧,废止收容教育的呼声越来越高。2018年,全国人大常委会法工委会同有关部门开展了联合调研,了解收容教育制度实施情况,召开座谈会听取有关单位及部分人大代表、政协委员和专家学者的意见,并书面征求了有关单位的意见。通过调研论证,各有关方面对废止收容教育制度已经形成共识:虽然作为对卖淫、嫖娼人员集中进行法律教育和道德教育、组织参加生产劳动以及进行性病检查、治疗的行政强制教育措施,依法建立的收容教育制度施行20多年来,对教育挽救卖淫、嫖娼人员,维护社会治安秩序和良好社会风气,发挥了重要作用,但是,收容教育制度的

① 蒋伊晋:《收容教育制度今日起废止》,载《成都商报》2019年12月29日,第4版。

历史作用已经完成,废止收容教育制度的时机已经成熟。①

二、相关法律问题

该事件涉及以下法律问题:(1)收容教育的法律性质是什么?(2)作为收容教育制度真正赖以存续基础的《办法》是否具有合法性与合宪性?(3)作为收容教育制度法律依据的《决定》是否具有合宪性?(4)《废止决定》究竟属于何种性质的行为?该决定是否属于合宪性审查?

三、法理分析

(一)收容教育制度之性质

虽然收容教育制度废除后,似乎对于收容教育性质的探讨已失去了意义。但是,对于收容教育性质的诘问,却是剖析收容教育制度存废的核心问题。然而,学界对收容教育的性质却莫衷一是,始终无定论,主要存在以下观点。

1. 行政处罚说

持此说的学者认为,如果承认《决定》第 4 条第 3 款规定的对卖淫嫖娼人员进行收容教养制裁措施是一种行政处罚规定,②那么,就不能否认与此相衔接的《办法》(2011 年修订前)第 7 条对卖淫嫖娼人员的处理也是一种行政处罚。而且,收容教育是对卖淫嫖娼人员第一次卖淫嫖娼的处理规定,收容教养是对同一卖淫嫖娼人员第二次卖淫嫖娼的处罚规定。不仅如此,从收容教育的内容(限制人身自由)、期限(无论是否提前解除收容教育,须满足 6 个月收容教育最低期限)等方面来看,收容教育带有

① 参见《关于提请废止收容教育制度的议案的说明——2019 年 12 月 23 日在第十三届全国人民代表大会常务委员会第十五次会议上》,载中国人大网 2019 年 12 月 31 日,http://www.npc.gov.cn/npc/c30834/201912/21979c6742a8435c84bdb21640026fde.shtml。

② 实际上,最高人民法院所作出的收容教养决定属于具体行政行为的答复证明了收容教养属于行政处罚。1998 年,《最高人民法院关于"少年收容教养"是否属于行政诉讼受案范围的答复》中规定:"公安机关在对公民作出的'少年收容教养'决定是具体行政行为,属于《中华人民共和国行政诉讼法》第 11 条规定的受案范围,若当事人对公安机关作出的'少年收容教养'决定不服向人民法院起诉的,人民法院应当受理。"

明显的惩戒性,属于行政处罚的范畴。① 也有学者认为,尽管《办法》将收容教育制度的性质确定为"行政强制教育措施",其实质上却因其限制人身自由时间长达6个月至2年,而完全不具备行政强制措施的"暂时性限制"的性质,反而与已被废除的劳动教养一样具有严厉的制裁性,是一种变相的行政处罚。②

实际上,由处罚法定原则观之,收容教育属于法定的行政处罚形式。收容教育的间接依据是《决定》第4条第2款的规定:"对卖淫、嫖娼的,可以由公安机关会同有关部门强制集中进行法律、道德教育和生产劳动,期限为六个月至二年。具体办法由国务院规定。"但是,《决定》并未明确采取何种惩戒方式达到"强制集中进行法律、道德教育和生产劳动使之改掉恶习"的目的,因此,该决定并未创设收容教育这种新的处罚形式。此外,在2006年《治安管理处罚法》颁布实施前,《治安管理处罚条例》除创设收容教育行政处罚外,也并未创设收容教育处罚措施来达到《决定》的目的。③《治安管理处罚法》第66条废止了《治安管理处罚条例》中收容教养的规定后,卖淫嫖娼行为也并未纳入其第76条所规定的可以采取的可被视为收容教育的强制性教育措施之列。④ 而收容教育这种惩戒措施是由《办法》第7条正式予以创设的,⑤但是它却属于行政法规。根据《行政处罚法》第9条"限制人身自由的行政处罚,只能由法律设定"的规定,《办法》所创设的收容教育新的处罚形式不具有合法性。因此,行政处罚

---

① 参见郑厚勇:《论收容教育的行政处罚属性》,载《武汉大学学报(社会科学版)》2003年第5期。

② 周国兴:《法治思维视野下的收容教育制度之检讨》,载《法学评论》2016年第2期。

③ 参见《治安管理处罚条例》第30条规定:"严厉禁止卖淫、嫖宿暗娼以及介绍或者容留卖淫、嫖宿暗娼,违者处15日以下拘留、警告、责令具结悔过或者依照规定实行劳动教养,可以并处5000元以下罚款;构成犯罪的,依法追究刑事责任。嫖宿不满14岁幼女的,依照刑法第236条的规定,以强奸罪论处。"

④ 根据《治安管理处罚法》第76条的规定,有下列行为屡教不改的,可以按照国家规定采取强制性教育措施:(1)引诱、容留、介绍他人卖淫的;(2)制作、运输、复制、出售、出租淫秽的书刊、图片、影片、音像制品等淫秽物品或者利用计算机信息网络、电话以及其他通讯工具传播淫秽信息的;(3)以营利为目的,为赌博提供条件的,或者参与赌博赌资较大的。

⑤ 根据该条规定,对卖淫、嫖娼人员,除依照《治安管理处罚条例》(2011年修订前)第30条或《治安管理处罚法》第66条的规定处罚外,对尚不够实行劳动教养的,可以由公安机关决定收容教育。

说无法成立。

2.行政强制措施说

此说据以立论的基础是《办法》第2条第1款的规定："本办法所称收容教育，是指对卖淫、嫖娼人员集中进行法律教育和道德教育、组织参加生产劳动以及进行性病检查、治疗的行政强制措施。"据此，有学者从收容教育的行为目的、行为效果、形式、适用及立法依据着手，认为收容教育是行政处罚之外的一种辅助性强制教育措施。① 也有学者认为，收容教育是一种具有特殊的执行内容与形式的行政强制措施，由于被收教人员除了需要接受法律和道德教育、参加劳动外，还必须接受性病检查与治疗，因此是行政强制措施。② 还有学者指出，收容教育属于一种行政强制措施，不是治安处罚的继续，不属于行政处罚，而是为了挽救卖淫嫖娼人员所采取的一项特殊行政强制教育措施。公安机关为实现社会治安有效管理的这一行政手段，是对卖淫、嫖娼人员强制限制人身自由进行教育改造的行政性质的强制性措施。③

实际上，所谓的行政强制措施，是指"行政强制措施是行政机关依其职权采取强制手段限制特定的相对人行使某项权利或强制履行某项义务的处置行为"。行政强制措施具有暂时性、从属性和预防性等特征。所谓行政强制措施的"暂时性"，是指"行政机关在行政管理过程中为维护和实施行政管理秩序而采取的暂时性手段，其本身不是管理的目标。采取行政强制措施并未达到也不可能达到管理上的封闭结果，它是为另一种处理结果的实现服务的"。④ 行政强制措施的特征应而行政强制措施的从属性，是另外一种行政行为服务的辅助工具，具有预防性等特点。如限制人身自由，是为了防止该人继续危害社会，对财产的查封是为了防止该财产的转移，从而防止事后的处理决定得不到执行。而收容教育最低期限长达6个月，且是在确定其行为违法后实施的，明显不符合临时性和从属性要求。不仅如此，收容教育包含有强制劳动的内容，这显然与《行政

---

① 参见柯梅森：《谈谈收容教育的几个问题》，载《政法学刊》1994年第1期。

② 参见王美丽、张超主编：《公安强制措施的理解与适用》，群众出版社2003年版，第76页。

③ 参见彭泽虎：《收容教育违法性研究》，载《西南民族学院学报（哲学社会科学版）》2002年第11期。

④ 参见胡建淼：《行政法学》（第4版），法律出版社2015年版，第319页。

强制法》第2条第2款所表明的“为制止违法行为、防止证据损毁、避免危害发生、控制危险扩大等情形”的预防性保障性与行政强制措施立法目的大相径庭。因此,行政强制措施说难以自持。

3. 违法惯常行为矫治措施说

持此观点的学者认为,不能片面者割裂看待收容教育的作用,即应认识到收容教育所具有的强制性、惩戒性,更应聚焦其矫治功能。有学者指出,基于卖淫、嫖娼行为的特点,很多行为人都是长期知法犯法,具有反复性和惯常性,因此,仅进行短时间的拘留和一次性的罚款是不能很好地起到遏制效果的。收容教育因其特先的执行内容和期限,能在一定程度上纠正有习惯性违法行为倾向的违法者的行为,因此,可以被定性为违法惯常行为矫治措施。① 所谓的违法行为矫治措施,是指国家为了预防和减少犯罪,维护社会公共安全和公共秩序,对多次违反《治安管理处罚法》屡教不改,或者实施了犯罪行为不需要追究刑事责任,但放归社会又具有现实危害性的人,通过限制其一定期限的人身自由,对其进行的矫治、教育、改造的强制性教育措施。② 从收容教育的立法目的、适用对象、适用期限以及均具有行政性等方面,尤其是收容教育所适用的对象其卖淫嫖娼行为属于违法而不构成刑事犯罪的违法行为且具有惯常性的特点看,收容教育应属于违法惯常行为矫治措施。③ 2005年《违法行为矫治法》列入立法计划后,许多学者开始赞成此说。

应该看到,虽然收容教育与违法惯常行为矫治措施具有很大的相似性,但是收容教育长时间剥夺被收容教育人员的人身自由,其惩戒程度远超违法惯常行为矫治措施,在某种程度上具有刑事制裁的属性。因此,收容教育在本质上有别于违法惯常行为矫治措施,违法惯常行为矫治措施说不足为信。

4. 保安处分说或变相刑事处罚说

刑法学者普遍坚持此说。他们认为,《办法》和《决定》规定的对卖淫

---

① 参见聂福茂、余凌云编:《警察行政法学》,中国人民公安大学出版社2005年版,第190页;余凌云主编:《违法行为矫治措施》,中国人民公安大学出版社2005年版,第146页。

② 参见孙春雨:《我国行政矫治措施之问题与出路》,载《政法论坛》2011年第3期。

③ 参见陈晨:《收容教育性质探究》,载《山西警官高等专科学校学报》2015年第3期。

嫖娼人员的收容教育、强制医疗等强制禁戒措施是保安处分的一种。① 收容教育与收容教养等措施,同保安处分在基本特征上有一些相似之处,尤其是在适用条件、适用对象、处分内容、实施目的上,学界有一种说法,称其带着保安处分的色彩,因此,应该类似于刑事法律体系。② 也有学者指出,收容教育并不符合行政强制措施的含义及其"预防性、暂时性、非惩罚性"特征,收容教育更多地体现为一种制裁、惩戒,带有明显的处罚性质,而与行政强制措施的本质要求相偏离。从收容教育所剥夺的权益性质、处罚的期限、处罚的严厉性程度等实质内容来看,它甚至超出了行政处罚所能涵盖的严厉性程度,因而实质上具有刑罚的属性。确切地说,收容教育是一种以行政强制教育措施之名实施的刑罚措施。其劳动教养在羁押方式、管理模式、期满释放后的待遇实际上都少有差别,而收容教育与劳动教养又基本上是同一个模式,都属于"变相的刑事处罚"。③

实际上,保安处分独立于刑罚,属于一种刑法上的法律效果,其目的在于特别预防。④ 保安处分与刑罚相配合,发挥犯罪特殊预防的重要作用。而在现行法律中卖淫嫖娼不属于犯罪,可根据具体情节予以治安处罚。我国《刑法》中将与收容教育类似的收容教养与强制医疗这种所谓的"保安处分"规定在"第三章犯罪"中,而没有列入"第三章刑罚",这正是说明收容教养与强制医疗在我国《刑法》里并不是保安处分,充其量不过是具有保安处分性质的强制措施。⑤ 不仅如此,由公安行政机关对卖淫嫖娼人员作出收容教育惩戒具有强烈行政制裁性质,其目的也并非预防犯罪,而是《决定》表明的"维护社会治安秩序和良好的社会风气"。而且,根据《办法》第20条的规定,对收容教育的救济是通过行政复议或行政诉讼方式为之,而非采取刑事司法救济途径。由此可见,收容教育具有强烈

---

① 参见陈兴良:《刑法哲学》,中国政法大学出版社2009年版,第601~602页。

② 参见金昌俊:《浅谈我国保安处分的立法构想——兼谈保安性措施的刑法化改革》,载《当代法学》2003年第12期;参见陈兴良:《刑法哲学》,中国政法大学出版社2009年版,第601~602页。

③ 黄华生:《收容教育的合法性审视与未来走向》,载《甘肃社会科学》2015年第3期。

④ 参见马克昌:《比较刑法原理:外国刑法总论》,武汉大学出版社2002年版,第872页。

⑤ 参见金昌俊:《浅谈我国保安处分的立法构想——兼谈保安性措施的刑法化改革》,载《当代法学》2003年第12期。

的行政行为属性而不具有刑罚本质特征,保安处分说或变相刑事处罚说亦不足取。

5. 特殊措施说

持该说学者认为,收容教育既不是行政处罚,也不是行政强制,而是一种特殊措施。虽然宽泛解释行政处罚,把收容教育也包括在行政处罚中,可以规范收容教育的决定和实施,但是,限制人身自由的惩罚违背了立法意图,也破坏了法律的确定性。至于收容教育执行,原理上可以适用行政强制执行的有关规定,但事实上,行政强制法并没有把这类限制人身自由行政行为的执行问题规范在内。①

实际上,收容教育是由公安行政机关通过对卖淫嫖娼人员进行较长时间的人身自由的限制,来达到对收容教育当事人的特殊预防和对社会的一般预防的目的,其在性质上无疑属于行政行为。然而,只有对该行政行为进行定性,将其归入行政处罚、行政许可、行政强制等特定范畴,才能依其所属某类行政行为的属性作出进一步的合法性、合宪性以及正当性的剖析,否则就无法对其予以规制。

那么,收容教育的性质究竟如何界定?依学理,收容教育在本质属于行政刑罚,即介于刑事罚和行政罚之间交叉分立的"灰色地带",是指对严重行政违法行为(行政犯罪)课以法律责任。② 鉴于行政犯罪行政性与刑事性的双重属性要求对于行政犯罪的判断必然要有"违法性判断的双重性",即第一层次的行政违法性判断,在第二个层次进行实质的违法性判断。③ 收容教育这种惩戒措施是公安行政机关在一定期限内强制性的剥夺收容教育人员的人身自由,使其在特定场所内接受教育和改造的执行方式,使收容教育制度对人身自由的强制性约束与刑罚中的拘役、有期徒

① 参见徐慧红:《改革中国收容教育制度问题研究》,浙江大学2018年硕士学位论文,第8页。

② 参见郭润生、刘东生:《行政刑罚基本问题初探》,载《山西大学学报(哲学社会科学版)》1998年第3期;李晓明:《"两法衔接"与我国行政刑法的新建构》,载《现代法治研究》2016年第1期;李晓明:《"行政拘留"的扩张与行政刑法的转向》,载《法学评论》2017年第3期;李晓明、韩冰:《嬗变与甄别:行政罚与刑事罚的界域》,载《苏州大学学学报(哲学社会科学版)》2020年第1期。

③ 参见李晓明、韩冰:《嬗变与甄别:行政罚与刑事罚的界域》,载《苏州大学学学报(哲学社会科学版)》2020年第1期。

刑具有极大的相似性。正因如此,行政刑罚必须符合法律保留原则,即非经法律不得创设行政刑罚,由此制约行政刑罚的滥用进而践行人权保障之宗旨。

(二)《办法》之合法性剖析

为收容教育制度真正赖以存续基础的《办法》,涉及是否与《决定》、《治安管理处罚法》(2002年前为《治安处罚条例》)、《行政处罚法》与《行政强制法》相冲突的问题,现从形式合法性与实质合法性两个方面加以审视其合法性。

1. 形式合法性之判断

首先,全国人大常委会《决定》在废止前是收容教育制度的法律依据。其第4条第2款规定:"对卖淫、嫖娼的,可以由公安机关会同有关部门强制集中进行法律、道德教育和生产劳动,使之改掉恶习。期限为六个月至二年。具体办法由国务院规定。"尽管该规定并未明确采取"强制集中进行法律、道德教育和生产劳动"的具体方式而是笼统授权给国务院细化,此举在合宪性方面存在存疑。但是,正如学者指出的,虽然《决定》关于收容教育规定的效力有些暧昧不明,但它仍然为收容教育提供了实定法上的依据。①

其次,《办法》与《治安处罚条例》《治安管理处罚法》龃龉。根据《办法》第7条第1款的规定,对卖淫、嫖娼人员,除依照《办法》(2011年修订前)或《治安处罚条例》第30条、《治安管理处罚法》第66条的规定处罚外,对尚不够实行劳动教养的,可以由公安机关决定收容教育。如前文所述,《治安处罚条例》第30条仅规定可对卖淫、嫖娼人员进行劳动教养,并未创设收容教育这一新型处罚。而2006年《治安管理处罚法》颁布实施后,其第66条中已无"劳动教养"的规定,可以说《治安管理处罚法》废止了《治安处罚条例》中收容教养,且根据立法明确性原则,《治安管理处罚法》并未创设收容教育这一新型处罚,认为《治安管理处罚法》是"以沉默的方式认可了收容教育的继续存在"②的观点不成立。不仅如此,《治安管理处罚法》第76条所规定的可被视为收容教育的强制性教育措施的范

① 参见何海波:《论收容教育》,载《中外法学》2015年第2期;何海波:《收容教育为什么应当废除?》,载《中国法律评论》2015年第1期。

② 参见何海波:《论收容教育》,载《中外法学》2015年第2期。

围并不涵盖卖淫嫖娼行为，仅限于以下3项内容：(1)引诱、容留、介绍他人卖淫的；(2)制作、运输、复制、出售、出租淫秽物品或者传播淫秽信息的；(3)以营利为目的，为赌博提供条件的，或者参与赌博赌资较大的。鉴于《办法》在位阶上属于行政法规，而《治安处罚条例》和《治安管理处罚法》均属于全国人大常委会制定的法律，无论适用《治安处罚条例》还是《治安管理处罚法》，《办法》都有违背上位法的嫌疑。

再次，《办法》有悖《行政处罚法》的规定。鉴于前文对收容教育行政刑罚属性的认知，一方面，《行政处罚法》并未创设收容教育这种型的处罚形式；另一方面，根据《行政处罚法》第9条“限制人身自由的行政处罚，只能由法律设定”的规定，收容教育这种限制人身自由的处罚仅能由《行政处罚法》或其他关法律予以规定。因此，《办法》有违《行政处罚法》的规定，因而其合法性存疑。

最后，《办法》与《行政强制法》不存在冲突。鉴于收容教育在本质上属于行政刑罚，因此，它不属于《行政强制法》的调整对象，在适用时不与《行政强制法》产生冲突。如果将收容教育界定为行政强制措施时，方产生违背《行政强制法》第10条“限制人身自由作为强制措施有且仅能有法律进行规定”的情形，从而与《行政强制法》相冲突。

2. 实质合法性之甄别

首先，收容教育适用对象不确定有悖人权保障的初衷。根据《办法》第7条的规定，除第2款所列举的对象外(年龄不满14周岁的；患有性病以外其他急性传染病的；怀孕或者哺乳本人所生一周以内婴儿的；被拐骗、强迫卖淫的)，只要符合除依照《办法》(2011年修订前)或《治安处罚条例》第30条、《治安管理处罚法》第66条的规定处罚且尚不够实行劳动教养的，原则上均可成为收容教育的对象。然而，由于“尚不够实行劳动教养的”标准不明确，导致收容教育适用对象在各地实践中标准不一且极具随意性，这势必导致严重的选择性执法以及权力寻租现象。诚如学者指出的，“本来，当卖淫嫖娼‘流莺遍地’的时候，查谁不查谁就取决于执法者的选择。一旦现场抓到以后‘罚’谁不‘罚’谁也有讲究”。[1] 因此，收容教育适用对象不确定性动摇了遏制公权力保护公民基本权利的法治核心诉求。

---

① 何海波：《论收容教育》，载《中外法学》2015年第2期。

其次,收容教育适用条件和标准缺失与处罚法定原则相龃龉。《办法》第 7 条通过“可以采取收容教育措施”的授权赋予了公安机关很大的是否予以收容教育自由裁量空间,收容教育期限为 6 个月至 2 年也使公安机关享有较大的自由裁量权。不仅如此,由于对何为卖淫嫖娼的理解歧义,也导致卖淫嫖娼范围的不明确,公安部也因此通过《公安部关于对以营利为目的的手淫、口淫等行为定性处理问题的批复》(公复字〔1995〕5 号)和《公安部关于对同性之间以钱财为媒介的性行为定性处理问题的批复》(公复字〔2001〕4 号)将卖淫嫖娼范围扩大至不特定的异性之间或者同性之间以金钱、财物为媒介发生不正当性关系的行为,包括口淫、手淫、鸡奸等行为。因无统一的收容教育适用条件和标准,导致各地适用条件和标准,在不同时期、不同地方执法标准不统一,甚至同一时期不同地方掌握的标准宽严不一,运动式执法式紧松无常现象屡见不鲜。[①] 因此,收容教育适用条件和标准缺失违背处罚法定原则,裁量基准的缺失使收容教育自由裁量权犹如脱缰野马,侵犯了公民的基本权利,背离了法治人权保障的宗旨。

再次,《办法》程序不完备及程序权利的缺失违背了正当程序与人权保障的法治要求。《办法》第 7 条规定:“对卖淫、嫖娼人员实行收容教育,由县级公安机关决定。决定实行收容教育的,有关县级公安机关应当填写收容教育决定书。收容教育决定书副本应当交给被收容教育人员本人,并自决定之日起 15 日内通知其家属、所在单位和户口所在地的公安派出所。”但是,《办法》并未规定具体由公安机关内部哪个部门作出调查、哪个部门作出收容教育决定,这违背了审查分离的程序要求。此外,收容教育决定取秘密的、书面的、间接的内部审批程序作出,这有违程序公开的要求。此外。决定之日起 15 日内通知的规定未能及时保障当事人的知情权。不仅如此,《办法》未对被收容教育人员的陈述权、申辩权、获得律师帮助权以及听证权等作出规定,这种做法严重背离现代程序正义理念或正当程序原则。有学者还提出,收容决定没有暂缓执行的规定也有违正当程序的要求。[②] 由此可见,正当程序的缺失、程序权利的缺失

---

① 何海波:《论收容教育》,载《中外法学》2015 年第 2 期。

② 参见何海波:《论收容教育》,载《中外法学》2015 年第 2 期;何海波:《收容教育为什么应当废除?》,载《中国法律评论》2015 年第 1 期。

导致人权保障的法治诉求犹如镜中月、水中花。

最后,收容教育救济途径使公民基本权利无法得以有效得到保障。根据2011年修订后的《办法》第20条的规定:“被收容教育人员对收容教育决定不服的,可以依法申请行政复议;对行政复议决定不服的,可以依照《中华人民共和国行政诉讼法》的规定向人民法院提起诉讼。”《最高人民法院关于适用〈中华人民共和国行政诉讼法〉的解释》(法释〔2018〕1号)第14条第2款规定:“公民因被限制人身自由而不能提起诉讼的,其近亲属可以依其口头或者书面委托以该公民的名义提起诉讼。近亲属起诉时无法与被限制人身自由的公民取得联系,近亲属可以先行起诉,并在诉讼中补充提交委托证明。”从表面上来看,被收容教育的人员享有复议权或者诉讼权。但是,由于收容管理制度的不健全及实施中的不规范,收容所的管理使家属很晚才会知晓被收容事实且会见当事人也极为不便,加之法律行政复议前置规定增加了司法救济的烦琐程度及当事人顾忌诉讼的社会影响等诸多因素,对收容教育的司法救济可以说无从谈起、形同虚置。① 因此,《办法》有悖法治人权保障的理念。

(三)《办法》之合宪性检视

1. 收容教育侵犯了公民的何种基本权利

《办法》第7条规定:“对尚不够实行劳动教养的,可以由公安机关决定收容教育。”结合《决定》第4条第2款“可以由公安机关会同有关部门强制集中进行法律、道德教育和生产劳动,使之改掉恶习。收容教育期限为六个月至二年”的规定,限制了《宪法》第37条第1款所规定的公民人身自由。如前文所述,鉴于在现代法治理念下,在对公民基本权利作出限制时,必须给予陈述、申辩、听证以及获得救济等权利,虽然《办法》未对此作出规定,但是它却对收容教育人员的陈述权、申辩权、获得律师帮助权以及听证权等予以了剥夺。这些权利属于《宪法》第37条第3款所规定的“禁止非法拘禁和以其他方法非法剥夺或者限制公民的人身自由,禁止非法搜查公民的身体”保障人身自由的权利,从学理上来看,属于程序性基本权利。

不仅如此,结合《决定》第4条第4款“对卖淫、嫖娼的,一律强制进行

① 参见何海波:《论收容教育》,载《中外法学》2015年第2期;何海波:《收容教育为什么应当废除?》,载《中国法律评论》2015年第1期。

性病检查。对患有性病的，进行强制治疗”的规定，收容教育因可能采取强制治疗还涉及《民法典》第990条、第1003条和第1004条规定的身体权和健康权。①有学者指出，废止收容教育制度后，对患有性病的卖淫嫖娼人员实施行政处罚后，还能否进行强制治疗？其能否对强制治疗措施采取自卫行为、能否拒绝治疗？《民法典》第1003条、第1004条规定的自然人的身体权和健康权到底赋予自然人多大的自卫能力，这是一个复杂的问题，需要宪法学者进一步研究。②实际上，《民法典》中对此的规定是在人格权的统领下的身体权、健康权、身心健康，在本质上属于《宪法》第38条人格尊严权的范畴，依学理即是作为基本权利的人格权。因此，《办法》也侵犯了人格权这种基本权利。

2.《办法》是否违背《立法法》与《宪法》

根据《立法法》第8条第5项的规定，“对公民政治权利的剥夺、限制人身自由的强制措施和处罚”只能制定法律；不仅如此，该法第9条规定：“本法第八条规定的事项尚未制定法律的，全国人民代表大会及其常务委员会有权作出决定，授权国务院可以根据实际需要，对其中的部分事项先制定行政法规，但是有关犯罪和刑罚、对公民政治权利的剥夺和限制人身自由的强制措施和处罚、司法制度等事项除外。”《决定》赋予了公安机关对卖淫嫖娼人员处以收容教育的权力，《办法》是国务院为了执行《决定》而制定的行政法规。虽然有学者认为，《办法》没有超出《决定》规定的行为、种类和幅度范围。收容教育制度的权力来源还是属于法律，并没有违反《立法法》的规定。③但是，《办法》毕竟属于低位阶的行政法规，而限制人身自由的规定属于《立法法》绝对保留的范畴。因此，《办法》无疑违背了《立法法》的规定。鉴于《立法法》在性质上属于具有宪法性质的法律，违背《立法法》也意味着违背了《宪法》而不具有合宪性。

此外，如前所述，《办法》不可避免地对《宪法》第37条人身自由和《宪法》第38条人格权尊严造成了侵害。因此，《办法》也违背了《宪法》

---

① 《民法典》第990条、第1003条和第1004条。

② 参见《2019年度中国十大宪法事例发布暨研讨会举行》，载搜狐新闻网教育频道2020年3月10日，https://www.sohu.com/a/378883776_693202。

③ 参见孙运利：《收容教育制度的法理分析》，载《广西警官高等专科学校学报》2012年第4期。

的规定而不具有合宪性。

(四)《决定》之合宪性判断

1.《决定》的性质

为了明确《决定》的性质,应首先明晰全国人大常委会所作出的决定的性质。由于全国人大常委会所作出的决定包含既有针对某一(或某些)法律问题的决定,也有针对非法律问题的决定。对于前者,因其与法律纠缠不清,因此,学者对其称谓不一,如“准法律决定”[①]“有关法律问题的决定”[②]“抽象法命题决定”[③]“立法性决定”。[④] “有关法律问题的决定”并非严格意义上的“法律”,有学者认为应从形式性标准判断决定即决定的制定主体、公布主体和制定程序,[⑤]也有学者主张从“形式理性标准”结合“实质理性标准”进行判断。[⑥] 因此,从形式与实质相结合的标准处罚看,即便全国人大常委会的决定名称中未含有“法”的字样,亦不能以名害实,因为它被称作“决定”就认为它不是法律。[⑦] 但是,在《立法法》颁行之前,我国并无多少关于立法程序的规定,这或许也是致使“有关法律问题的决定”与法律出现混淆的原因。因此,在《立法法》颁行后,我们可以根据《立法法》中有关全国人大及其常委会的立法程序来进行判断:若提案主

① 王竹:《我国到底有多少部现行有效法律——兼论“准法律决定”的合宪性完善》,载《社会科学》2011年第10期。

② 秦前红、刘怡达:《“有关法律问题的决定”:功能、性质与制度化》,载《广东社会科学》2017年第6期;江辉:《有关法律问题的决定与法律的区别》,载《人大研究》2012年第1期。

③ 陈鹏:《全国人大常委会“抽象法命题决定”的性质与适用》,载《现代法学》2016年第1期。

④ 金梦:《立法性决定的界定与效力》,载《中国法学》2018年第3期。

⑤ 参见陈鹏:《全国人大常委会“抽象法命题决定”的性质与适用》,载《现代法学》2016年第1期;秦前红、刘怡达:《“有关法律问题的决定”:功能、性质与制度化》,载《广东社会科学》2017年第6期;王竹:《我国到底有多少部现行有效法律——兼论“准法律决定”的合宪性完善》,载《社会科学》2011年第10期。

⑥ 参见王竹:《我国到底有多少部现行有效法律——兼论“准法律决定”的合宪性完善》,载《社会科学》2011年第10期;江辉:《有关法律问题的决定与法律的区别》,载《人大研究》2012年第1期。

⑦ 参见秦前红、刘怡达:《“有关法律问题的决定”:功能、性质与制度化》,载《广东社会科学》2017年第6期;何海波:《论收容教育》,载《中外法学》2015年第2期;何海波:《收容教育为什么应当废除?》,载《中国法律评论》2015年第1期。

体、审议过程、表决程序、公布方式等皆符合《立法法》的有关规定，则应当认为其属于严格意义上的法律。①

但是，由于《宪法》和《立法法》没有对其法律地位作出明文规定，决定在形式上是全国人大常委会行使“决定权”的结果。全国人大常委会以决定来填补，决定可以广泛地用来修改、补充和解释法律。这实质上就是通过“准法律决定”的形式，以“决定权”之名行“立法权”之实。② 因此，“有关法律问题的决定”不是法定意义上的法律，仅仅被视为法律，其在性质上属于准法律。“有关法律问题的决定”因制定主体系全国人大及其常委会，故而其效力自然高于行政法规、部门规章、地方性法规及地方政府规章。同时，由于此类决定的制定程序不如立法程序那般严格，故而其效力应低于《宪法》和法律（包括立法解释）。③

因此，《决定》在性质上属于“有关法律问题的决定”，具有与法律同等的法律地位，但是其效力低于法律。

2.《决定》是否违背授权立法

依学理，授权立法区分为一般授权立法和特别授权立法两种形式。所谓一般授权立法，也被称为法条授权立法，是指有关立法主体直接依照宪法和有关法律的授权规定，制定法规或规章的活动。特别授权立法，又称特别立法或专门立法，是指依据特定法律、法规授权或者依据国家权力机关或上级国家行政机关通过专门决议的委托，制定规范性法律文件的行为。我国基本上以专门的授权决定来作出授权，④《决定》第4条即属于专门授权。

根据《立法法》第9条的法律绝对保留事项可知，限制人身自由不属于全国人大及其常委会授权国务院制定行政法规的范畴。不仅如此，《立法法》第10条第1款规定，“授权决定应该明确授权目的、事项、范围、期限以及被授权机关实施授权决定应当遵循的原则等”。而《决定》第4条

---

① 参见秦前红、刘怡达：《“有关法律问题的决定”：功能、性质与制度化》，载《广东社会科学》2017年第6期。

② 参见王竹：《我国到底有多少部现行有效法律——兼论“准法律决定”的合宪性完善》，载《社会科学》2011年第10期。

③ 参见秦前红、刘怡达：《“有关法律问题的决定”：功能、性质与制度化》，载《广东社会科学》2017年第6期。

④ 参见万其刚：《论当代中国的授权立法》，载《当代中国史研究》1996年第5期。

第2款中关于"由公安机关会同有关部门强制集中进行法律、道德教育和生产劳动"的规定,使人们无法知晓执法主体(究竟是由公安机关单独作出,还是由公安机关与其他机关联合作出强制惩戒措施)以及"强制集中进行法律、道德教育和生产劳动"的性质及惩罚措施的类型与名称究竟是什么,由此造成对国务院的授权不明确,违背了上述《立法法》规定的立法明确性原则。正因如此,有学者指出,国务院根据《决定》授权制定的《办法》师出无名、于法无据,是"授权立法的脱缰",限制了当事人依照法律享有的权利,实际上是行政立法权对国家立法权的僭越,自《立法法》生效之日起就已经失去其存在的形式合法性。①

3.《决定》是否违背法律保留原则

有学者指出,收容教育制度是《决定》设定的,而不是授权国务院来设定的;国务院所从事的不是特别授权立法,而是执行性的立法。所以,它不违反(准确地说是"不适用")《立法法》第9条的规定。全国人大常委会1991年《决定》应当被视为《立法法》关于法律保留的法律,收容教育制度不抵触法律保留的原则。②《决定》为收容教育提供了实定法上的依据。把废除收容教育制度的理由建立在它的合法性瑕疵上,也是过于轻巧的。从实际效果来看,关于收容教育不具有合法性的甚嚣尘上的指责,恰恰遮蔽了这一制度的实施状况,回避了有关其实质正当性的讨论。③

如前所述,根据《立法法》第8条第5项和第9条但书的规定,"限制人身自由的强制措施和处罚"属于法律的绝对保留事项,即使尚未制定法律也不得授权国务院制定行政法规。此举是现代法治的必然要求:出于对公权力尤其是行政权的怵惕,将对基本权利的限制交由民意机关通过法定程序为之,即将此作为全国人大及其常委会专属立法权。鉴于"有关法律问题的决定"虽被视为法律但其位阶低于法律,因此,专门授权决定应服从于法律、不得与法律规定相冲突,否则是对法律保留原则的背离。于是,随着《立法法》第8条确立了我国的法律保留原则,"有关法律问题的决定"便不得再对法律保留事项作出规定。而且在《立法法》施行后,

---

① 参见周国兴:《法治思维视野下的收容教育制度之检讨》,载《法学评论》2016年第2期;王晓英:《我国收容教育制度的几点思考》,载《中国浦东干部学院学报》2014年第6期。

② 参见何海波:《论收容教育》,载《中外法学》2015年第2期。

③ 同上。

全国人大及其常委会也很少使用"有关法律问题的决定"的形式来规定法律保留事项。与此同时,对于《行政许可法》《行政处罚法》《行政强制法》等当中的法律保留事项,"有关法律问题的决定"亦不得对其作出规定。①

虽然1997年全国人大修订《刑法》时,在附件二中肯定了《决定》中行政处罚和行政措施的规定继续有效,但是《立法法》颁布实施后,《刑法》附件二对此的规定违背了《立法法》法律保留的规定而失效。同样,《治安管理处罚法》《行政处罚法》《行政强制法》中均未将收容教育纳入限制人身自由的强制惩戒措施,根据《立法法》第94条规定的新法优于旧法的原则,《决定》其授权制定的《办法》因违背法律保留原则而失效。况且,在劳动教养被废止后,由刑罚和治安管理处罚构成的惩治破坏社会秩序的违法犯罪行为的二元制裁体系已经基本形成,它比我国原有的由刑罚、劳动教养和治安管理处罚构成的三元制裁体系更合理,《刑法》与《治安管理处罚法》之间彼此衔接,并无收容教育存在的余地。②

不仅如此,如前文所述,收容教育还可能因行强制治疗而侵犯人格权这种基本权利。鉴于《传染病防治法》(2013年修正)第39条第2款和第3款的规定,医疗机构发现甲类传染病后,若病人、病原携带者、疑似病人拒绝隔离治疗或者隔离期未满擅自脱离隔离治疗的,可以由公安机关协助医疗机构采取强制隔离治疗措施。医疗机构发现乙类或者丙类传染病病人,应当根据病情采取必要的治疗和控制传播措施。而根据《传染病防治法》(2013年修正)第3条的规定,性病不在法定的传染病范畴中。因此,如前所述,低位阶的《决定》违背了高位阶的《传染病防治法》的规定;即便将《决定》定性为法律,与同属于全国人大常委会制定的《传染病防治法》相较而言,前者属于普通法和旧法,根据《立法法》第92条所规定特别法优于普通法和新法优于旧法的原则,《决定》与《传染病防治法》冲突且违背《立法法》中的绝对法律保留规定。

(五)《废止决定》之性质

《废止决定》属于全国人大常委会作出的修改和废止法律所作的决

---

① 参见秦前红、刘怡达:《"有关法律问题的决定":功能、性质与制度化》,载《广东社会科学》2017年第6期。

② 参见黄华生:《收容教育的合法性审视与未来走向》,载《甘肃社会科学》2015年第3期。

定，这种决定可能看似“有关法律问题”，但却并非“有关法律问题的决定”。[①] 有学者指出，全国人大常委会废止某一规范性文件或某一制度，乃是以否定性的法命题替换肯定性的法命题，其本质是一种消极的立法行为，只是此种立法活动没有呈现为形式意义上的法律，而是采取了决定的形式。[②]《废止收容教育决定》属于关于调整某一具体社会关系的决定。此类决定通常是针对社会实践中的某一（些）具体问题所作出的规定，欲以决定的形式对该问题当中的社会关系予以调整，对其中的行为进行规范和调整。[③] 因此，《废止决定》不是对合宪性审查制度的运用。[④]

四、结语：以良法促善治

由上观之，收容教育制度的合法性与合宪性存疑。诚如有学者指出的：“仅仅因为行为人的与社会道德规范不相容的行为，就予以收容教育，长期剥夺其人身自由，实有‘炮打麻雀’之嫌。”[⑤]更有甚者，收容教育在实践中多将收容教育对象指向性交易中的女性，这无异于对这些“被侮辱与被损害”的群体进行社会性歧视，[⑥]因此，废止收容教育制度势在必行，废止收容教育制度是我国法治取得的巨大成就。

---

① 秦前红、刘怡达：《“有关法律问题的决定”：功能、性质与制度化》，载《广东社会科学》2017年第6期。

② 参见陈鹏：《全国人大常委会“抽象法命题决定”的性质与适用》，载《现代法学》2016年第1期。

③ 参见秦前红、刘怡达：《“有关法律问题的决定”：功能、性质与制度化》，载《广东社会科学》2017年第6期。

④ 实际上，备案审查是对法规、规章等的规范性文件进行的合法性审查，它虽然可以充当合宪性审查的过滤机制，但并不具备合宪性审查功能，合宪性审查是由有别于备案审查的特殊机关[备案审查由全国人大常委会法制工作委员会中的法规备案审查室主导，而合宪性审查将由全国人大宪法和法律委员会进行，通过特定的程序（尚未制定）进行]。对此，可参见胡锦光：《论法规备案审查与合宪性审查的关系》，载《华东政法大学学报》2018年第4期；王锴：《合宪性、合法性、适当性审查的区别与联系》，载《中国法学》2019年第1期；胡锦光：《序论：备案审查与合宪性审查的关系》，载胡锦光主编：《2018年中国十大宪法事例评析》，法律出版社2019年版，第1～9页。

⑤ 胡人斌：《合法性的危机——对收容教育制度的法理分析》，载《杭州师范学院学报（医学版）》2006年第3期。

⑥ 参见刘波：《收容教育存废争议　不应止于制度本身》，载《21世纪经济报道》2014年6月10日，第4版。

为了践行“尊重和保障人权”的法治诉求与我国宪法的庄严承诺，有必要以宪法精神和法治思维引领我国法治建设，践行人权保障之宗旨，提升国家治理能力现代化，以良法促善治。完善备案审查制度，逐步建立合宪性审查制度是杜绝“法外之刑”的必由之路。有学者指出，推进合宪性审查工作真正的难题主要在于自我审查的正当化及实践模式的确立，应将对法律草案审议过程中的审查，作为合宪性审查的一种正规方式来对待。①

① 参见林来梵：《废止收容教育制度让人期待》，载《人民之友》2019年第Z1期。

事例2：承包地流转的宪法边界

——贵州省修文县强制农户土地流转事件

杨　扬[*]　程雪阳[**]

一、事例回放

2019年8月，贵州省修文县者政府接到上级政府工作任务，须整理出4000亩土地进行流转建设高质量蔬菜大棚，并在2019年10月底完成建设任务。由于流转的费用低且没有保障，多数农户不同意进行土地流转并拒绝签订流转协议，但修文县在任务紧迫的情况下，为推进流转建设项目顺利进行，在整理流转土地时将没有签订流转协议农户的承包地也一并推平（以下简称修文县强制土地流转事件）。对此，负责实施的龙场镇政府工作人员坦诚其行为的违法性，但他表示为了按期完成县政府下达的工作任务，《修文县人民政府关于加快推进4000亩高标准蔬菜保供基地建设有关事宜的通告》中指出，"2019年，贵州市委市政府需要在全市建设2.5万亩高标准保供蔬菜基地，修文县需要建设4000亩，按照市政府的统一部署，必须在2019年10月前完成建设任务。并强调，高标准保供蔬菜基地建设是一项政治任务，是脱贫攻坚的一项重要举措，是一项重大民生问题。要求涉及的乡镇和县直部门强化执行落实，层层压实责任"。强行推平农地也是出于无奈。贵州修文县农业农村局局长何长松指出，此次土地流转建设蔬菜大棚项目是为改善民生：一是增加农民经济作物种植比例，提高收入；二是解决市民的菜篮子工程，是政府从全局考虑出发作出的惠民政策。

然而，失地农民并不买账。据了解，农民不同意土地流转建设蔬菜大

---

* 苏州大学王健法学院2018级宪法与行政法学硕士研究生。

** 苏州大学王健法学院教授。

棚的原因有两方面。一是失败先例让农民失去信心。修文县在此之前也进行过一场土地流转建设蔬菜大棚的项目，但因各种原因，项目未如期运行，农民们没有拿到流转协议中承诺的利润分红，又由于流转期限未满，农民只能看着土地被荒废。有失败的流转案例在先，农民对于相类似的土地流转建设项目自然是抵触的。二是土地流转收益低。农民普遍表示土地流转收益不如自己种植蔬菜农作物收入高，有位村民表示自己两亩田地种植阳霍每年收入有1万多元，但若是流转出去，按照协议规定每年只能入账不到5000元收益。①

正如修文县农业农村局局长所言，流转村民土地建设蔬菜大棚是一项惠及修文县乃至贵阳市的重大民生工程，政府推行土地流转的初衷无可指责，但其采取的措施不当，修文县龙场镇政府工作人员也坦言强行推平土地的行为是不合法的。

无独有偶，类似的还有前段时间热议的山东"拆村并居"事件。同修文县强制土地流转相同，本应由村民自愿进行的合村并居活动在实际运行中却演变成乡镇工作人员"软硬兼施"下的强制村民"上楼"事件，不愿意签订拆迁协议的村民遭遇了断水断电，甚至是被"约谈"。被问及不愿意合村并居的原因，除中国传统的"叶落归根"观念外，最关键的是补偿不到位，政府所说的补偿对于村民来说只是"水中月"，有些地方的"拆村并居"村民在房屋被拆除后的两年都处于"流浪"状态。关于补偿的具体落实，政府大多无法给予明确答复。②

修文县强制土地流转以及山东"拆村并居"事件在的相同之处在于：(1)存在强制行为，无论是强行推平农地，抑或是断水断电、强行拆屋，都是违背村民意愿以推进政策的行为；(2)补偿不到位，相关权利无法得到充分保障；(3)政府的政策初衷都是好的。建设蔬菜大棚以提高农作物种植收入，惠及周边城市居民生活，以及"拆村并居"来改善农村村民生产生活条件，政府建设改善农村的初心没有错，农地流转建设蔬菜大棚没有

① 参见《〈焦点访谈〉20191120 强推土地为哪般》，载央视网，http://tv.cctv.com/2019/11/20/VIDEC8ihBLspoCJnPdwqa69N191120.shtml? spm = C53156045404.PP1dEaiKB4LV.0.0。

② 参见《山东合村并居的真实情况》，载新浪网，http://sd.sina.com.cn/news/2020-06-22/detail-iircuyvi9762960.shtml。

错，改善空心村、落后的农村基础生活措施没有错，但是否只能以这种强硬的手段去实现这些目标？这是值得我们思考的。

二、强制农地流转行为的法律定性

从宏观的视角来审视修文县强制土地流转事件，会认为这是一个强制土地经营权流转的事件，但仔细推敲后这一观点似乎并不准确。强制流转的前提是客观上形成了土地流转的协议关系，反观本事件，强行被推平农地的农户并没有同建设方公司签订流转协议，双方之间没有形成土地流转合同关系，严格从法律视角来看很难说是强制土地经营权流转。因此，对修文县强制土地流转事件进行法律性质判断，宜从两部分进行分析，一是签订了流转协议的，二是没有签订流转协议的。

（一）侵犯土地经营权流转自愿原则

根据《农村土地承包法》《农村土地承包经营权流转管理办法》的规定，土地承包经营权依法、自愿、有偿流转，任何组织和个人不得强迫土地经营权流转。农户有权决定是否流转土地承包经营权、有权依法自主选择流转对象和流转方式。土地经营权流转的价款，应当由当事人双方协商确定。没有经过农户的同意，村委会乃至乡镇县政府都无权决定流转农户的承包土地。① 具体到修文县强制土地流转事件中，整个土地流转过程都是在政府的推动下进行的，包括流转协议内容的制定，也是由政府同流转受让方协商确定的。对于流转土地的面积、期限及其补偿等问题，与之利益相关的承包农户彻底失去话语权，在土地流转的方方面面充满了行政强制色彩。具体到行为定性，政府运用行政强制手段干预农民承包经营土地流转，侵犯了农户的土地承包经营权，违反法律规定的“土地承

① 《农村土地承包法》第8条、第10条、第38条第1项、第39条分别规定：“国家保护集体土地所有者的合法权益，保护承包方的土地承包经营权，任何组织和个人不得侵犯。”“国家保护承包方依法、自愿、有偿流转土地经营权，保护土地经营权人的合法权益，任何组织和个人不得侵犯。”“土地经营权流转应当遵循以下原则：（一）依法、自愿、有偿，任何组织和个人不得强迫或者阻碍土地经营权流转；……”“土地经营权流转的价款，应当由当事人双方协商确定。”《农村土地承包经营权流转管理办法》第6条、第8条第2款规定：“承包方有权依法自主决定承包土地是否流转、流转的对象和方式。任何单位和个人不得强迫或者阻碍承包方依法流转其承包土地。”“没有承包方的书面委托，任何组织和个人无权以任何方式决定流转农户的承包土地。”

包经营权自愿流转”,违反了《农村土地承包法》《农村土地承包经营权流转管理办法》的相关规定。

(二)征收行为之判断——滥用征收权

签订了流转协议的强制土地流转违反了农户的土地经营权流转自愿原则,侵犯农户土地经营权。但对于没有签订协议的农户,政府强行推平承包地的行为定性就应跳出土地流转合同关系的思维模式。因在没有签订流转协议的情况下,农户土地被强制推平,在此行为状态中,仅有两个主体——农户和政府,不涉及建设方公司。在仅有的农户与政府的法律关系中,土地强推显然不涉及流转,强制土地流转更是无从谈起,那么,此时政府的行为又属于何种法律性质呢?

从行为的效果上分析,政府强制推平的土地被用于建设蔬菜大棚项目,作为项目所需成片土地不可分割的部分,根据该协议规定,这些土地将被建设方公司占有、使用24年,这意味农户被迫失去24年的土地承包经营权。从政府行为权限上分析,根据《农村土地承包经营权流转管理办法》第8条第2款的规定:“没有承包方的书面委托,任何组织和个人无权以任何方式决定流转农户的承包土地。”没有经过农户同意,政府无权流转承包地。政府在没有法律授权的情况下,推平承包地并交予建设方公司,在政府同建设方公司之间建立了事实上的土地流转关系。政府强行取得土地的行为,表现为征收权的行使,因征收的显著特征在于行政机关对非国有财产权的强制取得。

《宪法》第10条第2款、第4款,第13条以及第33条第3款规定,国家应当尊重和保护集体土地所有权、国家和集体土地使用权、公民合法的私有财产权以及其他人权。而征收是一种对私人财产权进行强制剥夺的制度,为了落实上述规定,《宪法》第10条第3款又规定:“国家为了公共利益的需要,可以依照法律规定对土地实行征收或者征用并给予补偿。”由此观之,征收需要符合3个条件:一是为了公共利益的目的;二是必须严格依照法律规定的程序;三是必须予以公正补偿。

首先,是征收目的判断,修文县政府进行土地流转是为建设高质量蔬菜大棚,丰富当地农作物种植种类,提高当地居民收入,为修文县乃至贵阳市居民提供优质蔬菜,是一项惠及民生的重大工程。虽然其中也包含了一定的公共利益,但其并不符合《土地管理法》第45条关于公共利益的界定。[1] 需要注意的是,即使是组织实施的成片开发建设需要用地的,也需要"在土地利用总体规划确定的城镇建设用地范围内",并经省级以上人民政府批准。[2]

其次,在征收程序和公正补偿上,依据《土地管理法》第46条第3项、第47条、第48条的规定,征收农用地的,政府需要办理农用地转用审批、征地审批、征收公告、听取利害关系人意见等相关程序,同时应给予公平、合理的补偿,保障被征地农民原有生活水平不降低、长远生计有保障。具体到本事件中,修文县政府在没有履行任何合法程序的情况下径直推平农地,事后也没有对相关农户进行补偿安置,严重违反征收法定程序和公正补偿规定。综合以上分析,修文县政府强行推平农户承包地交予项目建设方公司使用,造成了事实上的征收效果,但不符合征收权行使条件,属于征收权滥用。

通过对修文县政府在强制土地流转事件中行为的具体分析判断,可以看出,在此事件中,修文县政府存在两种不同法律性质的行政行为:一是就签订流转协议的农户而言,政府取代农户的土地经营权人地位,同土地流转受让人商定流转协议内容,严重侵犯农户的土地承包经营权,违反法律规定的"土地承包经营权自愿流转";二是就没有签订流转协议的农户而言,政府强行推平农地的行为事实上造成了农户耕地被征收的效果。

---

① 《土地管理法》第45条规定:"为了公共利益的需要,有下列情形之一,确需征收农民集体所有的土地的,可以依法实施征收:

(一)军事和外交需要用地的;

(二)由政府组织实施的能源、交通、水利、通信、邮政等基础设施建设需要用地的;

(三)由政府组织实施的科技、教育、文化、卫生、体育、生态环境和资源保护、防灾减灾、文物保护、社区综合服务、社会福利、市政公用、优抚安置、英烈保护等公共事业需要用地的;

(四)由政府组织实施的扶贫搬迁、保障性安居工程建设需要用地的;

(五)在土地利用总体规划确定的城镇建设用地范围内,经省级以上人民政府批准由县级以上地方人民政府组织实施的成片开发建设需要用地的;

(六)法律规定为公共利益需要可以征收农民集体所有的土地的其他情形。

前款规定的建设活动,应当符合国民经济和社会发展规划、土地利用总体规划、城乡规划和专项规划;第(四)项、第(五)项规定的建设活动,还应当纳入国民经济和社会发展年度计划;第(五)项规定的成片开发并应当符合国务院自然资源主管部门规定的标准。"

② 关于成片开发征收的认定标准及其合宪性分析,参见程雪阳:《合宪性视角下的成片开发征收及其标准认定》,载《法学研究》2020年第5期。

而且经笔者分析，政府的强推行为并不符合法定征收条件，因此可以认为其符合滥用征收权的情形。

三、失范的集体土地流转之规范和理论分析

《农村土地承包法》第 10 条规定："国家保护承包方依法、自愿、有偿流转土地经营权，保护土地经营权人的合法权益，任何组织和个人不得侵犯。"第 38 条第 1 款更进一步强调，土地经营权流转应当遵循的第一原则是"依法、自愿、有偿，任何组织和个人不得强迫或者阻碍土地经营权流转"。不过，之所以会出现修文县强制土地流转事件以及山东"拆村并居"等事件，究其原因主要是农民的财产权和自由交易权不被尊重。

在最近的研究中，笔者发现，改革开放以后我国土地制度改革最基本的经验，其实隐藏在 1988 年通过的宪法第一修正案和第二修正案中。因为正是这两项作为"孪生条款"的宪法修正案，不仅为私营经济在中国的发展提供了法律空间和物理空间，而且还通过私营经济产权制度和土地使用权（财产权）制度的建立，为改革开放后我国各类经济建设和城市化的迅速发展奠定了最坚实的法律基础。就像英国学者安德罗·林科雷特（Andro Linklater）所说的，"使每个人都能保有各自的劳动果实，这样就能对各种产业给予最大且最有效的奖励"。[①] 也正是因为洞察到这一点，中共中央和国务院在 2016 年作出了"产权制度是社会主义市场经济的基石，保护产权是坚持社会主义基本经济制度的必然要求。有恒产者有恒心，经济主体财产权的有效保障和实现是经济社会持续健康发展的基础"这一重要论断。[②]

不过，"在坚持社会主义公有制的基础上，重建土地财产权制度"这一土地制度改革的基本经验，在 2019 年 8 月《土地管理法》修正前，真正能够被称为"长期、稳定且可靠土地财产权"只有"国有建设用地使用权"这一种类型。因此，就整个土地制度而言，"重建土地财产权"这

① Andro Linklater, *Owning the Earth: The Transforming History of Land Ownership*, New York: Bloomsbury Publishing, 2013, p. 66.

② 《中共中央、国务院关于完善产权保护制度依法保护产权的意见》（2016 年 11 月 4 日）。

一基本经验在过去40余年间的适用领域是非常狭窄的，且主要集中在城市区域。①

2019年8月《土地管理法》修正后，"集体经营性建设用地使用权"也正在演变成为一种"长期、稳定且可靠的土地财产权"。根据该法的规定，土地利用总体规划、城乡规划确定为工业、商业等经营性用途，并经依法登记的集体经营性建设用地，土地所有权人可以通过出让、出租等方式交由单位或者个人使用，通过出让等方式取得的集体经营性建设用地使用权可以转让、互换、出资、赠与或者抵押。② 虽然上述新规则能否顺利有效实施还有待进一步观察，但可以确定的是，我国过去40余年在土地制度改革领域所取得的基本经验已经在集体经营性建设用地领域得以应用，因为根据该法的规定，集体经营性建设用地使用权已经被承认为一项真正独立的财产权。③

然而，对个体农民和农民家庭影响最大的宅基地和承包地领域，"重建财产权制度"这一基本经验的扩展和应用则困难重重、步履维艰。就宅基地使用权而言，虽然2007年通过的《物权法》第十三章明确将这一项权利列为一种独立的"用益物权"，但根据该法第152条的规定，宅基地使用权人能够享有的只是无期限地占有和使用宅基地（包括利用该土地建造住宅及其附属设施）的权利，其他用益物权所具有的收益和部分处分权（比如，国有建设用地使用权所享有的转让、互换、出资、赠与、继承、抵押等权利），④宅基地使用权人基本上并不享有（在本集体内部进行

---

① 之所以出现此种现象，法律上的原因是1990年以后的法律和法规只允许国有建设用地使用权进入市场流通，而国有建设用地使用权的设立和出让权掌握在城市政府手中。

② 《土地管理法》（全国人大常委会1986年6月25日通过，2019年8月26日第三次修正）第63条第1款、第3款。

③ 可能还有人对此持有异议，认为集体经营性建设用地不能算作是完整的用益物权。理由是这一类型的土地依然不能进入商品房市场。然而，这种社会现实只是特殊时期的政策导致的，从《土地管理法》第63条第1款的规定来看，其并不明确反对商业类集体经营性建设用地用于商品房开发。

④ 《物权法》第143条规定：建设用地使用权人有权将建设用地使用权转让、互换、出资、赠与或者抵押，但法律另有规定的除外。

互换除外）。[①] 在确立"宅基地使用权作为一项稳定的财产权"的道路上，2019年修正的《土地管理法》迈出了重要一步，其第62条第6款新增的"国家允许进城落户的农村村民依法自愿有偿退出宅基地"规定表明，法律开始承认宅基地使用权人拥有除占有和使用以外的其他用益物权，但这种承认是以一种极其隐晦的方式被包含在"有偿退出"这一表述中，[②]而且还被套上了"进城落户的农村村民的宅基地"这一违反宪法平等原则的限制性条件。[③] 另外，即使该法修正通过之后，作为用益物权的宅基地使用权也并不稳定和可靠，因为农村集体经济组织可以依照该法第63条第1款第3项关于"因撤销、迁移等原因而停止使用土地的，村集体经济组织报经原批准用地的人民政府批准，可以收回土地使用权"的规定，以

① 需要说明的是，《物权法》只明确禁止了宅基地用于抵押（第184条），并没有明确禁止宅基地使用权有偿转让、互换、出资、赠与及继承权，其第153条授权"土地管理法等法律和国家有关规定"来建立"宅基地使用权的取得、行使和转让"的规则，但1994年制定的《城市房地产管理法》，1998年修改的《土地管理法》以及国家有关规定（比如，国务院办公厅1999年5月6日发布的《关于加强土地转让管理严禁炒卖土地的通知》，国务院2004年10月21日作出的《关于深化改革严格土地管理的决定》，原国土资源2004年11月2日发布的《关于加强农村宅基地管理的意见》），都严禁集体建设用地在市场上和社会中流通，严禁城镇居民在农村购置宅基地，严禁为城镇居民在农村购买和违法建造的住宅发放土地使用证。根据这些规定，宅基地使用权人是无法以出资的方式来行使该项权利，也不能抵押该项权利。虽然法律并不禁止集体内部的"有偿转让"与"赠与"，但因为"一户一宅"制度的存在，这两种法律行为很少有用武之地。宅基地使用权的"继承"问题在实践中是通过"继承人继承宅基地上的房屋"来实现的，但法律从来没有明确承认过宅基地使用权可以继承。对于那些地上没有房屋或其他构筑物的宅基地，能否继承常常引发争议，且只能诉诸基层群众自治这种民主制度才能得到不圆满地解决。

② 在汉语中，"退出"既不是一个含义清晰的法律概念，也不是一个独立的法律行为。"转让、互换、出资、赠与或者抵押"等法律行为都可以理解为"退出"的一种表现形式，因为它们都可以产生"退出"的法律效果，但"退出"究竟可以包含哪些法律行为并不清晰，立法机关也没有作出明确的说明。2015年12月27日，全国人大常委会曾经授权国务院在天津市蓟县等59个试点县（市、区）暂停实施《物权法》第184条"宅基地不得抵押"规定，但这一授权在2017年12月31日到期之后并没有延长，全国人大常委会2019年12月28日发布的《民法典（草案）征求意见稿》第399条依然规定："宅基地、自留地、自留山等集体所有土地的使用权不得抵押，但是法律规定可以抵押的除外。"

③ 之所以说现行《土地管理法》第62条第6款规定违反《宪法》第33条第2款所规定的"中华人民共和国公民在法律面前一律平等"，是因为既然法律承认宅基地使用权属于一项财产权，那么所有的宅基地使用权人，都应当拥有有偿退出宅基地及其使用权的权利，而不应当以其是否进城落户为标准进行区别对待。

农村集体经济组织成员“户籍、婚姻状态后变化已停止使用土地”为由,无偿收回后者享有的该项权利以及相应的宅基地。

在农村土地承包领域,财产权制度的拓展则处在“集体经营性建设用地”和“宅基地”的中间状态。自2002年《农村土地承包法》颁布伊始,通过家庭承包取得的土地承包经营权就包括了在相当长的时间内(30~70年)“使用、收益和流转土地承包经营权的权利”,[①]而且该法以及2007年颁布的《物权法》明确规定,除抵押权外,这里的“流转”包括“转包、出租、互换、转让或者其他方式”等多种财产权行使方式。[②] 仅从这些规定来看,土地承包经营权在《物权法》实施后似乎就可以定位为一项“虽有残缺但稳定的财产权”。但这样的观察结果过于乐观,因为2002年《农村土地承包法》同时还建立了如下特别规则。(1)承包期内,承包方全家迁入设区的市,转为非农业户口的,应当将承包的耕地和草地交回发包方。承包方不交回的,发包方可以收回承包的耕地和草地。(2)妇女结婚,在新居住地取得承包地的,发包方有权无偿收回其原承包地。(3)因自然灾害严重毁损承包地等特殊情形对个别农户之间承包的耕地和草地需要适当调整承包地的,可以经本集体经济组织成员的村民会议2/3以上成员或者2/3以上村民代表的同意,并报乡(镇)人民政府和县级人民政府农业等行政主管部门批准。[③] 根据这些规则,土地承包经营权人一旦户籍或婚姻状态发生变化,其所享有的这种用益物权就会面临被基层群众自治组织取消的风险。

可喜的是,2018年12月修正通过的《农村土地承包法》部分修正上述特别规则。其要求:(1)保护进城农户的土地承包经营权。禁止任何组

---

① 《农村土地承包法》(全国人大常委会2002年8月29日通过)第21条规定:“耕地的承包期为三十年。草地的承包期为三十年至五十年。林地的承包期为三十年至七十年;特殊林木的林地承包期,经国务院林业行政主管部门批准可以延长。”第26条第1款和第27条第1款规定,承包期内,发包方原则上不得收回或调整承包地。

② 《农村土地承包法》(全国人大常委会2002年8月29日通过)第16条第1项、第32条;《物权法》第184条。需要说明的是,2002年通过的《农村土地承包法》只是禁止通过家庭承包取得的土地承包经营权进行抵押,其第49条规定“通过招标、拍卖、公开协商等方式承包农村土地,经依法登记取得土地承包经营权证或者林权证等证书的,其土地承包经营权可以依法采取转让、出租、入股、抵押或者其他方式流转”。

③ 参见《农村土地承包法》(全国人大常委会2002年8月29日通过)第26条第3款、第27条第2款。

织和个人以退出土地承包经营权作为农户进城落户的条件(第27条第2款);(2)耕地承包期届满后再延长30年,草地、林地承包期届满后依照前款规定相应延长(第21条第2款);(3)按照"落实集体所有权,稳定农户承包权,放活土地经营权"的思路,将承包地的权利体系从"集体土地所有权—土地承包经营权"发展为"集体土地所有权—土地承包经营权—土地经营权",并赋予了土地经营权人以担保融资权以及再次在农用地市场进行流转的权利。[①] 以上规则改变后,作为用益物权人的农户以及作为次级用益物权人的土地经营权人各自的财产权得以确立或进一步巩固,[②]同时,大规模的现代化农业投资和生产也因为拥有了财产权制度的保障得以顺利推行。不过,就此得出结论说"土地承包经营权"已经成长为一种"独立、稳定且可靠的财产权"依然过于乐观。因为无论是在理论研究中,还是在现实社会中,许多人都持有如下见解,即"土地承包经营权30年不动"制度过于强化了土地的稳定性,忽略了农村人口的动态变化,背离了农民朴素的公平观,会给社会稳定、经济发展和构建和谐社会带来诸多不

---

① 参见《农村土地承包法》(全国人大常委会2002年8月29日通过)第26条第3款、第27条第2款。第2章第5节"土地经营权"所辖第36~47条。另外,第27条第3款也规定"承包期内,承包农户进城落户的,引导支持其按照自愿有偿原则依法在本集体经济组织内转让土地承包经营权或者将承包地交回发包方,也可以鼓励其流转土地经营权",这一规则的本质也是在巩固土地承包经营权作为独立财产权的基础上,促进该项权利进一步通过市场规则进行流通,从而实现土地资源的合理利用。

② 关于"土地经营权"的法律性质,法学界一直争议不断,相关争论的梳理已经另文完成,此处不再重复,参见程雪阳:《土地法治四十年:变革与反思》,载《中国法律评论》2019年第1期。笔者同意"可以在现有的土地承包经营权之上设立了作为次级用益物权的土地经营权"这种意见。参见孙宪忠:《推进农地三权分置经营模式的立法研究》,载《中国社会科学》2016年第7期;蔡立东、姜楠:《农地三权分置的法实现》,载《中国社会科学》2017年第5期。2018年修订的《农村土地承包法》最终采取的解决方案是在第41条中规定:"土地经营权流转期限为五年以上的,当事人可以向登记机构申请土地经营权登记。未经登记,不得对抗善意第三人。"虽然许多民法学者对这一规则所采用的"以流转期限来确定用益物权"的方式很不满意,并认为"五年以上"这一期限限定过于武断,但这一规定的本意是通过对土地经营权进行登记来稳定土地经营权人的预期和投资信心,并为其进行抵押提供财产权信用机制。当然,这一规定并不完美,但其缺陷主要表现为不应采用"登记对抗主义"物权变动模式。事实上,在《农村土地承包法(修正草案)》征求专家意见的过程中,笔者就曾建议原农业部在草案中建立"五年以上土地经营权流转应当向登记机构申请土地经营权登记"这一规则。

利影响，因此，要求法律承认并支持基层群众自治组织或集体经济组织动用“民主多数决”机制对现存的（部分）土地承包经营权进行“三年一小调、五年一大调”，从而解决农业人口变化与集体土地占有不均之间的矛盾。①

在《农村土地承包法》修正的过程中，上述意见一度被写入草案。比如，全国人大农业与农村委员会2017年11月起草的《农村土地承包法修正案（草案）》第27条第2款曾规定：“承包期内，因特殊情形矛盾突出，需要对个别农户之间承包的耕地和草地适当调整的，必须坚持土地承包关系稳定、不得打乱重分的原则，必须经本集体经济组织成员的村民会议三分之二以上成员或者三分之二以上村民代表的同意，并报乡（镇）人民政府和县级人民政府农业等行政主管部门批准。承包合同中约定不得调整的，按照其约定。具体由省、自治区、直辖市制定地方性法规规定。”②全国人大农业与农村委员会对此的解释是“因各种特殊情形造成人地矛盾突出”“各地情况差异较大”，因此，建议授权地方根据“大稳定、小调整”的原则来自行处理。③ 但具体负责进行草案合宪性和合法性审查工作的全国人大宪法与法律委员会以及立法审议机关最终没有接受这些意见，该委员会认为：“承包地调整问题政策性很强，多年来，中央在承包地调整问题上的政策没有变化，不久前印发的中央文件对有关精神再次作了强调。因此，建议本次修法对现行法律有关调整承包地的规定不作修改，维

---

① 参见刘强：《农地制度论》，中国农业出版社2018年版，第42～48页；陆剑：《农村土地承包法修改中农民朴素公平观及其制度回应》，载《西北农林科技大学学报（社会科学版）》2016年第5期；李立东：《调整或确权：农村土地制度的公平与效率如何实现？——基于山东省L村的调查研究》，载《公共管理学报》2017年第1期。正是基于这种认识，有意见进一步指出，2018年修正的《农村土地承包法》关于“耕地承包期届满后再延长三十年，草地、林地承包期届满后依照前款规定相应延长”的规定，应当被理解为是“土地承包经营制度再延长30年”，而不是“原地原人再延长30年”。不过，中共中央办公厅和国务院办公厅2015年11月2日发布的《深化农村改革综合性实施方案》并不支持这种意见，该方案明确指出把握好土地集体所有制和家庭承包经营的关系的第一个方面就是“现有农村土地承包关系保持稳定并长久不变”。

② 载法律图书馆，http://www.law-lib.com/fzdt/newshtml/20/20171108101615.htm。

③ 参见刘振伟：《关于〈中华人民共和国农村土地承包法修正案（草案）〉的说明》，第十二届全国人民代表大会常务委员会第三十次会议，2017年10月31日。

持现有规定不变。”①全国人大常委会最终支持了宪法与法律委员会的意见,在最终通过的文本中,原法第27条第2款规定的内容没有变化,只是序号调整为第28条第2款。不过,这部法律中的“民主多数决”调整机制依然保留了下来。

虽然中共中央在2013年《关于全面深化改革若干重大问题的决定》中就明确提出了要“紧紧围绕使市场在资源配置中起决定性作用深化经济体制改革”的目标,但《土地管理法》和《农村土地承包法》修改的结果表明,中国过去40余年间在土地制度改革领域所取得的“重建土地财产权”基本经验,并没有被全面充分地落实到现行法律体系中。很多观察家对此表示迷惑不解,并借此批评上述法律修改没有完成“土地制度供给侧改革”的任务。然而,法律规则只是理论和观念在制度层面的映射。“重建土地财产权”这一基本经验之所以在宅基地和承包地领域难以拓展和应用,最重要的原因不是因为既有的利益格局难以调整,而是因为许多人坚持认为宅基地使用权和土地承包经营权属于“社会保障或社会福利制度”而不是“财产权”的组成部分。② 也正是基于这种观念和理论主张,有论者主张,应继续坚持从集体层面无偿分配承包地和宅基地的规则,因为一个人出生在集体中就享有成员身份,这属于“天赋人权”的组成部分。③还有论者主张,只有继续坚守禁止公民自由买卖宅基地的制度,“让农民进得了城,回得了乡”,才能保护农民的基本人权,才能更好地尊重和保护公民的土地权利。④

从外观来看,这些理论主张似乎具有一定的合理性,但通过细致分析就会发现,其理论基础不牢固,逻辑也不清晰,很难成立。

---

① 参见全国人民代表大会宪法和法律委员会:《关于〈中华人民共和国农村土地承包法修正案(草案)〉审议结果的报告》(2018年12月29日)。

② 有许多土地问题研究者都持有“宅基地和承包地承担着某种社会保障功能”或“具有一定的社会福利性”的主张,并借此反对将物权法的基本原则和规则全面应用到宅基地领域,甚至那些主张应当承认宅基地使用权和土地承包经营权属于财产权的学者也不例外。参见韩松:《农民集体土地所有权的权能》,载《法学研究》2014年第6期;桂华、贺雪峰:《宅基地管理与物权法的适用限度》,载《法学研究》2014年第4期。

③ 参见刘振伟:《对完善农村土地承包法律制度的认识》(下),载《农村工作通讯》2017年第23期。

④ 参见贺雪峰:《地权的逻辑Ⅱ:地权变革的真相与谬误》,东方出版社2013年版,第78~79页。

首先，所谓社会保障制度，是指“以国家或政府为主体，通过国民收入的再分配对公民在丧失劳动能力以及其他原因导致生活困难时给予物质帮助，以保障其基本生活”的制度，其具体包括社会保险、社会救济、社会福利、优抚安置和社会互助、个人储蓄积累保障等子制度。[①] 而根据《物权法》第59条第1款关于“农民集体所有的不动产和动产，属于本集体成员集体所有”的规定，集体所有的土地虽然属于社会主义公有制的组成部分，但其并不是全体国民的公共财产，而只是该集体成员的财产。在集体经济组织内部，集体的每个成员依成员权行使规则行使集体土地所有权。[②] 所有权的行使结果，既包括在自物权上设立宅基地使用权、土地承包经营权、集体经营性建设用地使用权、地役权等用益物权，也包括设立担保物权或地役等他物权。但无论设立哪种他物权或者权利负担，其都属于财产权的运行范畴，与公民依据《宪法》所享有的社会保障权及其背后的社会保障制度分属两个不同的领域。

很多人之所以将宅基地和承包地分配视为是社会保障，一是因为这两种类型的土地是无偿分配的，具有福利性。然而，在当下社会，这两种土地与政府或企业为其雇员所提供的带薪休假、福利购房等措施并不存在本质区别，都属于由社会组织为其成员提供的财产性福利，并不是社会保障制度的组成部分。二是因为历史原因。具体来说，虽然我国《宪法》自1954年开始就承诺要保护“劳动者在年老、疾病或者丧失劳动能力的时候，有获得物质帮助的权利”，[③]但在计划经济时期，由于社会生产系统与社会保障系统高度重合，因此，并不存在独立的社会保障制度。改革开放以后，城市中的社会保障体系逐步实现了从“国家—单位保障制”到“国家—社会保障制”的变迁。[④]

---

① 《中共中央关于建立社会主义市场经济体制若干问题的决定》(1993年11月14日通过)。

② 高圣平:《宅基地性质再认识》,载《中国土地》2010年第1期。

③ 参见1954年《宪法》第93条;1982年《宪法》(2018年修正)第45条。

④ 所谓“国家—社会保障”体制，是指各种企事业单位不再直接负责本单位职工的社会保障事务，统一交由政府单独组建的社会保障管理部门和社会保障基金来管理，同时，城市居民有权参加由财政和单位补贴的养老、医疗、工伤、生育、失业保险以及住房公积金。参见郑功成:《从国家—单位保障制走向国家—社会保障制——30年来中国社会保障改革与制度变迁》,载《社会保障研究》2008年第2期。

然而,对于这种社会状态的理论描述应当是"国家因为客观原因没有为农村居民提供完善的社会保障制度,没有充分保障农民依照宪法所享有的社会保障权",而不是"宅基地和承包地的分配拥有社会保障功能"或者"国家已经通过为农民分配宅基地和承包地为农村居民提供了社会保障"。事实上,宅基地无法直接保障农村居民的居住权(因为宅基地并不是住宅本身),承包地也无法直接保障农村居民的养老、医疗、工伤、生育权。对此,决策者有清晰的认识,所以自2009年和2012年起,中央政府开始在全国推行新型农村合作医疗制度和新型农村养老保险制度。① 从这些制度的发展来看,农村地区的社会保障制度也已经开始从"国家—单位保障制"到"国家—社会保障制"转变,在这种情况下,再将"宅基地和承包地"视为"国家为农村居民提供的社会保障",更难以成立。

其次,那种认为集体应当继续无偿给新生成员分配承包地和宅基地的观点,既不符合我国社会保障制度的发展趋势,也误解了"集体经济组织"和"集体经济组织成员"这一制度的含义。事实上,在现行法秩序下,我国法律中的"农民集体"包括了基层群众自治组织和集体经济组织两种不同的类型,前者的法律性质是一种政治组织,主要功能是训练和实现基层政治民主。后者的法律性质则是一种经济组织,主要功能是处理经济

---

① 2009年3月17日,中共中央、国务院发布的《关于深化医药卫生体制改革的意见》提出,要全面实施新型农村合作医疗制度。根据国家卫计委、财政部2017年4月13日发布的《关于做好2017年新型农村合作医疗工作的通知》(国卫基层发〔2017〕20号)的规定,本年度各级财政对新农合的人均补助标准达到450元,农民个人缴费标准原则上全国平均达到180元左右,政策范围内门诊和住院费用报销比例分别稳定在50%和75%左右。另外,2009年,国务院决定在全国10%的县(市、区)开展新型农村养老保险试点,其基础养老金将由中央和地方财政分担,2011年颁布的《社会保险法》开始要求"国家建立和完善新型农村社会养老保险制度。新型农村社会养老保险实行个人缴费、集体补助和政府补贴相结合"(第20条)。到2012年年中,新型农村社会养老保险制度已经覆盖全国所有县级行政区。参见温家宝:《在新型农村和城镇居民社保工作表彰大会讲话》(2012年10月12日),载中国政府网,http://www.gov.cn/ldhd/2012-10/12/content_2242273.htm。需要补充说明的是,2014年2月7日国务院在《关于建立统一的城乡居民基本养老保险制度的意见》(国发〔2014〕8号)中提出,要将新型农村社会养老保险和城镇居民社会养老保险合并为统一的城乡居民基本养老保险。人力资源和社会保障部2019年6月11日发布的《2018年度人力资源和社会保障事业发展统计公报》显示,2018年度全国参加基本养老保险人数为94293万人;其中,城镇职工基本养老保险人数为41902万人,城乡居民基本养老保险参保人数52392万人。

和生产事务。中共中央1983年的“一号文件”更是明确提出,对“政社合一的体制要有准备、有步骤地改为政社分设,准备好一批改变一批。……在政社分设后,基层政权组织,依照宪法建立”。① 遗憾的是,由于在20世纪80年代中期以后我国的改革重心从农村转到城市,“政经分离”“政社分设”改革仅在乡镇一级完成,变成“改革烂尾楼”。在行政村一级,基层群众自治组织与集体经济组织“一套班子,两块牌子”的做法,却被法律日益固定下来,成为一种立法通例。② 正是在这种背景下,原本只能通过继承、接受赠与、购买、技术或劳动力投资等方式而获得的“农民集体经济组织的经济成员资格”被不恰当地混同为应当基于出生、居住期限、户籍等自然、政治或行政因素而获得“行政村的政治成员资格”。③

笔者认为,当土地承包经营权和宅基地使用权在2007年被《物权法》确立为用益物权之后,其已经进入了“适用重建土地财产权”这一土地制度改革40年基本经验的轨道中了。在这种情况下,即使在农村地区新出生的居民,其只能通过继承、接受赠与、购买、互换、进行技术或劳动力投资等方式获得宅基地使用权或土地承包经营权,而不能再基于出生、户籍等自然、政治、行政因素获得这两种财产权。因为在市场经济条件下,财产权获取的基本规则应当是,鼓励人们基于自己的勤奋和努力以及平等的市场交易获得财产,而不是鼓励基于出生或其他政治身份可以不劳而获。④ 当然,对于农村地区新出生的居民来说,这一结论并不意味着他/她不能要求国家提供类似城市住房公积金这种社会保障制度。事实上,依

① 中共中央《当前农村经济政策的若干问题》(1983年1月2日发布)。

② 比如,《村民委员会组织法》第8条第2款、第24条,《农村土地承包法》第12条、第27条第2款以及《土地管理法》第11条、第63条第2款,都授权村委会作为发包人发包集体土地、作为集体土地所有权人的代表来分配宅基地、管理本村属于村民集体所有的土地和其他财产。

③ 关于这两种集体组织与成员资格区分更为详细的论述,参见程雪阳:《农村女性土地权益保护制度迷宫的破解及其规则再造》,载《清华法学》2019年第4期。事实上,在2015年11月2日联合下发的《深化农村改革综合性实施方案》中,中共中央办公厅和国务院办公厅就已经明确提出,已组建农村股份合作经济组织的地区,要探索剥离村党支部委员会和村民自治委员会(两委)对集体资产经营管理的职能,开展实行“政经分开”试验,完善农村基层党组织领导的村民自治组织和集体经济组织运行机制。

④ 参见程雪阳:《农村女性土地权益保护制度迷宫的破解及其规则再造》,载《清华法学》2019年第4期。

据《宪法》第33条第2款所规定的“中华人民共和国公民在法律面前一律平等”原则，国家不应满足于为农村居民提供社会医疗保险和养老保险，而应同时逐步建立城乡一体化的住房公积金制度。

最后，那种认为“为了让农民进得了城、回得了乡，应当禁止宅基地使用权有偿出让”的意见，虽然具有良好的出发点，但也难以成立。这种主张既忽视了我国社会保障制度不断发展和健全的现实，也低估了广大农村居民的理性程度，更是对财产权层次性缺乏理解。事实上，借鉴承包地领域“三权分置”改革所取得的经验，我们也可以在宅基地使用权上设立一定期限的次级用益物权或债权，从而将宅基地领域的权利体系进一步发展成为“所有权—用益物权—次级用益物权+债权”权利体系，从而落实《土地管理法》第62条第6款所规定的“农村村民依法自愿有偿退出宅基地”制度。就具体的法律制度设计而言，自2018年中共中央、国务院印发的《乡村振兴战略规划(2018~2022年)》提出“完善农民闲置宅基地和闲置农房政策，探索宅基地所有权、资格权、使用权‘三权分置’，落实宅基地集体所有权，保障宅基地农户资格权和农民房屋财产权，适度放活宅基地和农民房屋使用权”改革目标以来，如何在法律上表达宅基地的“三权分置”一直颇有争议。目前，法学界已经发展出“宅基地所有权—使用权—经营权+租赁权”，[①]“宅基地所有权—使用权—(物权化的)法定租赁权”，[②]“宅基地所有权—成员权—不动产用益物权”，[③]“宅基地所有权—使用权—建筑物用益物权+投资性居住权”[④]等多种主张。

在此问题上，笔者同意法学界多数学者的意见，不宜直接将相关政策文件中所规定的“宅基地所有权、资格权、使用权”直接纳入法律体系中，因为这种政策性或描述性表达会导致土地权利体系的混乱和不稳定，也不利于法律的实施。比较而言，采用“集体土地所有权—宅基地使用权—集体住宅性建设用地使用权”这种三权分置表达方式可能更合适，因为这样既可以与现行法中的“集体经营性建设用地使用权”相对应，也可以实

---

① 宋志红：《宅基地“三权分置”：从产权配置目标到立法实现》，载《中国土地科学》2019年第6期。

② 陈小君：《宅基地使用权的制度困局与破解之维》，载《法学研究》2019年第3期；韩松：《宅基地立法政策与宅基地使用权制度改革》，载《法学研究》2019年第6期。

③ 高海：《宅基地“三权分置”的法实现》，载《法学家》2019年第4期。

④ 申惠文：《宅基地三权分置改革的立法表达》，载《中国不动产法研究》2019年第1期。

现宅基地领域土地权利体系稳定和清晰。需要注意的是,这种权利体系的适用应当遵循以下几个方面的原则。(1)集体住宅性建设用地使用权可以通过租赁方式转让,此时,这种权利属于债权,最长期限为20年;也可以通过设立次级用益物权的方式转让,此时,这种权利属于物权,最长期限可设定为70年。但无论采用哪种方式转让,都应当赋予本集体经济组织及其成员以优先购买权。(2)物权性的集体住宅性建设用地使用权,应当采用登记生效主义物权变动模式,并且赋予其具有与其他正常的用益物权(如国有建设用地使用权)相同的权能。(3)集体住宅性建设用地使用权流转所得收益应当由作为所有权人的集体和作为用益物权人的宅基地使用权人按照一定比例(如3:7或4:6)共享,从而落实集体土地所有权。①

① 当然,待城乡公共服务和社会保障实现城乡均等化时,也可以允许宅基地使用权人直接在“宅基地所有权—使用权”权利体系下出让宅基地使用权,但即便如此,转让所得收益也应当由作为所有权人的集体和作为用益物权人的宅基地使用权人按照一定比例共享。

事例3:监察工作规范化开展的必要保障
——评全国人大常委会决定授权国家监察委制定监察法规

门中敬[*]　陈方政[**]　李　瑾[***]

一、事例回放

2019年10月26日,第十三届全国人民代表大会常务委员会第十四次会议通过了《关于国家监察委员会制定监察法规的决定》(以下简称《决定》),授权国家监察委员可以依据宪法和法律,根据监察工作的实际需要,制定监察法规。《决定》明确了监察法规的调整事项包括:"(一)为执行法律的规定需要制定监察法规的事项;(二)为履行领导地方各级监察委员会工作的职责需要制定监察法规的事项。"同时,《决定》还对监察法规的制定程序作出了具体规定,包括需经国家监察委员会全体会议决定以及30日内向全国人大常委会备案。①

《决定》的作出,标志着国家监察委员会被正式赋予了制定监察法规的立法权限。从完善国家监察体制意义上讲,授权国家监察委员会制定监察法规,有利于推进我国监察法律体系建设,规范监察机关的权力运作,保护被监督人的合法权益。然而,全国人大常委会赋予国家监察委员会创设监察法规的立法权限,必然会涉及诸多宪法问题。例如,如何确定授权国家监察委员会制定监察法规的宪法规范依据?在新的"一府一委两院"的国家机构组织体系架构下,如何把握监察法规的效力位阶?全国

---

*　山东大学法学院(威海)教授,博士研究生导师。

**　山东大学法学院(威海)博士研究生。

***　山东大学法学院(威海)博士研究生。

①　参见《关于国家监察委制定监察法规的决定》,载中国政府网,http://www.gov.cn/xinwen/2019-10/26/content_5445370.htm。

人大常委会如何通过备案审查的方式落实对于国家监察委员会的有效监督？未来实践中如何保障监察工作的规范化开展？等等。

对于这些宪法问题，迫切需要学界进行更为深入的理论研究，以加深对国家监察制度、监察法律体系涉及相关问题的认识，从而为监察机关立法工作的有序开展提供更充足的理论支持。

二、《决定》的性质及意义

（一）《决定》的性质

正确认识和评价全国人大常委会决定授权国家监察委员会制定监察法规的理论和实践意义，有必要首先明确《决定》的性质。从《决定》的标题和内容不难看出，《决定》是一个中央层面的授权立法文件，对该授权立法文件性质的探讨，应当置于中央层面授权立法的整体制度安排中。在我国，以授权的规范依据为划分标准，中央层面的授权立法有3种模式。

第一种是宪法授权模式。该模式是指宪法直接授予某机关在一定范围内拥有立法权限，例如，《宪法》第62条授予全国人民代表大会制定基本法律的权限，第67条授予全国人大常委会制定非基本法律的权限，第89条授予国务院在行政管理范围内制定行政法规的权限，第90条授予国务院各部委制定规章的权限，第100条授予省、直辖市人大及其常委会制定地方性法规的权限等。通过检索宪法授权立法规定可知，《宪法》已经授予大多数机关立法权限。

第二种是法律授权模式。[①] 该模式主要存在两种情形。一是宪法相关法授权立法，典型的有立法法授权和组织法授权。《立法法》是对我国《宪法》文本中有关立法权限配置内容的进一步细化和补充，目前所有具有立法权的主体，其所拥有的立法权限都需要在《立法法》规定中予以明确地体现，否则，其所制定的规范性文件就不能属于我国正式的法律渊源。[②]《立法法》不但对《宪法》的规定进行了细化，还增加了授权规定。例如，《立法法》第82条授予设区的市、自治州的人民政府制定规章的权

① 鉴于“法律”概念的不确定性，为了避免混淆和误解，有必要说明此处的“法律”是指全国人大及其常委会经过立法程序制定的狭义上的法律。

② 参见王春业：《论赋予监察机关立法权——兼评全国人大常委会的〈决定〉》，载《浙江工商大学学报》2020年第4期。

限。组织法授权的典型有《人民法院组织法》和《人民检察院组织法》,两部法律分别对最高人民法院、最高人民检察院的司法解释权作出了明确规定。① 二是普通法律授权立法,以《土地管理法》为例,该法中的"由国务院另行规定""具体办法由国务院制定"等,授予了国务院在特定情形下制定相关规范的权力。②

第三种是全国人大及其常委会以"决定"的方式授权模式。这一模式体现了全国人大及其常委会行使的国家立法权的最高性和主权性。该模式具体运行的主要依据是《立法法》,《立法法》明确规定了 3 种全国人大或者全国人大及其常委会授权的情形,分别为:全国人大及其常委会授权国务院"先制定行政法规"(第 9 条);全国人大授权经济特区所在地的省、市人大及其常委会"制定法规"(第 74 条);全国人大及其常委会授权"部分地方暂时调整或者暂时停止适用法律"(第 13 条)。③

对我国的授权立法模式进行类型化分析后会发现,全国人大常委会授权国家监察委员会制定监察法规并不属于上述任何一种授权立法模式。这是因为:第一,全国人大常委会进行立法授权明显不属于宪法授权模式和法律授权模式;第二,虽然形式上全国人大常委会的立法授权属于第三种模式,但是《决定》并没有《立法法》的依据,所以也难以直接认定全国人大常委会的授权属于第三种模式。

授权国家监察委员会制定监察法规是对我国立法体制的一次重大改革,按照事情的重要程度,这次授权更应当由前两种模式来完成,但是

① 《人民法院组织法》第 18 条规定:最高人民法院可以对属于审判工作中具体应用法律的问题进行解释。《人民检察院组织法》第 23 条第 1 款规定:最高人民检察院可以对属于检察工作中具体应用法律的问题进行解释。

② 《土地管理法》第 51 条规定:大中型水利、水电工程建设征收土地的补偿费标准和移民安置办法,由国务院另行规定。《土地管理法》第 63 条第 4 款规定:集体经营性建设用地的出租,集体建设用地使用权的出让及其最高年限、转让、互换、出资、赠与、抵押等,参照同类用途的国有建设用地执行。具体办法由国务院制定。

③ 从文义解释的角度看,《立法法》第 13 条的规定并不是一种"授权立法",但是有学者认为,"全国人大常委会授权特定国家机关在试点期间的部分区域或者特定领域行使法律修改权,以变通适用特定法律条款,在法律本质上与授权经济特区立法具有一致性",所以"暂时调整或者暂时停止适用法律的部分规定"是一种"特殊形式的授权立法"。参见江国华、郭文涛:《全国人大常委会授权决定的实证分析——以第十二届全国人大常委会作出的 21 个授权决定为样本》,载《中南民族大学学报(人文社会科学版)》2019 年第 5 期。

2018年《宪法修正案》并没有明确授予国家监察委员会立法权限。《监察法》中也没有相关规定,根据已披露的立法材料可知,没有规定的原因是“在制定监察法时,考虑到当时需要解决的问题比较多,经与中央纪委协商一致,对国家监察委员会制定监察法规没有作出规定”。[①] 在这之外是否还有其他考虑便不得而知。现有立法材料还表明,全国人大常委会也意识到“我国宪法规定,监察委员会的组织和职权由法律规定。对监察法规作出明确规定,较为理想的解决方式是修改立法法”,但是“考虑到立法法的修改除涉及监察法规制定权外,关于立法的指导思想、宪法和法律委员会的职责、授权立法等规定都需要研究和修改,立法法修改近期尚未提上立法工作日程。因此,通过修改立法法来明确国家监察委员会制定监察法规的职权,时间上恐难以适应国家监察委员会的实际工作需要”。[②]

既然前两种模式无法选择,或者实施起来成本较大,第三种模式自然成为最佳选择。但是,此次全国人大常委会授权还面临两个问题:第一,没有宪法和立法法的依据;第二,授权主体层级不够。《立法法》第74条规定经济特区所在地的省、市人大及其常委会制定法规必须要得到“全国人民代表大会的授权”,那么重要程度、对立法体制影响程度都更大的监察法规,其制定权限却直接由全国人大常委会授予,显然违反了“比例原则”。纵使全国人大常委会依据《宪法》第67条第22项的规定作出授权决定,但也应当首先获得全国人大的授权。[③] 随着国家监察体制改革工作的深入推进,为了保障作为最高国家监察机关的国家监察委员会有效履职,有必要赋予国家监察委员会一定的立法权限。况且,“在监察改革之前,国务院下属的监察部本身就有立法权,可以制定部门规章,因此,地位提升、职权扩大后的国家监察委,当然更应该享有与其职权对应的立法权”。[④] 面临改革与法治产生的较大张力,全国人大常委会尝试通过运用授权决定的方式,根据自身的国家立法权派生出国家监察委员会的监察

① 沈春耀:《关于〈全国人民代表大会常务委员会关于国家监察委员会制定监察法规的决定(草案)〉的说明》,第十三届全国人民代表大会常务委员会第十四次会议,2019年10月21日。

② 同上。

③ 《宪法》第67条:全国人民代表大会常务委员会行使下列职权:……(22)全国人民代表大会授予的其他职权。

④ 参见李红勃:《监察法规的法律地位及其规范体系》,载《现代法学》2019年第5期。

法规制定权，以消弭改革与法治间的张力。①

在上述背景下，《决定》的性质逐渐呈现：在《立法法》尚未及时修改，缺少规范依据的情况下，《决定》在本质上就是一次全国人大常委会授权立法的产物，是全国人大常委会行使的国家立法权的主权性质的体现，可以归属于第三种授权立法模式。加之“全国人大常委会作出授权决定是一种立法活动，授权决定属于中国特色社会主义法律体系的有机组成部分，是法律渊源的一种，具有法的性质、效力以及较高的效力位阶和清晰的效力边界”，②所以，此次全国人大常委会授权决定本质上是一次法律修改行为或者补充立法行为，一定程度上发挥着修改或者补充《监察法》和《立法法》的作用。

（二）《决定》的意义

全国人大常委会授权决定本质上是对《监察法》和《立法法》的修改或补充，这一性质认定有助于进一步明确《决定》的意义。全国人大常委会赋予国家监察委员会创设监察法规的立法权限，是为了进一步推进国家监察体制建设、完善我国的监察法律体系。对此，至少可以从以下 3 个方面概括此次《决定》的意义。

1. 有利于进一步完善我国的监察法律体系

作为一项新设立的国家权力，监察权的行使必须被严格地控制在法治轨道之中。然而，自 2018 年 3 月《监察法》出台以来，国家监察制度在规范层面存在的不足一直未得到及时补正。虽然《监察法》对我国监察制度的基本框架和主要内容作出了规定，但由于《监察法》的规定仍然整体较为抽象、笼统，在实践中对于《监察法》规范的贯彻和实施，还有赖更具体、详细的配套法律法规作为支撑。同时，由于缺乏与《监察法》相配套的法律法规，导致过去国家监察委员会只能制定一些暂时性的监察法律规范性文件，这无疑增大了实践中监察机关工作规范化开展的难度。

---

① “全国人大常委会作决定，明确国家监察委员会可以制定监察法规，既具有法律效力，又能够及时地解决问题，比较适当、可行。”沈春耀：《关于〈全国人民代表大会常务委员会关于国家监察委员会制定监察法规的决定（草案）〉的说明》，第十三届全国人民代表大会常务委员会第十四次会议，2019 年 10 月 21 日。

② 江国华、郭文涛：《全国人大常委会授权决定的实证分析——以第十二届全国人大常委会作出的 21 个授权决定为样本》，载《中南民族大学学报（人文社会科学版）》2019 年第 5 期。

未来的监察法律体系建设,应形成一套以宪法为统帅,以监察法为骨干,以其他部门法、监察法规为配套,多个法律部门共同组成的有机统一整体。[①] 目前,在宪法方面,《宪法》中已经明确规定了我国的国家监察体制,并形成了与立法、行政、司法相并列的全新国家机构组织体系。在法律方面,《监察法》作为规定国家监察制度的基本法律规范,也较全面地对我国监察权行使的主体、对象、方式、程序等内容作出了明确的规定。然而,在《监察法》配套法律法规建设方面,目前仍存在不少问题有待解决。

赋予国家监察委员会制定监察法规的权力,既可以解决当下监察工作缺乏可操作性的实际困难,使我国的国家监察体制能够更高效、规范化地运行,又可以更好地实现宪法确立的国家治理目标。此外,授权国家监察委员会制定监察法规,同样也是一次破旧立新的法律创新过程,将监察法律体系从传统的行政法律体系当中剥离出来,是一次全面的法律创新尝试,它包含对于法律体系的重构、法律内容的创新、法律观念的转换和法律运作机制的改革。[②] 从这一角度出发,此次授权《决定》对于我国立法体制创新具有的积极意义,无疑更加显著。

2. 有利于更好地指导监察实践工作的开展

目前,我国已经建立起了一个较完整的监察机关体系,它整合了过去分散的反腐败资源力量,形成了一个集中统一、权威高效的反腐败体制。[③] 我国的国家监察机关设置自上而下包括:国家监察委员会、省级监察委员会、设区的市级监察委员会以及县区级监察委员会,它们共同组成了一个庞大的监察机关系统,可以对所有行使公权力的国家工作人员形成监察的全覆盖。但问题在于,由于目前各级监察委员会开展工作,主要的规范依据只有《宪法》和《监察法》,规范支撑较单薄,很难满足监察委员会的工作需要。为了使各级监察机关的工作能够有效开展,就需要赋

① 例如,中国特色社会主义法律体系,是以宪法为统帅,以法律为主干,行政法规、地方性法规为重要组成部分,由宪法相关法、民商法、行政法、经济法、刑法、诉讼与非诉讼程序法等多个法律部门组成的有机统一整体。参见钟显林、李铁主编:《中国特色社会主义法律体系概要》,中国民主法制出版社2014年版,第3页。

② 参见张文显主编:《马克思主义法理学:理论、方法和前沿》,高等教育出版社2003年版,第173页。

③ 参见马怀德:《国家监察体制改革的重要意义和主要任务》,载中国经济网,http://views.ce.cn/view/ent/201701/09/t20170109_19487852.shtml。

予监察机关制定具体规范的权力,以保障监察权的行使有充分的法律依据。

应当说,《决定》在指导未来监察实践工作开展方面,具有十分重要的现实意义。从督促各级监察委员会更好地履行法定职责的角度上讲,授权国家监察委员会制定监察法规,有助于其更好地总结实践中积累的反腐败斗争经验,从而完善我国的监察工作制度。《决定》作出后,国家监察委员会不仅可以通过制定监察法规,对各级监察机关的工作方法及工作程序作出指导、规范和约束,就被监督的对象而言,未来国家监察委员会也可以通过制定监察法规的形式,对其行为进行规制和引导。① 在实践中,各级监察机关可以通过分析被监察人员腐败问题的成因,不断总结办案经验,将一些有效的监督措施通过制定监察法规的形式予以规范化、常态化,以进一步预防腐败现象的滋生。

3. 有利于更好地发挥人大监督的作用

作为我国的根本政治制度,人民代表大会制度一直是我国监察体制改革的根本遵循,在《决定》中,也规定了国家监察委员会制定监察法规需在30日内向全国人大常委会进行备案。这无疑为全国人大对国家监察委员会的监督开辟了一个新的路径。②

事实上,自2018年我国启动监察体制改革以来,有关人大如何有效监督监察委员会工作的问题,一直是学界关注讨论的热点。根据《宪法》和《监察法》的规定,监察委员会由同级人大产生,按照宪法学的基本原理,监察委员会应当向同级人大负责,并接受其监督。但问题在于,在目前《宪法》和《监察法》的规定中,对于监察委员会应当以何种方式对人大及其常委会负责,如何接受其监督,尚没有作出明确的规定。这也直接导致了实践中人大对于监察委员会的监督工作具体应当如何开展缺乏一个明确的法律规范作为指引。对此,过去学界的普遍观点认为,应通过及时修改《各级人民代表大会常务委员会监督法》、制定"监察委员会组织

① 参见李红勃:《监察法规的法律地位及其规范体系》,载《现代法学》2019年第5期。

② 对此,中国人民大学张翔教授指出:"备案审查制度是全国人大对国家监察委员会进行监督的一个新的途径,可以较好地解决'由谁监督监督者'这一问题。"参见《2019年度中国十大宪法事例发布暨研讨会举行》,载搜狐新闻网教育频道2020年3月10日,https://www.sohu.com/a/378883776_693202。

法”，尽快落实人大对监察机关工作的监督职责。[①] 但现阶段，由于这些基本法律的调整尚需要一段时间，《决定》规定的备案审查程序或可成为更好地发挥人大及其常委会的监督效果的切入点。

现阶段，可以通过已有的合宪性审查制度安排，对由全国人大常委会备案的监察法规内容、程序开展合宪性审查与合法性审查。未来，通过全国人大及其常委会对《立法法》和《各级人民代表大会常务委员会监督法》的修改，以及适时制定出台“宪法解释程序法”以及“法律解释程序法”等办法，可以更好地保障全国人大常委会对监察法规开展合宪性审查、备案审查工作的规范性。[②] 由此，进一步完善我国的国家监察体制，更好地发挥人大的监督作用。

三、创设监察立法权引发的宪法问题

全国人大常委会授权国家监察委员会制定监察法规，虽然在完善我国监察法规体系、指导监察实践工作开展、发挥人大监督作用等方面起到较大作用，但是在实践中仍面临一些重要的宪法理论问题。

（一）《决定》的规范依据问题

上文已经分析，我国中央层面的授权立法模式有三种，分别为宪法授权模式、法律授权模式和全国人大及其常委会以“决定”的方式授权模式。《宪法》第三章第七节规定了监察机关的设置、组成、上下级关系等，但却没有规定国家监察委制定监察法规的立法权限。《监察法》和《立法法》中也没有明确的规范依据：在监察法层面，《监察法》是集组织法、行为法、程序法于一体的基本法律，它规定了监察机关实践中承担的监督、调查、处置等多项具体工作职责，却没有对赋予监察机关立法权限的问题作出规定；在《立法法》层面，最近一次的《立法法》修改是在2015年，而国家监察委员会成立是在2018年宪法修改时，《立法法》也没有对监察机关的立法权限问题作出规定。所以《决定》缺乏《宪法》《监察法》《立法法》的

---

① 例如，中国社会科学院大学的马岭教授指出：“建议由人大制定《监察委员会组织法》（基本法律）来调整监察机关与人大（由人大产生、受人大监督）的关系，之后全国人大常委会还可以制定有关监察制度的其他法律。”参见马岭：《关于监察制度立法问题的探讨》，载《法学评论》2017年第3期。

② 参见秦前红：《人大监督监察委员会的主要方式与途径——以国家监督体系现代化为视角》，载《法律科学（西北政法大学学报）》2020年第2期。

依据。

根据《关于〈全国人民代表大会常务委员会关于国家监察委员会制定监察法规的决定（草案）〉的说明》（以下简称《决定草案说明》）以及全国人大宪法和法律委员会关于《决定草案说明》的审议结果报告可知，《决定》的依据并不是具体的法律规则，而是“宪法和监察法的原则和精神”。根据《决定草案说明》可以推知，“宪法和监察法的原则和精神”是指《宪法》和《监察法》规定了国家监察委员会作为最高国家监察机关，承担较大的监察责任，那么就有必要赋予其必要的、包括立法权力在内的职权，以实现责权相匹配。① 值得注意的是，《决定草案说明》在证明全国人大常委会有作出授权决定的权力时指出，“采取由全国人大常委会作决定的方式，对机构职责问题作出规定，以往是有过先例的”。这表明，全国人大常委会在意识到作出授权决定缺乏具体规范依据时，试图以“先例”的方式“为自己授权”，“先例”在客观上起了“宪法惯例”的规范效果。那么，此处的“先例”是否可以被理解为是一种“宪法惯例”？全国人大常委会是否已经实际上将“先例”作为宪法惯例使用？这些问题都值得进一步探讨。

无论全国人大常委会发布《决定》的依据是“宪法和监察法的原则和精神”，还是“先例”，或是“宪法惯例”，有一点不可否认，这些依据相比具体的规则都显得单薄，为了保障国家监察委员会稳定行使监察立法权，未来仍有必要通过修改《立法法》的途径，将监察机关的立法职权在《立法法》文本中予以明确的体现。

（二）《决定》对我国立法体制产生的影响

根据《宪法》和《立法法》的规定，我国目前的立法权限配置可以被概括为“一元领导、多级并存、多类结合”的立法架构。此次赋予国家监察委员会制定监察法规的立法权限，会直接导致我国中央层级立法权的横向拓展，由以往人大立法权为核心，行政立法权、军事立法权为补充的“一元二系”立法体制发展为包含监察立法权在内的“一元三系”的全新立法体

---

① 国家监察委员会是最高监察机关，领导地方各级监察委员会的工作。制定监察法规是国家监察委员会履行宪法法律职责所需要的职权和手段。沈春耀：《关于〈全国人民代表大会常务委员会关于国家监察委员会制定监察法规的决定（草案）〉的说明》，第十三届全国人民代表大会常务委员会第十四次会议，2019 年 10 月 21 日。

制。这一转变造成的影响,不是在现有的立法体制上作一个简单的“加法”,而是需要结合监察法规调整的事项范围,作进一步的体系性分析。

事实上,《决定》对于监察法规调整事项的范围,仍然规定得较模糊,仅指出:“监察法规可以就下列事项作出规定:(一)为执行法律的规定需要制定监察法规的事项;(二)为履行领导地方各级监察委员会工作的职责需要制定监察法规的事项。”事实上,这一规定还不足以明确监察法规调整事项的具体范围。对此,聂辛东博士以我国立法体制实践中形成的三种立法权限类型:执行性立法权限、创制性立法权限、授权性立法权限作为考察视角,通过“三维考察+三层掘进”的阐释模型,将国家监察委员会行使的立法权限范围限定为:“可以为执行监察法律、监察直接相关法和间接相关法的规定,单独或者联合其他国家机关进行执行性立法,也可以在遵守法律保留原则的前提下,就领导性管理事项进行创制性立法,还可以基于全国人大常委会的专门授权,就法律的相对保留事项和监督性管理事项进行授权性立法。”[①]作为一种理论预设,其论证结果还需要结合未来《立法法》修改后,实证层面各项法律规定的变化,作进一步的分析、解释。但通过此种研究思路,得出的监察机关立法权行使的大致边界,也可以帮助我们进一步明晰创设监察立法权对我国立法体制变迁产生的实际影响。

从立法体制的横向配置来看,此次授权国家监察委员会行使的立法权限,主要是对以往各类嵌套在行政立法权内部、与监察机关行使反腐败职能及内部管理等事项相关联的规范性文件制定权的一次集中转移,其目的在于进一步明确监察法律体系的独立地位,保障监察工作能够有序开展;从立法体制的纵向配置来看,国家监察委员会制定监察法规,本身属于与国务院制定行政法规同一位阶的立法权行使,那么,在未来实践中也需要对其所拥有的立法权限进行严格的限定,以保障监察立法权在实体上不会僭越已有的国家立法权的纵向配置,从而实现立法体制内部的融贯与秩序。

(三)监察规范的立法层级及效力位阶

监察规则的立法层级及其效力位阶如何确定,主要涉及两个方面的

① 参见聂辛东:《国家监察委员会的监察法规制定权限:三步确界与修法方略》,载《政治与法律》2020年第1期。

具体问题：一是需要明确未来有权制定监察规则的监察机关层级；二是需要明确监察法规的效力位阶，尤其是当监察法规与行政法规之间发生冲突时，应当如何选择适用的问题。

对于前一个问题，在我国，监察机关的层级从国家监察委员会到省级、市级、区县级监察委员会，共有四级。加上实践中监察机关向其他单位派出、派驻的各类纪检、监察小组，监察机关的数量、类型实际上非常丰富且复杂。对不同层级的监察机关应当如何赋予立法权，有学者认为，可以将监察立法权在国家和省级两级监察委员会进行配置，其中，国家监察委员会负责制定监察法规，省级监察委员会可以制定监察规章。其考虑在于，随着国家监察体制改革的不断深入，监察立法供给不足的问题日益凸显，因此，未来允许省级监察机关制定监察规则也并非毫无意义。① 当然，也有学者指出，监察立法权的归属只能是国家监察委员会，但国家监察委员会可以根据工作实际需要自主选择制定监察法规或者监察规章。②笔者认为，从监察权行使的权利性质来看，监察工作涉及对国家公职人员违法、违纪行为的查处，具有极高的严肃性，对于此类问题的标准设定应当交由国家层级的机关进行把握。此外，监察工作也不像其他领域的事项一样具有较强的地域性差异，需要结合本地工作的实际需要进行特殊规定。因此，为了维护监察工作的严肃性与统一性，应当只交由国家监察委员会行使立法权，对监察工作应当如何开展作统一规定，无须下放到省级及以下。

对于后一问题，监察法规的效力位阶如何确定以及当其与行政法规之间发生冲突之时如何选择适用，武汉大学的秦前红教授认为："为了实现国家治理和管理的目的，应当规定行政法规的位阶高于监察法规。"③当然，也有不同观点认为，监察法规应与行政法规的效力位阶相同，而且，

---

① 参见冯铁栓：《中国监察体制改革论析：过去、现在与未来》，载《甘肃政法学院学报》2018 年第 2 期。

② 参见江国华、何盼盼：《中国特色监察法制体系论纲》，载《新疆师范大学学报（哲学社会科学版）》2018 年第 5 期。

③ 《2019 年度中国十大宪法事例发布暨研讨会举行》，载搜狐新闻网教育频道 2020 年 3 月 10 日，https://www.sohu.com/a/378883776_693202。

当二者之间发生冲突时,应由国家监察委员会决定是否适用监察法规。①对此,本文认为,应当规定监察法规与行政法规具有同等位阶的法律效力。其理由在于:虽然在《宪法》规定中,国务院制定行政法规的权力来自《宪法》第89条第1款的直接授权,但由于国家监察委员会是具有与国务院同等宪法地位的国家机关,因此,由其制定的监察法规也应具有与国务院制定的行政法规同等位阶的法律效力,不能仅因为监察法规的制定权由全国人大常委会发布《决定》的方式授予,就认为监察法规的效力位阶低于行政法规。当二者之间发生冲突时,可以先由国家监察委员会与国务院进行协商,再由全国人大常委会最终决定规则的适用问题,以保障监察工作的规范化开展。

(四)党内法规与监察法规之间的关系

最后,需要厘清在目前纪委与监察委员会"党政合设、合署办公"的背景下,党内法规与监察法规之间的关系问题。在我国,纪委与监察委员会合署办公,是监察体制改革之初就已经确立的机构运作模式,"党政合设、合署办公"的组织形式也是我国党政机构改革的一项重要内容,是一种具有中国特色的制度安排。② 纪委与监察委员会之间的合署办公,是一种较深层次的合署,在实践中纪委与监察委员会实际上是"两套牌子,一套人马",纪委的主要领导同时也担任监察委员会的主要领导。但问题在于,中央纪委具有制定党内法规的权力,可以就纪检工作的重要事项,通过制定党内法规的形式进行调整,那么国家监察委员会是否还有必要通过制定监察法规的形式,对这些事项作重复性规定呢?对此,有观点认为,既然纪委与监察委员会之间是一种如此深层次的合署关系,那么只需要以党内法规的形式发布一些规范即可,无须再赋予国家监察委员会制定监察法规的权力。这种看法显然是不正确的。尽管目前纪委与监察委员会之间有着较深层次的合署关系,但合署并不等于合并,纪委与监察委员会本质上还是两个不同的办事单位。纪律检查委员会属于党委系统内部的工作机构,主要负责维护党的章程和其他党内法规、加强党风廉政建设以

---

① 参见聂辛东:《国家监察委员会的监察法规制定权限:三步确界与修法方略》,载《政治与法律》2020年第1期。

② 参见段泽效:《党政合设、合署的历史演进、时代价值与实现路径——基于最佳性考量的视角》,载《浙江工商大学学报》2019年第4期。

及组织协调反腐工作等。国家监察委员会则是依据《宪法》设立的负责行使国家监察职能的专责机构，是与国务院、最高人民法院、最高人民检察院具有同等法律地位的国家机关。二者的法律地位和工作职责是相互独立的，各自承担不同的任务。因此，并不能简单地将其合署办公之后制定的规则及其实施进行完全的混同，应当对党内法规与监察法规进行适当且必要的区分。①

中央纪委制定的党内法规，针对的对象是全体党员，且党规要严于国法；国家监察委员会制定的监察法规，针对的对象则是全体公职人员，其目的是实现国家监察权的全覆盖，二者在调整对象的范围及规定事项的严格程度上存在较大差别，因此，不能以纪委、监察委员会合署办公为由，就否定了监察机关具有的独立法律地位。在未来的监察立法实践中，应当妥善平衡、处理好党内法规与监察法规之间的关系，既要强调监察法规制定的规范属性，也需要充分关注实践中反腐败斗争工作积累的丰富经验，从而实现在国家监察治理领域内，党内法规与国家法律之间的有机结合。

四、监察法规制定工作规范化开展的实施思路

为了保障监察工作的规范化开展，未来的监察法规制定工作，应科学厘定监察法规调整事项的范围，合理设置监察法规的立法程序，落实人大对于监察法规制定工作的有效监督。

（一）科学厘定监察法规调整事项的范围

授权国家监察委员会制定监察法规，是为了更好地发挥监察机关的调查、监督及处置权能。但从《宪法》第124条第4款“监察委员会的组织和职权由法律规定”的表述可以看出，宪法对于监察法规的调整范围已经进行了严格限制，关于组织、职权方面的内容只能交由法律进行规定，也就排除了国家监察委员会对此类事项制定监察法规的立法权限。

根据《决定》的表述，“为了执行法律规定需要制定监察法规的事项”以及“为了履行领导地方各级监察委员会工作的职责需要制定监察法规

① 参见李红勃：《监察法规的法律地位及其规范体系》，载《现代法学》2019年第5期。

的事项”,①结合《宪法》《监察法》的规定,对于监察法规调整事项的范围可以概括为以下三个方面。一是在《监察法》规定的3项监察职权及15项具体监察措施范围内,制定具有执行性质的监察法规,监察法规可以对这些职权、措施的概念作进一步的细化规定,以保障其在实践中更具有可操作性。二是对《监察法》中规定的较模糊的问题,作出进一步的限定和说明。以被监察对象的范围为例,《监察法》文本虽已作了规定,但现实中对于该问题的认识却仍存在较大差异,像公办高校的普通教师是否属于被监察对象的问题,学界一直存在不同的看法,各地在监察工作实践中所采取的做法也不尽相同。因此,有必要通过制定监察法规对这些相对模糊的事项作出更明确的限定,以帮助监察实践工作能够更好地把握这些问题,杜绝任意解释现象的发生。三是制定针对监察机关的内部管理事项,制定仅具有内部效力的组织规则。这主要包括对监察机关系统内部工作方式、管理考核、数字化办公建设等内容的规定,其目的是更好地指导各级监察委员会工作的有序开展。

当然,就厘定监察法规调整事项的范围而言,除需要采用正向列举的方法外,还应通过消极层面的限缩解释,以进一步明确监察法规的立法边界。对于不应交由监察法规调整的事项,首先,应当是涉及犯罪、刑罚、剥夺公民政治权利、限制公民人身自由等法律绝对保留的事项,对于这些内容,只能通过制定法律的形式进行调整。其次,是能够创制新的权利义务关系的事项。对于这类事项,一般来说,除非经过全国人大常委会的特别授权,否则也应将其排除在监察法规调整的事项范围外。最后,则是组织规则方面。对于这类事项,在没有上位规范授权的情况下,监察法规能够调整的内容也不应超越《监察法》中规定的监察机关履行职责的事项范围,以防止监察机关通过制定监察法规的形式进行法律之外的权力扩张。

(二)合理设置监察法规的立法程序

关于制定监察法规的立法程序,《决定》仅规定了“应当经国家监察委员会全体会议决定,由国家监察委员会发布公告予以公布”,并没有对其具体的制定程序作出规定。对此,可以类比国务院制定行政法规的立法程序对其进行把握。

---

① 参见《关于国家监察委制定监察法规的决定》,载中国政府网,http://www.gov.cn/xinwen/2019-10/26/content_5445370.htm。

就制定监察法规而言，第一步是由国家监察委员会根据监察工作开展的实际情况以及现实中较迫切的立法需求，对需要制定监察法规的事项提前进行立法规划，且这项立法规划需要经过全国人大及其常委会的同意。第二步是立法草案的起草，对于监察法规的草案起草，既可以交由国家监察委员会内部的法制办、研究室、办公室等部门负责，也可以委托交由第三方机构负责起草，以保障监察法规草案的质量。第三步是广泛征集监察机关系统内部的意见，并邀请专家召开论证会、座谈会。就制定监察法规而言，由于其所调整的事项直接关系各级监察机关的工作开展，因此，有必要在草案表决通过前，在监察机关系统内部采取多种形式收集意见、建议，以保障监察法规能够真正满足监察工作的实际需要。此外，就制定监察法规的立法程序而言，也需要设置邀请专家召开座谈会、论证会等环节，从合规性、有效性等法学专业的视角，对草案制定情况进行系统性的评估，以保障监察法规制定工作的规范性与可靠性。第四步是经由国家监察委员会全体会议进行讨论、审议和表决通过，这也是《决定》中唯一明确规定的立法程序。对于这一阶段的事项安排，应当先由国家监察委员会内部的法制机构负责汇总来自各方面的不同意见，并将形成的书面说明报告先交由国家监察委员会常务会议进行一个初步的审查，如果确实没有问题，再最终进行国家监察委员会全体会议的讨论表决。

除上述比照国务院制定行政法规设置的立法程序外，对于制定监察法规来讲，还有必要结合监察工作的实际特点，有针对性地对监察法规的立法程序进行适当的补充。例如，对于听证程序的设置，如果新制定的监察法规会对公民、法人或其他组织的权利义务关系产生较重大的影响，有必要在监察法规草案的征求意见阶段，通过召开听证会等形式进一步征集有关组织、群众的看法。又如，对于国家监察委员会制定的具有解释性质的监察法规，则可以参照最高人民法院、最高人民检察院制定司法解释的方法及立法程序进行设置，尤其是在监察实践工作中遇到较紧迫、棘手的问题，可以通过对于具体问题进行直接解释、批复等方法，有针对性地快速解决问题，从而为今后的监察实践工作提供有效指导。

（三）落实人大对于监察法规制定工作的有效监督

对于监察法规的监督，涉及两个认识层面的基本问题。

首先是监察法规的性质。由于目前中央纪委与国家监察委员会之间存在一种较深层次的合署关系，这使在实践中关于监察法规究竟属于国家法律体系范围之内的规范还是党内法规体系范围之内的规范，始终缺乏一个明确的认识。对此，笔者认为，从《宪法》规定来看，国家监察委员会具有与国务院、最高人民法院、最高人民检察院相同的宪法地位，属于国家机关序列的独立办事机构。因此，对于监察法规性质的把握，还应将其归属于国家法律体系范围内。虽然在实践中，中央纪委、国家监察委员会联合发文的现象非常普遍，但这也是出于目前“党政合设、合署办公”的背景以及反腐败斗争工作的需要而作出的一种现实考虑。况且，其他行政机关在制定部门规章、地方政府规章的过程中，也经常联合党的机关共同发文。因此，对于监察法规性质的认识，还是应将其视为我国正式的法律渊源。

其次是人大对于监察法规制定工作的监督范围。自2018年我国启动国家监察体制改革以来，有关人大监督与监察委员会独立行使职权之间的关系，一直是学界关注讨论的热点。目前，人大及其常委会监督监察委员会工作的形式，主要包括执法检查、人大代表对监察委员会工作的询问质询以及对于监察领域特定问题开展的专项调查等。就监督监察法规的制定工作而言，未来主要会通过备案审查程序，对监察法规的内容进行审查监督。但目前的问题在于，是否有必要将所有类型的监察法规都纳入备案审查的范围？以及如何在制定监察法规工作上保持国家监察委员会行使职权的相对独立性？

对于前一个问题，根据党的十九大报告中提出的“把所有规范性文件纳入备案审查范围”的总体要求，以及《决定》中关于备案审查程序的设置。既然监察法规是归属于国家法律体系范围之内的规范，那么全国人大及其常委会就需要对其进行严格的审查监督。对于监察法规的备案审查范围，应当坚持全面覆盖原则，审查包括带有组织规范性质、带有解释性质的监察法规在内的全部监察法规类型，以实现人大监督职能的全面覆盖。

对于后一个问题，国家监察委员会在制定监察法规的过程中，如何实现监察权行使的相对独立性？对此，还是应当从完善《各级人民代表大会常务委员会监督法》的角度，对人大及其常委会在备案审查工作当中行使的审查监督权进行适当限制，使其能够充分尊重监察权的依法独立行使原则。一方面，人大及其常委会作出的审查结果只能直接撤销国家监察委员会制定或发布的监察法规，不能对其作出改变；另一方面，人大及其常委会对监察法规进行的审查,主要以事后监督为主,在事前监督方面人大需要保持适度的谦抑性。①

五、结语

当前,伴随国家监察体制改革的不断深入,人民群众对监察工作规范化开展的需求变得愈发强烈。此次全国人大常委会的授权决定,赋予国家监察委员会制定监察法规的立法权限,可以被视作一次对监察体制配套制度的重要完善和补充。当然,在肯定《决定》具有积极意义的同时,也要清醒地认识到,在未来实践中应当更关注监察法规制定工作的规范性及有效性问题,以保障监察立法权能够被严格地限定在我国宪法、法律规范框架内行使,从而真正发挥其指导监察工作开展的效能,促使我国国家监察体制变得更加成熟、稳定。

① 参见秦前红:《人大监督监察委员会的主要方式与途径——以国家监督体系现代化为视角》,载《法律科学(西北政法大学学报)》2020年第2期。

事例4：国家功勋荣誉表彰制度的宪法学释义

——以《国家勋章和国家荣誉称号法》为释读对象

杨　凡*

一、事例回放

2019年9月17日，为了庆祝中华人民共和国成立70周年，隆重表彰为国家建设和发展作出杰出贡献的功勋模范人物，弘扬民族精神和时代精神，根据《宪法》和《国家勋章和国家荣誉称号法》，第十三届全国人大常委会第十三次会议17日下午表决通过《全国人民代表大会常务委员会关于授予国家勋章和国家荣誉称号的决定》（以下简称《决定》），决定授予42人国家勋章、国家荣誉称号。2020年9月8日，全国抗击新冠肺炎疫情表彰大会在北京人民大会堂隆重举行，中共中央总书记、国家主席、中央军委主席习近平向"共和国勋章"获得者钟南山，"人民英雄"国家荣誉称号获得者张伯礼、张定宇、陈薇颁授勋章奖章。

根据党中央的决策部署，在中华人民共和国成立70周年及抗击新冠肺炎取得决定性胜利之际，集中评选颁授国家勋章和国家荣誉称号，隆重表彰为国家建设发展和抗击重大疫情作出杰出贡献的功勋模范人物，都是我国现行《宪法》施行以来的第一次，具有重大的历史意义和时代意义。而据《关于〈全国人民代表大会常务委员会关于授予国家勋章和国家荣誉称号的决定（草案）〉的说明》：我国《宪法》对国家勋章和国家荣誉称号作出基本规定，《国家勋章和国家荣誉称号法》对这一重要制度作出具体规定，为开展颁授活动提供了法治保障。这对切实彰显宪法精神、增强全民宪法意识，推进国家治理体系和治理能力现代化具有重大意义。

---

* 博士，博士后，天津理工大学马克思主义学院讲师，天津市法学会理事，天津市法学会宪法学分会理事。

二、国家功勋荣誉表彰法制体系

《决定》依《国家勋章和国家荣誉称号法》直接作出,但国家功勋荣誉表彰制度则在新中国成立之初就已经设立,[①]且“新中国成立后,从宪法到政府组织法均设有专门的国家荣誉条款,并出台了授勋条例等一系列法律规范,初步形成了以勋章奖章制度、国家荣誉称号表彰制度和政府奖励制度为基本内核的国家荣誉制度”。[②] 但以专门法律的形式予以系统规定,仅有《国家勋章和国家荣誉称号法》。该法第1条规定,为了褒奖在中国特色社会主义建设中作出突出贡献的杰出人士,弘扬民族精神和时代精神,激发全国各族人民建设富强、民主、文明、和谐的社会主义现代化国家的积极性,实现中华民族伟大复兴,根据宪法,制定本法。《宪法》第67条第17项及第80条中相关内容的规定,更被视为“确立了国家勋章和国家荣誉称号法的核心内容和主要框架,为国家勋章和国家荣誉称号法提供了立法的依据和遵循”。[③] 应该说,国家功勋荣誉的表彰事关“国之大事”,其性质和地位应类同《国旗法》《国歌法》和《国徽法》,是标准的宪法性法律。而所谓“根据宪法,制定本法”,又须厘清国家荣誉在宪法中的具体规范依据,才能使这部“根据宪法”制定的宪法性法,以及力出于这部宪法性法的准宪法行为得到最直接的规范主义证成。

(一)《国家勋章和国家荣誉称号法》历史

全国人大常委会法制工作委员会国家法室陈国刚先生曾以《国家勋章和国家荣誉称号法诞生记》为题,详细回顾了该法诞生的来龙去脉,及其与我国宪法的关系。文章谈道,2007年党的十七大提出“设立国家荣誉制度”;此后,中央领导同志亦多次批示,要研究落实国家荣誉制度,尽快制定相关法律;为贯彻落实党的十七大精神和中央领导同志批示,健全国家荣誉制度,人力资源社会保障部组织起草了国家勋章和国家荣誉称号法(送审稿);2011年9月,人力资源社会保障部经商国务院法制办同

---

① 关于我国国家荣誉表彰制度的历史,参见黄宇菲:《我国国家勋章和国家荣誉称号制度的创制性实践》,载《中国人大》2019年第18期;王理万:《国家荣誉制度及其宪法建构》,载《现代法学》2015年第4期。

② 江国华:《中国国家荣誉制度立法研究》,载《中州学刊》2014年第1期。

③ 郑淑娜主编、全国人大常委会法制工作委员会国家法室编著:《中华人民共和国国家勋章和国家荣誉称号法解读》,中国法制出版社2016年版,第6页。

意后致函法工委，建议由法工委牵头研究起草国家勋章和荣誉称号法草案；2012年党的十八大报告再次提出“建立国家荣誉制度”；自2013年下半年开始，全国人大常委会法工委即在以往研究的基础上，与中组部、人力资源社会保障部、中国人民解放军总政治部等一起梳理总结现行国家表彰奖励工作的经验和问题，并多次召开中央有关部门、人民团体和有关专家座谈会，听取意见；在深入研究论证、广泛听取意见、取得基本一致的基础上，最终形成了《国家勋章和国家荣誉称号法（草案）》；2015年8月，全国人大常委会委员长会议将该草案提请十二届全国人大常委会第十六次会议审议；12月27日，十二届全国人大常委会第十八次会议以157票赞成、2票弃权的表决结果，高票通过了《国家勋章和国家荣誉称号法》。[①]

但国家功勋荣誉表彰制度的建立却几乎贯穿新中国成立始终，并与国家宪法紧密相连。如在《中国人民政治协商会议共同纲领》中针对军事和文教领域的奖励；“在根据《共同纲领》制定的《中央人民政府组织法》当中，更明确由中央人民政府委员会制定并颁发国家的勋章、奖章，制定并授予国家的荣誉称号”；而在中华人民共和国成立后，“首先被提上日程的是建立‘军事奖章制度’，以此褒奖革命战争中的功勋人员，并统一并确认之前由军区自行颁发的奖章的效力。1950年在中央人民政府人民革命军事委员会内部设立了‘军衔奖励部’，并在1952年起草完成了《中华人民共和国授予八一奖章条例》《中华人民共和国授予荣誉奖章条例》，毛泽东主席在对于草案的批示中专门指出‘奖章不应由军委颁发，而应由中央人民政府颁发，这样才具有国家统一奖励的意义’”。[②]

至1954年《宪法》正式规定“全国人大常委会有权规定和决定授予国家的勋章和荣誉称号，国家主席根据全国人大常委会的决定，授予国家的勋章和荣誉称号”；此后的1955年，全国人大常委会根据《宪法》通过了《授予解放军、志愿军有功人员勋章、奖章的条例和决议》；1975年《宪法》取消了关于国家勋章荣誉制度的规定，但1982年现行《宪法》又完全恢复了1954年《宪法》的相关规定，即重申全国人大常委会“规定和决定授予国家的勋章和荣誉称号”，以及国家主席根据全国人大常委会的决定，“授

① 参见陈国刚：《国家勋章和国家荣誉称号法诞生记》，载微信公众号“全国人大”2018年12月20日，https://mp.weixin.qq.com/s/okAYjVVdHFa7－ZvG_xmZ9A。

② 王理万：《国家荣誉制度及其宪法建构》，载《现代法学》2015年第4期。

予国家的勋章和荣誉称号”。[①] 也就是说，现行《宪法》关于党和国家功勋荣誉表彰制度规定，实则是对1954年《宪法》相关规定的一种复归。因此，不仅现行《宪法》第67条第17项和第80条，1954年《宪法》中的相关条款对理解宪法视域下的功勋荣誉表彰制度同样有极其重要的意义。[②] 但更重要的史实所指恐怕还在于制宪及施宪者对这一制度本身性质的理解。

（二）《国家勋章和国家荣誉称号法》性质与地位

通过前后相继的历史原意，重新回到《国家勋章和国家荣誉称号法》诸条文，笔者认为，这一宪制行为本身应归为一种国家功勋荣誉的表彰行为，且是一国之内最崇高的一种表彰行为。此前有学者说，现行《宪法》所规定的国家荣誉制度实施路径包括：(1)对科研成果的奖励：《宪法》第20条规定“国家发展自然科学和社会科学事业，普及科学和技术知识，奖励科学研究成果和技术发明创造”；(2)授予优秀劳动者的荣誉：《宪法》第42条第3款规定“国家提倡社会主义劳动竞赛，奖励劳动模范和先进工作者”；(3)军人军属的优抚措施：《宪法》第45条第2款规定“国家和社会保障残废军人的生活，抚恤烈士家属，优待军人家属”。[③]

事实上，国家功勋荣誉与此学者所谓的国家荣誉有所关联，但更有所区别。它们的根本区别在于，因前者具有最为崇高性，则其适用条件和适用程序就必然高于并严于后者。如由“全国人大常委会决定授予国家勋章和国家荣誉称号，是宪法赋予的决定权。实际上，也只有全国人大常委会决定授予的国家勋章和国家荣誉称号，才是宪法规定的‘国家的勋章和荣誉称号’，也即本法规定的国家勋章和国家荣誉称号”；甚至全国人大常

---

① 陈国刚：《国家勋章和国家荣誉称号法诞生记》，载微信公众号“全国人大”2018年12月20日，https://mp.weixin.qq.com/s/okAYjVVdHFa7-ZvG_xmZ9A。

② 现行《宪法》第67条：全国人民代表大会常务委员会行使下列职权：……(17)规定和决定授予国家的勋章和荣誉称号；第80条：中华人民共和国主席根据全国人民代表大会的决定和全国人民代表大会常务委员会的决定，公布法律，任免国务院总理、副总理、国务委员、各部部长、各委员会主任、审计长、秘书长，授予国家的勋章和荣誉称号，发布特赦令，宣布进入紧急状态，宣布战争状态，发布动员令。1954年《宪法》第31条：全国人民代表大会常务委员会行使下列职权：……(14)规定和决定授予国家的勋章和荣誉称号；第40条：中华人民共和国主席根据全国人民代表大会的决定和全国人民代表大会常务委员会的决定……授予国家的勋章和荣誉称号……

③ 王理万：《国家荣誉制度及其宪法建构》，载《现代法学》2015年第4期。

委会决定授予国家勋章和国家荣誉称号时,其表决程序将适用《全国人民代表大会组织法》第31条,即由全国人大常委会以全体组成人员的过半数通过。"它不同于简单多数的原则,简单多数是指以到会参加表决人数的过半数通过。所谓过半数是指超过半数,大于半数,仅仅是等于半数不能认为是过半数。全体组成人员是指实有的全体组成人员,不包括应选而未选出的常委会组成人员名额,也不包括选出之后死亡、出缺的常委会组成人员。"①

异中有同之处在于,"我国宪法规定的国家勋章和国家荣誉称号,不同于一般的表彰奖励,主要是体现在精神层面,但也应当给予一点的物质待遇",因此,《国家勋章和国家荣誉称号法》第11条规定国家勋章和国家荣誉称号获得者享有"国家规定的待遇","这其中,既包括精神奖励,也包括物质奖励"。② 或谓,前引学者的"国家荣誉制度实施路径"实包括物质奖励、精神荣誉和优抚待遇三种,而国家功勋荣誉表彰则偏重于精神荣誉。由是,其背后的宪治精神及原理便需重新"定位扫描"。

(三)国家功勋荣誉表彰的时间维度

作为立法宗旨,《国家勋章和国家荣誉称号法》第1条将国家功勋荣誉的表彰对象定位于"褒奖在中国特色社会主义建设中作出突出贡献的人士"。笔者认为,此中之一重要的问题即在于"中国特色社会主义建设中"的时间所指。因为"为了褒奖在中国特色社会主义建设中作出突出贡献的杰出人士",便有一个中国特色社会主义建设之"中"的时间性判断,这实际上涉及对荣誉表彰对象历史时段的认定问题,即荣誉表彰的对象究竟可以溯及什么样的历史时代的问题。毕竟,作为一个概念提出的"中国特色社会主义"确有其特殊的历史时代和背景。众所周知,从"建设有中国特色的社会主义"的提出到"建设中国特色社会主义",再到将"建设中国特色社会主义"细化为中国特色社会主义理论、道路、制度和文化四个大的方面等。那么,在"中国特色社会主义"概念提出之前,是否都可以看作"中国特色社会主义建设"? 如果是,则那些为建立和建设中国特色社会主义而作出巨大功绩的人们就都有被授予或被追授国家功勋荣誉的

---

① 郑淑娜主编、全国人大常委会法制工作委员会国家法室编著:《中华人民共和国国家勋章和国家荣誉称号法解读》,中国法制出版社2016年版,第36~37页。

② 同上书,第62~63页。

资格。[①] 实际上,在1993年全国人大常委会审议20世纪80年代进行的国家勋章和国家荣誉称号的立法工作时,就"因当时各方面对实行追授及其范围问题存在较大意见分歧,草案的审议被搁置"。[②] 而在笔者看来,这个问题恰恰在《宪法》中能够获得较为确定的答案。也可以说,在时间上明确《国家勋章和国家荣誉称号法》的适用对象,正需要对《宪法》中的相关条文作出明确释义。

论社会主义制度的建立,现行《宪法》"序言"第6自然段第1句规定"中华人民共和国成立以后,我国社会逐步实现了由新民主主义到社会主义的过渡"。由此,中华人民共和国公民正式进入社会主义建设阶段。问题在于,"中国特色社会主义概念"提出之前的社会主义建设时期,能不能也看作一种中国特色的社会主义建设?笔者曾言,"远有1956年《论十大关系》的提出,以至于渐次主动区别于苏式社会主义发展模式,正如有学者所论,'如果毛泽东在他那个时代照搬照抄苏联,搞高度集权的计划经济,搞深度倾斜的工业化国家,那就不可能为邓小平主政之下的中国保留下充满活力的底层经济自由体'"。[③] 实际上,从现行《宪法》"序言"第6自然段的余下几句中便不难得出此结论。盖因余下文句乃从所有制度、国体性质、国家独立、国防安全、经济建设、工业体系、农业生产、教科文卫、人民生活等方面明示彼时的中华人民共和国已然是一个有独立社会主义身份和社会主义能力的国家了。由是,"中国新民主主义革命的胜利和社会主义事业的成就,是中国共产党领导中国各族人民,在马克思列宁主义、毛泽东思想的指引下,坚持真理,修正错误,战胜许多艰难险阻而取得的"(现行《宪法》"序言"第7自然段第1句)。

所谓慎终追远、民德归厚,还有没有可能在法的规范意义上将时间再往前推进一点?比如,使之囊括新民主主义革命时期,以使功勋荣誉的表

---

① 《国家勋章和国家荣誉称号法》第16条:生前作出突出贡献符合本法规定授予国家勋章、国家荣誉称号条件的人士,本法施行后去世的,可以向其追授国家勋章、国家荣誉称号。

② 郑淑娜主编、全国人大常委会法制工作委员会国家法室编著:《中华人民共和国国家勋章和国家荣誉称号法解读》,中国法制出版社2016年版,第2页。

③ 杨凡:《何以、何谓及如何现代之宪法中的现代化诉求——以宪法〈序言〉中的"国家任务"为视角》,载张志铭主编:《师大法学》(2018年第2辑·总第4辑),法律出版社2018年版,第84~85页。

彰能够广及那些为中华人民共和国的建立,以及最终为中国特色社会主义的建立作出奠基性功绩的人。这里面实际上涉及一个国家(中华人民共和国)与国体(社会主义)的关系的问题。笔者认为,以宪法释义来解决这个问题亦并不困难。因为不仅可以将现行《宪法》第6自然段第1句看作一种宪法学上的"政治决断",1954年《宪法》"序言"的前3个自然段,更不惜笔墨地详述了自国家至国体的逻辑关系:"……中华人民共和国的人民民主制度,也就是新民主主义制度,保证我国能够通过和平的道路消灭剥削和贫困,建成繁荣幸福的社会主义社会。从中华人民共和国成立到社会主义社会建成,这是一个过渡时期。国家在过渡时期的总任务是逐步实现国家的社会主义工业化,逐步完成对农业、手工业和资本主义工商业的社会主义改造……中华人民共和国第一届全国人民代表大会第一次会议,1954年9月20日在首都北京,庄严地通过中华人民共和国宪法。这个宪法以1949年的中国人民政治协商会议共同纲领为基础,又是共同纲领的发展。这个宪法巩固了我国人民革命的成果和中华人民共和国建立以来政治上、经济上的新胜利,并且反映了国家在过渡时期的根本要求和广大人民建设社会主义社会的共同愿望。"

总之,笔者认为,《国家勋章和国家荣誉称号法》第1条"为了褒奖在中国特色社会主义建设中作出突出贡献的杰出人士"一句,涉及对何为"中国特色社会主义建设"的理解,而如何看待"中国特色社会主义建设",尤其是如何看待"中国特色社会主义建设"的时间维度,又直接关涉党和国家功勋荣誉表彰对象的范围。而综上所论,对"中国特色社会主义"及"中国特色社会主义建设"的理解不能望"原文"而生"狭义",从而完全可以将新民主主义革命,以及自新中国成立以来70多年的社会主义建设都看作广义上的"中国特色社会主义建设"。从而,将自新民主主义革命以来,为民族解放、国家独立与富强而作出突出贡献的杰出人士都纳入国家功勋荣誉表彰对象的范围。

三、国家功勋荣誉表彰的宪法原理

(一)国家功勋荣誉表彰制度的宪法精神链接

既然国家功勋荣誉表彰制度作为国家一项重要的宪法制度无疑,那么,国家功勋荣誉表彰制度承载和体现了哪些宪法精神?或者说,通过国家功勋荣誉表彰制度,我们可以发现中国宪法中的哪些精神义旨?回到该法第1条中的立法主旨,全国人大常委会法制工作委员会国家法室将其解读为一个“一体三面”的结构:首先,通过褒奖这些杰出人士,达到弘扬民族精神和时代精神,激发全国各族人民建设富强、民族、文明、和谐的社会主义现代化国家的积极性,从而实现中华民族伟大复兴,是制定本法的更深层次目的,也是本法的基本宗旨;其次,设立国家荣誉制度并授予作出巨大贡献的人,不仅是获奖者个人获得的崇高荣誉,也是对社会主义核心价值体系的弘扬,是用核心价值观团结海内外中华儿女,增强中华民族凝聚力的重要举措;再次,通过建立国家勋章和国家荣誉制度,表彰为国家为人民作出突出贡献的杰出人士,发挥他们的榜样作用,有利于激发全国各族人民投身社会主义现代化建设的积极性和创造性,为中华民族伟大复兴提供强大精神动力;最后,制定《国家勋章和国家荣誉称号法》,是完善和发展中国特色社会主义制度、推进国家治理体系和治理能力现代化的必然要求。①

“首先”之说直指现行《宪法》“序言”第7自然段末句,而“序言”第7自然段的中心文义则又是在阐释我国国家的根本任务。事实上,“国家根本任务”的内容自1954年《宪法》至今,可以说在历次的制宪和修宪当中均有变动。② 而2018年修宪此段的最大不同则在于加入“实现中华民族伟大复兴”。其原因在于,“实现中华民族伟大复兴”目标的提出,意味着中国共产党领导下的中国特色社会主义建设开始有一种更具历史纵深意义的国家责任。简单地说,即中国特色社会主义建设不只是当下的和将来的,也是历史的。既是对当下和将来的中国人民的一种政治承诺,也是对历史与前人的一种政治交代。且这种对历史的政治交代甚至还打破了《宪法》“序言”第2自然段,即“一八四〇年”那个近代中国的历史节点,而是直接上溯至整个《宪法》的第一句话——“中国是世界上历史最悠久的国家之一”。“其次”之说显见将《宪法》第24条“国家倡导社会主义核心价值观”的义理纳入其中,也可以说是学界所谓“宪法爱国主义”的一

① 参见郑淑娜主编、全国人大常委会法制工作委员会国家法室编著:《中华人民共和国国家勋章和国家荣誉称号法解读》,中国法制出版社2016年版,第4~5页。

② 参见杨凡:《何以、何谓及如何现代之宪法中的现代化诉求——以宪法〈序言〉中的“国家任务”为视角》,载张志铭主编:《师大法学》(2018年第2辑·总第4辑),法律出版社2018年版,第72~73页。

种具体申说。当然,这也是对中华民族伟大复兴主体的一种具体说明,即团结和凝聚海内外中华儿女。所以笔者认为,也可以这么理解,即所谓"在中国特色社会主义建设中作出突出贡献的杰出人士",显然包括海内外的中华儿女。"再次"之说,实则暗含了"社会主义现代化建设"同"中华民族伟大复兴"之间的关系,可视为"社会主义现代化建设"这一"国家根本任务"同实现中华民族伟大复兴这一历史承诺在宪法时间上的一种"接榫"。在笔者看来,这正是一种独具中国特色的宪法性叙事,也使中国宪法成为一种独具特色的叙事性宪法。当然,"最后"提及的"推进国家治理体系和治理能力现代化",虽未明示于《宪法》之中,但亦可入"社会主义现代化建设"的"国家根本任务"之内。

总而言之,笔者赞同全国人大常委会法制工作委员会国家法室对该法第1条的解释,并因其与现行《宪法》,尤其是与《宪法》"序言"的密切联系,从而认为其开具了一个独具中国特色的,可称为"一体三面"的宪制精神格局。亦即通过该法第1条,我们也正可看到中国《宪法》的中国特色。其"一体"即中国《宪法》的中国历史,所谓"三面"即"中华民族伟大复兴"的历史使命、"社会主义现代化建设"的历史之路及"海内外中华儿女"的历史主体。

(二)作为宪法权利的制度

上引释法读本在解读该法第13条时认为,"公民获得国家勋章和国家荣誉称号,是公民享有荣誉权的体现",理解这一荣誉权则又需把握两点。一是国家勋章和国家荣誉称号仅能为国家勋章和国家荣誉称号获得者享有,不得转让、继承,意在指出,此"荣誉权"并非一般意义上的民法上的荣誉权;也可以说,此"荣誉权"并非源于民法上的荣誉权。二是国家勋章和国家荣誉称号为其获得者终身享有,非经法定原因不得撤销国家勋章和国家荣誉称号。① 由是,则该"荣誉权"也确有其更高的权利来源,也因其所对应的主体乃是国家之缘故。也就是说,此"荣誉权"之权利主体

① 参见郑淑娜主编、全国人大常委会法制工作委员会国家法室编著:《中华人民共和国国家勋章和国家荣誉称号法解读》,中国法制出版社2016年版,第71~74页。

固然为一国公民或其他自然人个体,①而其所对应的义务主体却是公权力的国家。这实在是典型的宪法性权利,或说此"荣誉权"本就源于宪法中的权利。事实上,宪法以公民权利与义务为中心规范,宪法学也以公民权利与义务为核心范畴。那么,在此核心范畴的视域下,可将获得国家功勋荣誉的权利归为哪种宪法性权利?显然,《宪法》条文并未明示这种权利,这就需要通过深度阐发宪法权利的学理,来求取这一权利的具体宪法学内涵。

上文有论,国家功勋荣誉表彰偏重于精神荣誉,而兼涉物质奖励和优抚待遇。其言明的《宪法》规范即有第47条,"国家对于从事教育、科学、技术、文学、艺术和其他文化事业的公民的有益于人民的创造性工作,给以鼓励和帮助"。所谓"鼓励和帮助",不妨理解为精神的鼓励与物质的帮助。因为若只存其一,便无须分作两词。而此款与《国家勋章和国家荣誉称号法》第4条第1款的精神义旨,实在并无多少出入之处。与之相密切的《宪法》规范则还有第19~24条中的各种鼓励或倡导性国家义务。至于该法第3条第1款,所谓在"保卫国家中作出巨大贡献、建立卓越功勋的杰出人士"当然可以作为荣誉权之主体,但"保卫国家"本身却是我国宪法上的一项公民义务。如《宪法》第54条和第55条规定,"中华人民共和国公民有维护祖国的安全、荣誉和利益的义务",以及"保卫祖国、抵抗侵略是中华人民共和国每一个公民的神圣职责"。但笔者又不愿将在"保卫国家中作出巨大贡献、建立卓越功勋的杰出人士"简单看作宪法义务的主体。因为"保家卫国"可以说是一国公民的底线义务,但为此而作出巨大贡献、建立卓越功勋,便已使这种义务行为发生了质的变化。因此,理当将其视为一种本质上的权利授予,而成为一"整全性权利主体"无疑。只是依然没能获得"整全性权利解释",由是还需另寻宪法规范的理据。需另寻宪法规范理据的,尚有该法第3条第2款"友谊勋章"的获得者。因在我国《宪法》中,更无直接规定外国人宪法权利与义务的明确规

---

① "本法未对国家荣誉称号授予集体问题作出规定,主要考虑是,根据本法授予国家勋章和国家荣誉称号,更多的是对获奖人士毕生成就或者突出贡献的褒奖,对集体的表彰可以按照党中央《关于建立健全党和国家功勋荣誉表彰制度的意见》和党内法规、行政法规、军事法规的规定办理。"参见郑淑娜主编、全国人大常委会法制工作委员会国家法室编著:《中华人民共和国国家勋章和国家荣誉称号法解读》,中国法制出版社2016年版,第29页。

定。当然,《宪法》第32条有言“中华人民共和国保护在中国境内的外国人的合法权利和利益”,《序言》第12自然段全面阐述了中国同世界的关系,如说“中国革命、建设、改革的成就是同世界人民的支持分不开的。中国的前途是同世界的前途紧密地联系在一起的”,特别是之后的“发展”“推动”“坚持”“加强”“支持”“维护”等句,有望衍生出荣誉表彰的可能性,但究竟无确当之“权利”语义能够直接解释出获得“友谊勋章”的权利。

(三)作为宪法精神的制度

跳脱开字斟句酌的比对,回到国家功勋荣誉表彰制度本身,“一般来说,国家荣誉制度是指国家元首或其他法定授权机关通过一定的程序和仪式,以国家名义对为国家和社会作出突出贡献的优秀人士予以表彰或奖励并授予勋章、奖章、荣誉称号等的各项规则、章程和制度的总称”。[①]或谓“国家荣誉制度,是指国家为了表彰先进、激励后进,充分调动和激发人们的积极性和创造性,实现‘人人皆可成才、人人尽展其才’的局面,依照法定条件和程序,对为国家、人民和社会做出突出贡献或者模范地遵纪守法的人,给予物质的、精神的或者二者相结合的奖励的制度”。[②]“国家荣誉的授予是以国家名义来实现的,此成为其区别于其他荣誉的基本点。”[③]由是,我们说它是一项国家行为,并当然体现为作为政治共同体的国家对包括公民和非公民在内的人的高度评价和尊重,而若将《宪法》第33条“国家尊重和保障人权”引申出国家对人的尊重来,也未尝不能将这种评价和尊重理解为国家对人的尊重来,从而将从国家功勋荣誉表彰中获得的各类“利益”划归到国家对人的尊重之“利”来。但这显然又失之狭隘。更何况,这样一种国家对人的尊重之“利”并非人之为人所应当具有的权利——人权。实际上,国家功勋荣誉所表彰的乃是一种对国家的大仁大义、大智大勇,它的确更符合中国《宪法》第24条“爱祖国、爱人民、爱劳动、爱科学、爱社会主义的公德”,以及“爱国主义、集体主义和国际主义、共产主义的教育”意义。此正所谓“中国特色国家荣誉

---

① 江国华:《中国国家荣誉制度立法研究》,载《中州学刊》2014年第1期。

② 杨建顺:《论国家荣誉制度的建立》,载《人民论坛》2012年第36期。

③ 钱宁峰:《论国家荣誉制度的宪法基础》,载《法律科学(西北政法大学学报)》2008年第5期。

制度的建立，其目的不仅在于增加一套激励机制和奖励体系，而是承载着更深广的预期”。[①] 笔者认为，这正是国家功勋荣誉表彰制度的“中国宪法学”原理，或谓“中国宪法”在付诸国家功勋荣誉表彰制度上的中国精神。

① 马抗美：《关于建立中国特色国家荣誉制度的思考》，载《中国人才》2013年第3期。

事例5:构建法官与律师良性职业关系的三个维度

——浙江省高院和省司法厅联合实施律师与法官互评机制事件之评析

刘练军* 李源源**

一、事例回放与问题意识

2019年5月30日,浙江省高级人民法院(以下简称浙江省高院)和浙江省司法厅联合出台《关于建立律师与法官互评机制的实施办法(试行)》(以下简称《实施办法》),在全省范围内推广实施律师与法官互评机制。《实施办法》并非横空出世,而是其来有自。早在2018年,浙江省就在个别城市开始进行律师与法官互评机制试点。《实施办法》的出台,乃是浙江省高院与省司法厅在总结部分地区试点经验基础上,进一步在全省范围内推广和深化律师与法官互评监督机制,此举旨在拓展双方良性互动的广度与深度。

长期以来,律师与法官彼此间缺乏深度的沟通及相互认同度一直在低位徘徊。此次浙江省高院和省司法厅通过创建制度化的沟通渠道,为律师和法官间的交流及反馈提供了正式的畅通便利的新平台,借以重塑法官与律师的关系。从宪法的角度视之,司法改革问题是一个宪法问题,律师与法官互评机制作为司法改革的重要内容,与宪法密切相关。司法权是宪法规定的国家权力之一,宪法设定了司法权的目标,即司法必须实现公平正义。然而,如果律师与法官始终充满隔阂与对立,司法公正将无

---

* 东南大学法学院教授、博士研究生导师。

** 东南大学法学院硕士研究生。

从实现,司法的专业和权威亦必将深受其害。此次浙江省高院和省司法厅联合实施律师与法官互评机制事件,入选“2019年中国十大宪法事案例”,吸引了社会各界的广泛关注。不过,律师与法官互评机制作为一项新兴事物需要我们以辩证的眼光视之,互评机制固然闪耀着新生事物的朝气和活力,也必然存在某些方面的瑕疵与缺陷。为继续推进法治工作建设、推动宪法有效实施,实有必要以宪法理念审视互评机制,以思考和解决其存在的问题。

律师与法官互评机制是为推动法律职业共同体建设、构建良性互动的新型律师法官关系而生,是深化全面依法治国事业的一项地方改革举措。近年来,律师与法官之间的关系业已成为一项重要的司法议题,司法改革亟须破解的难点与痛点之一,是如何构建律师和法官良性职业关系。互评机制的构建被赋予了以法治方式和法治思维理顺律师与法官之间关系的制度意义。理顺律师与法官之间的关系,是新一轮司法改革朝着法治方向不断深化之举,也是推动宪法实施的应有之义。宪法作为国家根本之法,确立了国家基本的权力架构,律师与法官关系是司法体制的一个有机组成部分,也是推进宪法实施的重要组成部分。① 因此,司法改革如何改,关系审判独立、司法公正能在多大程度上成为现实。

依据《实施办法》的制度设计,律师与法官互评内容包括司法礼仪、纪律作风、业务能力、履职尽责等方面,并将评议结果纳入律师与法官的职业考核体系,可作为员额法官案件评查、年度考核、晋升晋级、评优评先以及律师执业年度考核、评优评先的重要参考。② 这必将较有效地敦促律师、法官规范各自司法行为,认真严肃对待互评制度。同时,将互评结果纳入双方职业考核、晋升、奖惩的评价范围,对建设法律职业共同体内平等的职业监督环境大有裨益,利于转变仅仅依靠上级或主管单位督促的单一监督思维,进入行政监督与同行监督的新局面。此外,互评机制还有以下三个方面的积极意义。首先,从推动法律职业共同体建设的宗旨视之,律师与法官互评机制的建立,有利于拓宽律师群体与法官群体间的沟

① 参见《司法体制改革是推进宪法实施的重要内容》,载法大新闻网2014年12月4日,http://news.cupl.edu.cn/info/1058/19526.htm。

② 参见《实施办法》第6条第2款规定:评议数据可作为员额法官案件评查、年度考核、晋升晋级、评优评先以及律师执业年度考核、评优评先的重要参考。

通渠道，打造官方正式、畅通便利的交流互动平台，促进律师与法官职业群体之间互评互动、互敬互信，并透明律师与法官的交往环境，预防司法腐败。从深化司法体制改革、促进司法公正的目标视之，随着法治进程的逐步推进，在未来的司法体系中，律师是不可或缺的参与者与规则制定者，是司法主体的人才和智慧来源，更是司法公信力的职业监督人。[①] 其次，畅通律师与法官互评机制，为律师群体监督审判权行使开放了官方渠道，赋予了律师一定的话语权，即评价权，使其能与法官相互牵制、相互监督，在一定程度上有提高律师在司法体系中较低地位的作用。最后，从理顺法官与律师职业关系的角度视之，互评机制的建立对构建法官与律师新型良性互动关系、构建长效监督机制、规范执业行为有重要的推动作用，因此，也得到了部分专家学者和司法实务人员的认可与支持。

虽然得到了一些人的褒奖，但是质疑之声亦从未断绝。大多数否定的观点认为，法官与律师互评机制最终同样难以摆脱司法行政化、地方化的桎梏，此等互评机制迟早要流于形式，可能是其无法逃避的宿命。这种悲观的结论从何而来、有何依据，此诚值得我们进行探究及反思。法官与律师互评机制在实践运行过程中出现不良状况属于大概率事件，此等判断的理由主要有以下三个方面：

首先，互评机制设计的目标和初衷，带有明显理想化的色彩，它忽视了人性的弱点。互评机制想当然地预设每个人都有高尚的情操和正义感，在相互评价的时候都能够做到冷静理性、客观公正，尤其不掺杂任何的私人情感。然而，人总是具有主观情绪化的一面，律师与法官之间发生冲突是完全有可能的，双方对案件裁判结果的直观感受之抵牾，势必会直接影响他对对方的评价。虽然与当事人相比，我们相信大多数律师和法官更理性一些，但要他们完全抛开案件本身去超然地评价对方的专业能力，这无疑是一种几乎不可能实现的理想。例如，鉴于律师手上拥有全方位评价自己的权利，法官在裁判过程中会不会顾忌于此，而能否做到“从心所欲不逾矩”，即会不会在服从法律和良知的同时还要看律师的“脸色”？就律师而言，败诉就意味着真正的影响深远的职业能力负面评价，由此会不会直接演变为胜诉的律师给法官好评，而败诉的律师给法官

① 参见孔德明：《探寻法官和律师良性互动的和谐之路》，载《人民法院报》2013年8月7日，第5版。

差评?

其次,人的本质具有逐利性,律师与法官虽然均从事法律职业,但双方在诉讼中的地位并不平等,甚至存在微妙的矛盾,如果由对方评价和左右自己的业绩,那么,在诉讼时恐怕二者所要考虑的因素多少会超出法律范畴。互评机制在一定程度上将法官与律师的利益捆绑在一起,这势必会使他们结成某种意义上的利益同盟。在我国,法官与律师关系失范问题堪称不治之症,部分法官与律师在利益驱动下形成利益共同体已是不可否认的事实。一些律师充当"掮客"出面直接与当事人签订高额的风险代理合同,再由法官行使审判权、执行权支持律师诉求,最后由双方共同瓜分非法利益的现象屡见不鲜。律师与法官互评机制的建立,虽然畅通了律师与法官之间的互动渠道,但也为律师运用金钱等手段收买法官而法官则利用手中审判权寻租创造了正式"合法"的便利条件。若律师积极主动地与法官建立利益交换关系,一方面能得到法官在诉讼中更稳固的支持,另一方面还能在互评机制中获得法官的好评。在这种两全其美的"激励"机制下,律师与法官之间的勾兑行为泛滥成灾势所难免,司法腐败现状必将加剧恶化。

最后,《实施办法》中仅规定互评数据对法官与律师的职业考核、晋升、奖惩具有参考作用,而不是强制性地与个人考核挂钩。然而,互评数据对职业考核究竟有什么影响、有多大程度的影响,其规定甚为含糊,留存极大的操作空间。若无明确的考核标准,考核比例时高时低,又会涉及考核权力的弹性与边界问题。且法官与法官之间在办案数量不均的情况下,不办案的法官或是办案少的法官的差评自然会少。相较而言,办案多的法官获得差评的可能性更大。从这个维度上说,办案多的法官面临更大的职业考核风险。此外,若是法官得到的差评结果较多,其职业生涯会面临何种负面结果,减少办案数量、减少工资,还是退出员额?有无相应的权利救济机制?此等问题《实施办法》均无涉及。

法官与律师互评机制的问世,是缘于律师与法官之间的失范行为日益增长。职是之故,评判该互评机制的优劣,必须直面律师和法官两种职业之间现实存在的种种失范行为。事实上,律师和法官之间的冲突只是一种表象,其背后是我国司法体制存在某些病症,而这些病症光靠打造一个公开的、官方的交流互动平台显然于事无补。虽然当前我国司法体制改革正在不断深化,司法机关去地方化和行政化的步伐正在加速前行,但司法独立、审判权独立、法官独立的司法环境还远未形成,法律职业共同体也没有真正构建起来。最重要的一点是,在司法实践中,律师地位比较低,律师权利的不受保障状况尚未得到真正改善。在这种司法环境下,律师与法官互评机制并不具备顺畅运行的环境条件,它必然难以发挥满足公众期待的积极功能。鉴于此,本文拟从3个维度着重分析我国法官和律师发生冲突的深层次原因,并试图说明律师职业保障对司法环境改善的重要作用,最后提出构建律师与法官良性职业关系的具体方案,以供学界同仁及实务部门参考。

二、宏观维度:现行司法体制下法官与律师职业的利益分化

法官与律师之间的冲突,乃是司法体制、个人利益、专业素质及职业观念等多方面因素共同作用的产物。当下,我国的法治环境及体制因素导致律师与法官之间出现严重的利益分化,他们彼此之间的矛盾态势愈演愈烈,而其根源就在于法官的审判权并没有实现应有的独立。独立审判本是司法制度改革所要达到的一个基本目标,是法治社会的基本要素之一。审判独立包含两个层面的含义:在外部意义上,独立审判是司法系统对司法系统之外的独立;在内部意义上,独立审判是司法系统内部各个层级的独立以及各位法官个体的独立。① 我国《宪法》第131条明确规定,人民法院依照法律规定独立行使审判权,不受行政机关、社会团体和个人干涉。法院审判权独立是宪法的明文要求,具有不容否定的宪法地位。由于宪法并没有从字面上明确规定法官独立,因此,许多人也将我国的独立审判理解为法院对外整体独立,而非法院内部的独立即法官独立。②

然而,主张法院独立而排斥法官独立的观点,乃是对法律规范作片面化的狭义解释之故,法官独立是正确独立地行使审判权的技术保证,在理论和实践中并不与法院独立相冲突。③ 人民法院组织法明文规定,法院审

① 参见张慜、蒋惠岭:《法院独立审判问题研究》,人民法院出版社1998年版,第74页、第105页。

② 参见陈卫东:《司法机关依法独立行使职权研究》,载《中国法学》2014年第2期。

③ 参见徐阳:《如何实现“法院独立”与“法官独立”的统一——法院改革的策略选择》,载《求是学刊》2016年第5期。

判组织包括独任制和合议制。所谓法院审理案件,不是作为整体的法院机构在审理案件,更不是全体法院工作人员在审理案件,而是由法官组成相应的审判组织来审理案件,独任审理的法官与合议庭中的每个法官,都对案件独立地作出自己的判断。同时,《法官法》第7条规定,法官依法履行职责,受法律保护,不受行政机关、社会团体和个人的干涉。《法官法》第8条规定,法官依法参加合议庭审判或者独任审判刑事、民事、行政诉讼以及国家赔偿等案件,法官在职权范围内对所办理的案件负责。若法官没有独立的审判地位,法律如何要求法官对审判结果负责。故而,法官对审判结果负责必然要求,我国法官应当具有独立的审判地位。

遗憾的是,在现行司法体制下,我国法院独立仅是静态的立法上的纸面独立,无论是法院整体还是法官个体,均未享有独立的审判权,审判机关及其司法行为仍受到来自外部与内部的极大的干扰和影响。从审判机关面临的外部干预上看,当下我国的司法生态是,各种权力几乎可以左右任何案件的审判结果。一是权力机关的干预。《宪法》规定司法机关由人大产生,对人大负责,受人大监督,而在司法实践中某些地方的人大及其常委会对法院进行"个案监督",要求办案人员向其汇报案件审理进展情况,甚至对案件提出具体处理意见。这些行为显然超出了监督的界限,影响了审判独立。二是行政机关的干预。审判机关的人、财、物都受制于行政机关,其对行政机关有"天然"的司法依附关系,必然会受当地政府或者人际关系的干涉,法院审理案件存在一定程度的地方保护倾向。三是党委干预过细。部分党员领导干部违法干预司法活动,干预过多,对司法工作的领导不够科学,严重损害了司法审判的独立性。除受制于司法地方化外,法院审判还受制于司法行政化,法院内部管理严重行政化,司法行政管理权和司法裁判权呈现合二为一的畸形态势。在案件审理过程中,上级法院习惯于直接干预、介入下级法院的审判工作,下级法院审理案件时也常常先向上级法院请示,并汇报案件的审理情况和判决意见。合议庭审理案件还必须通过院长、庭长审批,法官必须在审判委员会的领导下工作等。在这种行政化管理中,合议庭与独任法官的职能被削弱,法官事实上只对案件拥有"受理权"。

另外,法官的身份地位保障不到位。① 一旦案件存在外部力量的干预,法官与律师之间就很可能会发生某种程度上的利害冲突。而那些没有外部干预的司法案件,由于法官的经济收入达不到较高的标准,亦容易滋生司法腐败行为。由于法官的职业特性未得到社会普遍认同,我国至今未能建立起单独的法官工资序列,法官的工资、福利和社会保险待遇等一直以来都比照公务员的标准执行,而法官的职务津贴亦不过是杯水车薪,②我国的基层法官基本上属于低收入群体,物质待遇相当低微。在经济收入方面,法官与律师之间相距甚远。虽然律师行业内部收入差距悬殊,但其整体收入仍远高于法官职业。不幸的是,法官一边领着较低的工资,另一边却又面临极其繁重的审判任务,工作压力巨大。低收入、高压力和重任务使法官身心俱疲、不堪重负,这就可能诱发法官作出种种司法腐败行为,使部分法官为金钱而折腰,职业尊荣被玷污。③ 就如学者所指出的:当法律人以法律技能作为谋生工具,而且谋生还充满竞争和艰难时,如何能期望他们有“超越物质”的更高远的目标?④

为了保证司法公正,提高司法权威,亦为了满足社会各界对基本法律秩序的需要,现代法治国家都在严格法官入职门槛的同时,给予法官崇高的地位和优厚的待遇。⑤ 由于历史原因,在法官职业保障方面,我国始终重视不够,对法官制约有余而保障不足。尽管1995年制定的《法官法》历经三次修订(2001年、2017年和2019年),新法系统整合了散见于《法官职业道德基本准则》《保护司法人员履职规定》《法官行为规范》等规范性法律文件中有关法官职业保障之规定,专门设立“法官职

① 法官身份保障应该是一种最高级别的宪法保障,相关研究可参见刘练军:《司法要论》,中国政法大学出版社2013年版,第95~104页。

② 参见聂海波:《保障优先:落实〈法官法〉之法官收入保障的法治与政治意义》,载《特区法坛》2014年第6期。

③ 参见蒋陆军:《司法责任制背景下法官职业保障之完善》,载《三峡大学学报(人文社会科学版)》2018年第4期。

④ 参见蒋大兴:《法律人,那些飘忽不定的理想》,载刘小吾:《走向职业共同体的中国法律人——徘徊在商人、牧师和官僚政客之间》,法律出版社2010年版,第3~4页。

⑤ 参见张慜、蒋惠岭:《法院独立审判问题研究》,人民法院出版社1998年版,第238~239页。

业保障”一章，提高了法官职业保障的法律层级地位，充实了不实举报和诬陷法官的应对方式等实质性保障内容，并在一定程度上细化了法官薪酬制度和退休制度等配套性职业保障制度。然而，重修之后的法官法仍然存在许多制度性缺憾，影响了法官职业保障措施的深化落实。①

一方面，新法官法对法官的经济保障力度仍然不足，法官职业保险制度缺失，法官的休假权、必要住房保障和医疗保障也缺乏相应的立法规制；另一方面，法官的身份保障制度仍有待完善，法官在受到非法干预情况下仍坚持秉公办案，却因此遭受降职、撤职等“伪责任追究”的事例屡见不鲜。但新《法官法》并未如法官所盼地建立法官责任豁免制度，法官的责任豁免权付之阙如。② 英国知名法官丹宁勋爵在其《法律的正当程序》一书中曾指出：“当法官依法行事时，他就应当受到保护，免负损害赔偿的责任。所有法官都应能完全独立地完成自己的工作，而无需担惊受怕。决不能让法官一边用颤抖的手翻动法书，一边自问，‘假使我这样做，我是否要负损害赔偿的责任？’只要法官在工作时相信他做的事是在自己的法律权限范围之内，那他就没有受诉的责任。”③

任何一项法律制度，只有当身处其中的人活得有尊严时，它才可能是好的。我国法官待遇明显偏低，在物质方面不足以实现“有尊严”地活着。与此同时，审判不独立，法官不能独立地对外作出裁判，由此催生了种种审判不公正现象。不公正的裁判结果不仅沉重地打击了司法的职能和权威，还直接挫伤了律师群体对法院和法官的基本信任，造成了律师和法官互不理解、难以对话的恶性局面。互评机制希望为律师和法官创造一个官方的、公开透明的沟通交流平台，促进二者良性互动，但实质性的良性互动的前提是彼此信任。互信才是律师和法官有效沟通交流的基础。彼此间如果充斥着职业歧视，就根本无法交流和互动。④ 目前的司法现状是

① 参见李声高：《新法官法背景下法官职业保障的思考》，载《人民法院报》2019年9月24日，第2版。

② 参见胡昌明：《健全法官职业保障制度的价值与路径——以新修订的〈法官法〉为视角》，载《法律适用》2014年第9期。

③ ［英］丹宁：《法律的正当程序》，李克强等译，群众出版社1984年版，第56～57页。

④ 参见《法官与律师良性互动“五要素”》，载厚启律师事务所网2017年4月14日，http://www.houqilawyer.com/m/view826.htm。

律师和法官之间实际上存在较深的职业沟壑，并且，由于各种复杂的权力与利益冲突，双方的隔阂仍在持续加深。一旦双方的冲突激化、矛盾升级，那原本良性的沟通交流渠道很可能会演变为挟私报复之工具，对对方的评价便无法做到公正客观，亦谈不上相互间的有效监督。如此，互评机制也就会丧失意义。

三、中观维度：法律职业共同体间的观念分化

上文的讨论清楚地表明，由于体制的原因我国难以实现法院审判独立和法官独立，因而法院内外的利益冲突很可能将技术层面的问题转化成意识形态层面的问题，[①]由此引发律师与法官在意识形态上的冲突，而这些观念上的分歧与冲突，就是分裂法律职业共同体的惯性与张力。有人曾将法律共同体定义为："这些受过法律教育的法律人，构成了一个独立的共同体，一个职业共同体、一个知识共同体、一个信念共同体、一个精神共同体、一个相互认同的意义共同体。因而法律共同体的内涵在于法律职业群体共同操持法律职业、用同一套话语体系对话，用同一种思维方式思考，并共享同样的理想信念、价值追求与奋斗目标。"[②]这段关于法律共同体内涵的分析，可以视为法学界对法律共同体所达成的基本共识。该文对法律共同体的勾勒和规划甫一问世，就在法律群体内引起了较大的轰动，给法律人带来了感官和心灵上的冲击，并催生了一阵精神上的振奋。然而，热情终究要褪去。当人们回归冷静理智，对法律共同体的构建也有了更深刻的认识。有人批评说："法律共同体，在今日之中国，只不过是一种'想象共同体'、'意念共同体'，不要说构成共同体的若干'群落'之间质差过大，就是每一个'群落'的内部也还远未提纯。"[③]关于法律共同体的构建，张建伟教授曾这样表达了其个人洞见："法律共同体共识的存在并不意味着法律共同体的存在，事实上我国当前并不存在实体法上的法律职业共同体，而基于公安司法机关在国家权力话语系统中近似的地位和社会形象，公安司法机关的法律职业共同体意识更强，更容易结成

① 参见季卫东：《司法体制改革的关键》，载《东方法学》2014年第5期。

② 强世功：《法律共同体宣言》，载《中外法学》2001年第3期。

③ 参见任立华：《法律共同体宣言辩驳——一名律师眼中的法律职业群体关系》，载找法网2008年10月29日，http://china.findlaw.cn/lawyers/article/d7865.html。

'共同体'，但这种共同体不是法律职业共同体，而是国家权力共同体。"①对此等判断，笔者深以为然。

基于对诉讼制度中两造关系的分析，辩护律师与检察官有着天然的对立立场，辩方和控方之间往往因为案件的裁判而产生激烈的冲突和对抗，职业信任与认同在不同的司法追求下轻易地被抛诸脑后，取而代之的是相互轻视、贬低和抵抗。从这个意义上说，律师与检察官在法律共同体的构建中矛盾突出，相敬如宾的和谐关系实乃想当然的一厢情愿。再者，如今辩审关系也同样高度紧张，或是法官被权力勾引，受金钱驱动，利用权力追逐利益空间，而律师放弃职业操守，将服务宗旨货币化，收买法官审判权，形成律师和法官勾兑关系；再或是部分死磕派律师在法庭上跟法官"死磕"式高谈阔论，公开作秀，摧毁法官对律师的职业信任，导致律师和法官关系不断走向分裂与敌对。法官与律师关系失范的事实告诉我们，由于权力安排、角色分工和利益空间的不同，法律职业间存在一股天然的撕裂力量。这股力量具有肢解、分裂法律共同体的惯性，导致理想中的共同体建设在实践中并没有稳固的结合基础。而公安部门像司法机关一样分享司法权力，公权力系统中每一位司法人员都被编织进权力组织体，他们自然结合形成了真正的命运共同体，更深程度地共享共同体意识。而律师则被这个组织起来的利益共同体拒之门外。

早在2006年，山东德衡律师事务所栾少湖律师与王中律师便聚焦法官与律师关系，以山东省为蓝本展开了深度调研。调研小组面向山东省全部法院及17个地市律师事务发放了书面调查问卷，最后撰写成《对视：法官与律师——"法官眼中的律师"与"律师眼中的法官"的调查研究》一文，发表于《中国司法》。该调查的整体内容与结果在此无须赘述，但调查中关于对律师与法官能否成为"法律共同体"，以及是否应通过建立官方沟通机制来建立法官与律师的良性关系的统计数据与本节主题密切相关。依据该调研，关于法官和律师能否成为"共同体"，有53%的法官选择了不可能或者不希望，40%的法官认为这是一件十分遥远的事，而55%的律师选择了不可能，44%的律师认为成为"共同体"十分遥远。② 这项

① 参见张建伟：《虚拟的法律职业共同体》，载《法制日报》2015年3月11日，第10版。

② 参见栾少湖、王中：《关于"法官眼中的律师"与"律师眼中的法官"的调研报告》，载《中国司法》2006年第12期。

调研结果较为确定地告诉我们,法律共同体的建设仍然任重而道远,至少在共同体意识这一层面上,共同体内部的核心成员——法官与律师,对法律共同体的建构仍未达成最基本的共识。该调研结论使我们可以直观地感受到,律师与法官两种法律职业之间存在敏感的职业关系和较深的价值鸿沟。相比成为“一家人”,绝大多数律师与法官更愿意保持距离,对对方“敬而远之”,仅需保持正常的工作关系即可。

该调研还提供了另一组数据,即关于如何建立法官与律师的良性关系,47%的法官认为应该“建立官方沟通机制”,而仅有3%的律师赞成这一点。大部分律师选择了“立法保障律师权利”“相互尊重”“恪守职业道德”等选项。从这组数据中我们至少能窥探到律师群体的内在疑虑,即建立官方沟通机制本身无可厚非,但重要的是律师执业权利能否落到实处、律师能否在强势法官主导的庭审中抬起头、律师如何获得法官尊重等。这些问题才是律师们内心最为关注和牵挂的,亦是构建法官与律师之间良好关系的关键,而且是法律共同体建设所必须解决的前置性问题。在推动法官与律师关系良性发展过程中,若有意无意地忽略共同体基本群体的职业诉求,试图用法律共同体的文字符号将法律职业群体作表面上的集合,这不仅会抑制共同体基本成员的职业特性,而且会滋生更多瓦解共同体的力量。如此,所有对法律职业共同体的构想都只会变成一种罔顾现实的理想化誓言。

浙江省司法厅与省高院携手推进律师与法官互评机制的构建,期望通过互评制度的建立,以形成真正的兼容性法律职业共同体。一个基本的事实是,当下我国法律职业之间还远未形成法律职业共同体,且缺乏形成共同体的氛围和基础。创建互评机制的初衷是,借此可以有效规范律师和法官司法职业行为,为二者交流沟通提供官方正式的平台,但通过考察和分析法官和律师职业的现实状况发现,正在推动的律师与法官互评机制,是建立在对法律共同体形成条件缺乏更深层次认识的基础之上。律师和法官之间没有共同体意识的积累,缺乏基本的互相尊重与职业认同。在司法观念方面,律师和法官之间存在误解和隔阂。互评机制如果强行推动,那也很难产生公正客观的专业评价,事实上的监督与促进功效必然十分有限。

四、微观维度之一：法官与律师之间的博弈与共生

构建法官与律师良性职业关系，必须理解律师与法官之间存在"博弈"与"共生"这两种关系。所谓博弈，是指在司法审判实践中律师所代表的私权与法官手中的公权之间在互动时彼此压制。无论是何种性质的案件，一旦提交到法庭，就意味着律师可以通过实体和程序上的权利维护当事人的合法权益，防止来自司法裁判权等公权力的侵害，律师的诉求有时被法庭认可，有时则被否决，这都是私权与公权之间的互动。所谓共生，是指法官与律师之间是水涨船高的关系，法官在为律师提供有利其辩护的宽松环境的同时，也能获得来自律师的支持；反之，若律师的执业环境恶劣，法官也必将难以在此种司法环境下舒心地工作，对其裁判的效率和权威造成负面影响。

在我国，法官的经济收入与超负荷的工作量形成了鲜明的对比。虽然相比于法官我国律师算是高收入人群，但律师的社会地位又还不及法官。总体上说，我国律师和法官的社会地位均谈不上优越。一个国家的律师地位如何，与法官的社会地位之高低息息相关。法官的地位越高，其权威性就越大，这就代表法律的力量越大。相应地，律师也能够从法官和法律这儿获得更多的支持。如果法官的社会地位不高，律师能够从法官那里得到的支持也就更小。法治事业犹如大海里的航船，没有法官的掌舵，就没有前进的方向，而没有律师作为水手，就没有前进的动力。[①] 遗憾的是，我国律师与法官对彼此间的博弈关系已有充分认识，但却对双方的共生关系长期漠视。较突出的是，法官在面对律师时常常拿出一副比对方优越的姿态，对律师缺乏基本的尊重和信任，人为地激化双方矛盾，似乎对双方的共生关系毫无认知。

关于法官与律师的身份地位和角色定位，我国《宪法》有明文规定。《宪法》第128条等条款规定，各级人民法院是国家的审判机关，由人大产生，对人大负责，受人大监督，审判机关代表人民行使审判权。因此，人民法院行使审判权得到了人民的授权，其宪法定位是清楚明确的。而根据我国《法官法》的规定，法官是依法行使国家审判权的审判人员，法官依法

---

① 参见孔德明：《探寻法官和律师良性互动的和谐之路》，载《人民法院报》2013年8月7日，第5版。

履行职责,受法律保护,不受行政机关、社会团体和个人的干涉。法官代表国家公权力,是法律权威的象征。与之相比,律师的宪法地位就要低一些。律师制度虽然是现代法治国家的一项基本法律制度,但我国律师起步较晚、发展较慢,其角色定位具有民间性,是私权利的代表。我国律师制度在1955年才开始试行,而出于种种原因,直到1979年发布《律师暂行条例》,才真正确立律师制度的法律基础。1986年,我国第一个全国性的律师自治组织——中华全国律师协会正式成立。1996年5月,《律师法》颁布,我国终于有了正式的律师法律制度。中国律师制度几经变革,律师从最初的国家法律工作者到为社会提供法律服务的执业人员,再到为当事人提供法律服务的工作人员,①律师的角色定位也逐渐实现了从公职性向民间性的回归。

根据《律师法》,律师是指依法取得律师执业证书,接受委托或者指定,为当事人提供法律服务的执业人员。而根据《宪法》第130条之规定,被告人有权获得辩护,最主要的法庭辩护人当然是律师。《宪法》仅在第130条中间接地提到了律师,从这个意义上说,律师与法官不可同日而语,前者不具有明确的宪法地位。是故,律师行使的辩护权、代理权本质上是公民个人权利的延伸,具有私权利的属性。出于法律事业中相异的职业分工和诉讼追求,律师与法官都负有忠于事实与法律、维护司法正义的职责和信仰,但是律师所代表的是公民权,而法官代表的是司法权,司法诉讼中两权之间自然具有一定的对抗性。在公权力与私权利的博弈中,行使国家权力的法官与代表当事人利益的律师之间关系微妙,律师与法官时常"相爱"又"相杀"。一方面,双方在抗衡中甚至可能会爆发激烈的冲突,导致矛盾升级;另一方面,由于私权利具有软弱性,律师的司法生存空间时常被强势的公权力所挤压,律师群体难免会通过一些失范行为来试图扭转相对弱势的局面,由此,导致见不得阳光的勾兑行为泛滥。这些失范行为产生的根源就在于,律师与公权力机关对抗的能力较弱,律师的司法地位相对偏低。

然而,还必须看到,律师职业与法官职业之间还具有一定的依赖性。律师的职业水平及律师业的发达程度直接影响法官能否中立裁判。在一

① 参见李奋飞:《论辩护律师忠诚义务的三个限度》,载《华东政法大学学报》2020年第3期。

个没有律师或律师业的落后地区,面对无法聘请律师或法律工作者的案件当事人,法官往往同时要在某种程度上扮演辩护律师的角色,甚至是被迫发挥专职律师的作用,他不得不向当事人传播法律信息或提供“不正当”的法律服务。而律师业的发展和律师群体职业素质的提高,无疑可以把法官从身兼数职的尴尬处境中解放出来,促进法官的客观与公正,同时,也有利于提高审判的质量与效率。① 案件的正确判决可以最有效地促进法律的总体利益,法官职业的权威与尊荣正是在一个个公平正义的案件中彰显出来的,而这完全离不开律师的专业知识和深度参与。正如有人所说的:“被告人的司法人权保障得越充分,那司法就一定会越公正,出现冤假错案的概率就越低,法官的权威地位和社会声望则随之水涨船高。”②律师是被告人权利的代言人。要保障被告人的司法人权,就意味着必须落实律师的执业权利。尽管律师处境的根本好转取决于整个法治环境的改善,但法官对律师的看法和态度也直接关系到律师的处境和地位。③ 在律师处境好转、地位提高之后,国家的法治环境也会随之改善,法官的社会地位亦自然可以提高。但难以独立的审判权缩小了法官的裁判空间,挤压了律师辩护权利的空间,导致律师处境艰难。近年来,律师执业环境虽然逐渐在改善,但总体来说仍属恶劣。律师执业环境问题重重,常常会导致律师为争夺执业权利而与法官之间出现关系裂痕。

五、微观维度之二:律师执业空间日益逼仄

长期以来,我国司法对律师在法治建设中的作用认识不足。古语云“饮食必有讼”,权利救济制度既是公民利益的表达,也是公民诉求的保障。经济社会的大发展与大繁荣,直接推动了以公民权利本位的法律不断被发现、被创制及被完善。要致力于这些法定权利的救济与保障,律师执业方面的权利自然随之得到创新、丰富和发展。④ 律师执业权利本身便

① 参见《法官和律师良性互动关系之构建》,载中国法院网2013年5月15日,https://www.chinacourt.org/article/detail/2013/05/id/958567.shtml。

② 参见刘练军:《法治的谜面》(增订版),知识产权出版社2019年版,第109页。

③ 参见《法官和律师良性互动关系之构建》,载中国法院网2013年5月15日,https://www.chinacourt.org/article/detail/2013/05/id/958567.shtml。

④ 参见蔡传磊:《保障律师执业权利 让法官律师良性互动》,载《人民法院报》2015年9月10日,第2版。

承载着民众的厚望与关注。然而,在我国肩负维护民众权益重任的律师,却没有获得与其职责相匹配的法律地位,甚至遭遇到种种执业困境,在大量案件中律师已经很难实现其存在的价值。

在强势国家公权力面前,律师地位多少会呈现弱势样态,其执业权利难以得到充分保护实乃势所必然。例如,回避、管辖异议、非法证据排除、律师会见权和调查权等,均是我国《刑事诉讼法》予以明确规定的律师权利。可是,在刑事案件办理过程中,律师要行使这些法律权利可谓是难上加难。在侦查和审查起诉阶段,律师普遍存在会见难、阅卷难、取证难的问题。而到了法庭审理阶段便存在律师质证意见不能充分表达,法官不当限制律师发言时间,阻碍辩护人完整发表辩护意见的情况。在个别案件中,甚至还发生法官当庭呵斥、辱骂律师,强行驱逐律师的严重违法现象。

党的十八届四中全会提出,"必须推进以审判为中心的诉讼制度改革,确保侦查、审查起诉的案件事实证据经得起法律的检验。全面贯彻证据裁判规则,严格依法收集、固定、保存、审查、运用证据,完善证人、鉴定人出庭制度,保证庭审在查明事实、认定证据、保护诉权、公正裁判中发挥决定性作用"。① 虽然审判中心主义改革正在紧锣密鼓地进行,但真正的审判中心主义远未到来。前不久,发生的海口市中级人民法院一审判长将律师赶出法庭的新闻事件,引起了轩然大波,并招致律师界的一片愤慨。案件的起因是公诉人一次性把一组证据抛到法庭上,要求被告人和辩护人质证,而辩护律师要求依据法律规定对关键证据单独举证,审判长予以拒绝,后辩护律师要求审判长回避,于是审判长一怒之下将律师赶出法庭。② 最高人民法院印发的《人民法院办理刑事案件第一审普通程序法庭调查规程(试行)》第31条要求,对于可能影响定罪量刑的关键证据和控辩双方存在的有争议的证据,一般应当单独举证、质证,充分听取质证意见。该案中律师要求对关键证据单独举证有充分的法律依据,且是出于保障被告人诉讼权利的考虑,但却直接被法官以扰乱法庭秩序为由

---

① 参见《中共中央关于全面推进依法治国若干重大问题的决定》,载《人民日报》2014年10月29日,第1版。

② 有关本案的报道,参见《海口中院通报法官庭审中责令将律师带离:院领导致歉》,载新浪网,http://news.sina.com.cn/s/2020-06-19/doc-iirczymk7958242.shtml。

剥夺了辩护权,并以向司法局发出司法建议相威胁,公权力的傲慢由此可见一斑。不言而喻,法官对律师辩护的蔑视和压制,在该案中得到了淋漓尽致的展现。

律师辩护权保障不力的一个重要原因,在于缺乏维护律师执业权的救济机制和责任追究机制。我国律师法对律师执业权的限制多于保障,《律师法》对律师执业授权性规范仅有寥寥数条,而涉及律师权利限制、律师义务及法律责任的义务性、禁止性条款数量庞大,①但对于律师辩护权受侵犯情形则没有规定相应的救济途径,②由此导致面对自己的会见权、阅卷权、取证权被限制或剥夺,律师们也救济无门、无可奈何。而正因为没有任何救济机制,所以,实践中限制或剥夺律师辩护权的违法现象素来司空见惯。虽然我国《刑事诉讼法》第47条规定:辩护人、诉讼代理人认为公安机关、人民检察院、人民法院及其工作人员阻碍其依法行使诉讼权利的,有权向同级或上一级人民检察院申诉或控告。人民检察院对申诉或控告应当及时进行审查,情况属实的,通知有关机关予以纠正。此等法律规定了妨碍辩护人行使诉讼权利的救济途径,即律师有权向同级或上一级人民检察院申诉或控告,但由于司法机关内部垂直管理、内部请示频繁、上下级已然形成了一体化机制,使得律师事实上难以真正获得司法侵权之救济。此外,律师还面临极大的执业风险,我国《刑法》第306条规定,在刑事诉讼中,辩护人、诉讼代理人毁灭、伪造证据,帮助当事人毁灭、伪造证据,威胁、引诱证人违背事实改变证言或者作伪证的,处3年以下有期徒刑或者拘役;情节严重的,处3年以上7年以下有期徒刑。在一些关系复杂的案件中,律师被卷入其中是常有的事,其执业权利甚至人身安全都容易受到威胁,在现实生活中律师在案件办理过程中被抓已经是见怪不怪。其中,不乏公安司法机关完全站到律师的对立面,利用该条款对律师实行打击报复的情形。

早在2004年3月,最高人民法院、司法部便联合发布了《关于规范法

---

① 参见范叶青:《我国律师执业环境及执业权利的保护》,载《湘潭大学学报(哲学社会科学版)》2005年第4期。

② 我国《律师法》有关律师的授权性条款主要有:第28条、第33条、第34条、第35条、第36条、第37条,而有关律师权利限制的义务性和禁止性条款则特别多,主要有:第3条、第29条、第30条、第31条、第32条、第38条、第39条、第40条、第41条、第42条、第47条、第48条、第49条、第51条、第53条、第54条、第55条。

官和律师相互关系维护司法公正的若干规定》(以下简称《若干规定》),为规范律师与法官二者相互关系提供法律指导。《若干规定》指出,律师对于法官有违反本规定行为的,可以自行或者通过司法行政部门、律师协会向有关人民法院反映情况,或者署名举报,提出追究违纪法官党纪、政纪或者法律责任的意见;反之,法官同样可以将发现律师的问题反映到司法行政部门、律师协会。[①] 为进一步落实和完善相关规定,解决法官与律师的关系问题,2015年中央全面深化改革领导小组第十三次会议通过了《关于进一步规范司法人员与当事人、律师、特殊关系人、中介组织接触交往行为的若干规定》,为双方的接触交往行为划分了明确界限。除了出台明文规范律师与法官关系的法律文件,律师制度与审判制度纷纷开启了自己的改革之旅,《关于深化律师制度改革的意见》《关于依法保障律师执业权利的规定》《关于完善人民法院司法责任制的若干意见》等改革红头文件相继出台。在律师制度改革过程中,律师的执业权利与法律地位正在不断受到重视,律师执业空间及其所发挥的社会功能,总体说来也呈现扩展和增长态势,但律师执业权利保障难的局面仍未得到根本上的扭转。

我国《刑事诉讼法》赋予律师多项执业权利,这些法定权利在司法实践中一直没有得到完全落实,以发挥律师在预防冤假错案、促进司法公正方面应有的价值和作用,律师辩护权也因此常常被视为是“没有牙齿的权利”。上述司法文件的出台象征着律师制约及监督公权力的作用正在不断得到重视。司法体制改革的一项重要任务便是加大对律师法定权利的保护,提高律师的法律地位,摒弃其司法弱者形象。在司法实践中不难发现,在律师和法官之间,法官似乎永远是强者,在律师和法官的关系中,法官具有足够的主动性和主导性。

此外,在律师维权问题上,不仅法定的救济机制缺失,而且律师协会作为律师自治的社会团体实际上也只发挥了十分有限的作用。我国《律师法》专章明确了律师协会的性质和职责,其规定律师协会是律师行业组织,其对律师的管理主要分为两个方面:一是支持律师工作,维护律师权利;二是约束律师的行为,防止违反规则。与约束律师行为相比,帮助律

① 参见最高人民法院、司法部《关于规范法官和律师相互关系维护司法公正的若干规定》(法发〔2004〕9号)。

师维权应当是律师协会当前面临的主要任务,毕竟,律师执业环境越来越恶劣。根据《律师法》的规定,律师协会接受司法行政机关的监督和指导,在司法行政机关的支持下,律师协会拥有一定的与公权力抗衡的力量。若公安司法机关有侵害律师执业权利的不正当行为,律师协会应积极帮助律师维权。但真实情况是,在保障律师权利方面,律师协会虽然发挥了一定的作用,但主要局限在某些律师出现被追究责任的时候,它充当了一个"事后消防员"的作用,非常被动且不系统。律师协会在推进制度改良方面所做的努力还远远不够。而如果律师协会不出来维护律师权益,单靠律师个人的呼吁或单个律师事务所的力量,那根本不足以和强大的国家公权力抗衡。破解律师与法官关系难题之关键,正是在于如何保障律师的执业权利、增强律师在诉讼活动中与公检法机关对抗的能力。

六、法官与律师良性关系的制度构建

如何构建法官与律师之间的良性职业关系,是一个实践中较难把握的命题,但绝不是无解之题。① 律师与法官的关系问题所折射的是司法制度设置是否合理的问题,法官与律师之间的冲突暴露了中国司法的病灶和沉疴。司法制度没有营造独立审判的环境,没有建立法官职业保障制度,结果牵连了律师的执业环境,进而异化了律师和法官之间的正常关系。要想纠正这种偏离正常轨道的关系,必须保障律师的执业权利,提高律师的司法地位。从某种角度上看,建立律师与法官互评机制,通过一定的制度设计赋予法官与律师相互评价的权利,包括好评权与差评权,这一权利对法官来讲似乎没有多大实际意义。但从形式上看,却赋予了律师一种权利,可以提高律师在庭审过程中的分量,从而达到互相监督的法律效果。但依据互评制度的设计,该制度对于律师执业地位和律师执业权利保障关注不多,即便有这方面的规定亦难以得到有效实施。所以,律师评价权对于律师执业环境的改善并无多大的实质意义。对于部分律师和法官来讲,或许可以通过该渠道进行正常的交流反馈。而对于有特殊利益的律师和法官来说,该渠道就有可能异化为固化利益同盟的"合法"手段;那些有利害冲突关系的律师与法官,则会利用这一评价权作为打击报

---

① 参见谭世贵等:《法律职业良性互动研究:以法官、检察官、律师、法学教师为对象》,中国人民大学出版社2016年版,第170页。

复对方的“合法”工具。概言之,互评制度注定难以促使法官与律师之间形成良性的制约与监督效果。

要促进律师与法官双方相互尊重、互敬互信,增强彼此间的职业认同,必须加大对律师权利的保障力度。律师辩护权与法官审判权、监察官检察权的关系,不仅是一种司法工作上的配合,其本质上还是“权利”与“权力”之间的较量。若律师辩护权始终长不了牙齿,根本无法与审判权、检察权相抗衡,那律师辩护权也将逐渐被国家权力侵蚀和稀释。因此,依法保障律师的执业权利、提升律师的法律地位,应是新一轮司法改革的重中之重。而律师执业环境的好转、地位的提升,也必将实质性地减少乃至消除律师与法官之间的利益冲突和观念冲突,有利于重构律师与法官之间新型职业关系,并进一步为法律职业共同体的形成创造条件与基础。在这一环节,最重要的仍是落实律师执业权利,实现庭审实质化,将幕后的审判活动搬到幕前来,真正发挥庭审的作用,并强化律师协会的维权角色,创设系统化的律师执业权利实现与救济机制。与此同时,必须树立法治理念和法治精神,重塑法律职业伦理,推动法律职业共同体的养成。

(一)保障律师权利以促进庭审实质化

庭审实质化意味着要让庭审在保障诉权、查明事实、解决争议、公正裁判,以及裁判文书说理中真正发挥决定性作用,因而要求控、辩、审三种职能在庭审过程中实现良性互动,不能压制任何某一种职能的发挥,不可忽视任何一项职能的实质性作用。[①] 2015年最高人民法院专门发布了《关于依法切实保障律师诉讼权利的规定》,强调要依法保障律师知情权、阅卷权、出庭权、辩论与辩护权、申请排除非法证据的权利、申请调取证据的权利。2016年,最高人民法院对《人民法院法庭规则》进行了修订,在尊重和保障律师执业权利方面亦专门作出了一些新的规定。近几年,关于保障律师执业权利的文件纷纷出台,但是部分法律规定过于宏观,缺乏相应的具体操作程序以及相关的制度保障,导致律师权利保障落实层层受阻。因此,在立法层面上,相关的条款规范仍须不断予以细化。例如,针对律师调查取证难的问题,可明确规定律师申请调查取证权的形式条

---

① 参见《“三项规程”背景下的庭审实质化——“庭审实质化模拟审判暨高峰论坛”综述》,载中国法院网2018年5月16日,https://www.chinacourt.org/article/detail/2018/05/id/3308375.shtml。

件，只要律师满足形式要件，就允许并积极协助律师进行调查取证，若法院、检察院和看守所对律师的要求予以拒绝，必须给出充分且明确的理由，同时必须为律师权利受侵犯时提供有效的救济途径。①

此外，在以审判为中心的诉讼制度改革中，还应完善律师的执业豁免权。刑辩律师被喻为刀尖上的舞者，这充分说明了刑事律师面临着极高的执业风险。我国《刑法》第306条是关于辩护人、诉讼代理人毁灭证据、伪造证据、妨害作证罪的规定。该条罪名犹如一把利剑高悬于刑事律师头上，导致大量律师不敢代理刑事案件，或只是形式上参与而实际上则不为之提供充分有效的辩护。在刑事案件中，控辩双方对抗尖锐，如何调查、收集、核实、运用证据是影响裁判结果的关键因素。事实上，用严厉的刑罚震慑律师或抓捕律师并不能从根本上解决问题。因此，必须切实保障并完善律师的执业豁免权。律师只要是依照法律办案，即使其某些言行有点出格，律师的人身权利无论如何都不应因执业行为或职务行为，而受到所谓的法律追究与制裁。② 同时，不能动辄适用《刑法》第306条。对律师从业者而言，最严厉的处罚莫过于剥夺其从业资格。只有出现十分严重的违法行为，才能诉诸刑法追究其违法责任，进而剥夺其从业资格。保障律师执业豁免权，相当于赋予律师一块执业"免死金牌"，让律师可以毫无忧虑地投入法律辩护活动中，以利于律师更好地履行辩护职责，更全面地维护当事人的各种权益。

（二）建立律师权利救济机制与责任追究机制

2015年9月，最高人民法院、最高人民检察院、公安部、国家安全部和司法部联合印发了《关于依法保障律师执业权利的规定》（以下简称《保障规定》），对律师执业权利保障分4个层次设置了救济机制：第一，投诉机制，《保障规定》明确律师可以就办案机关及其工作人员侵犯律师执业权利的行为，向办案机关及其上一级机关投诉，主要由办案机关进行处理和救济；第二，申诉控告机制，《保障规定》明确律师向检察机关申诉控告时的处理和救济机制；第三，维护律师执业权利工作机制，《保障规定》明

① 参见段贞锋、岳梦晓：《"以审判为中心"背景下有效辩护机制构建研究》，载《广西社会科学》2019年第4期。

② 参见王靓华：《律师与执业豁免权》，载中国法院网2003年8月30日，https://www.chinacourt.org/article/detail/2003/08/id/78671.shtml。

确律师向司法行政机关和律师协会申请维护执业权益时的处理和救济机制;第四,各部门联席会议制度,《保障规定》明确各部门要定期沟通保障律师执业权利工作情况,及时调查处理侵犯律师执业权利的突发事件。[①]在上述救济机制中,关于律师投诉机制和申诉控告机制,受理律师投诉和申诉控告的单位为办案机关、办案机关的上一级机关及检察机关,这些机关要么是侵权机关,要么是侵权机关的上级,要么与侵权机关存在密切的关系。从中立公正的角度考量,判断的天平会向"己方"倾斜,律师获得真实救济的可能性并不高。

当前,我国律师权利救济体系主要以检察机关为主导。由于检察机关同时肩负监督与追诉双重职责,律师对检察机关处理意见的公正性普遍存在怀疑。为了更好地保障律师权利,有必要探索建立由法院主导的辩护权救济模式。[②] 在刑事案件中,律师庭审前辩护权利的保障需要有权力机关的介入和保障,法院具有中立性,若能在审前程序开启后就立即介入保障律师权利的环节中,就可以有效平衡控辩双方的力量。[③]

同时,必须健全完善司法行政机关和律师协会保障律师执业权利之功能。依据《保障规定》第44条第1款之规定,律师认为办案机关及其工作人员阻碍其依法行使执业权利的,可以向其所执业律师事务所所在地的市级司法行政机关、所属的律师协会申请维护执业权利。情况紧急的,可以向事发地的司法行政机关、律师协会申请维护执业权利。事发地的司法行政机关、律师协会应当给予协助。最高人民法院、司法部联合印发《关于依法保障律师诉讼权利和规范律师参与庭审活动的通知》(以下简称《保障通知》)规定,律师认为法官侵犯其诉讼权利的,应当在庭审结束后,向司法行政机关、律师协会申请维护执业权利。司法行政机关与律师协会是能够帮助律师维权的重要力量,它们必须积极主动地参与到律师维权的各个环节,进一步建立律师权利救济机制与侵权者的责任追究机制。例如,《保障通知》规定,在法庭审理过程中,法官应当尊重律师,不得侮辱、嘲讽律师,除当庭攻击党和国家政治制度、法律制度等严重扰乱法

① 参见《关于依法保障律师执业权利的规定》第41条、第42条、第43条、第44条。

② 参见熊秋红:《审判中心视野下的律师有效辩护》,载《当代法学》2017年第6期。

③ 参见司楠:《"以审判为中心"的语境下,律师辩护制度该如何完善》,载搜狐网2017年9月21日,https://www.sohu.com/a/193598819_786866。

庭秩序的,不采取责令律师退出法庭或者强行带出法庭措施。如若发生法官违法将律师驱逐出法庭之类的事件,律师权利得不到及时救济,违法人员得不到应有的责任追究,此类事件的发生将会更加频繁,无须承担后果和责任,权力自然会任性妄为。因此,司法行政机关与律师协会必须加强律师执业权利快速联动处置机制,切实加强与各相关部门的沟通与协调,严格追究相关侵权人员的法律责任,并通报违法违纪查处情况,使律师各种辩护权利能得到及时有效的救济。

(三)构建互通共融的法律职业共同体

法律职业共同体的核心在于共同的法治理念和法治精神,①构建真正的法律职业共同体,需要法律职业群体合力共谋,共同营造"法比权大"的司法环境,形成法治的氛围和基础。更重要的是,法律职业共同体建设必须打破职业隔膜和对立,增进法律职业群体内部的认同感。律师和法官同受法学教育,同操法律语言,同循法治思维,同在法庭上工作。② 虽然职业的分野让律师与法官拥有不同的法庭身份、不同的诉讼追求、不同的立场,但无论有多少的差异与冲突,律师与法官均必须维护宪法和法律的有效实施,维护司法权威,谋求司法公正。在法治的巨轮滚滚向前发展的过程中,法官与律师休戚与共,是真正的命运共同体,一荣俱荣,一损俱损,律师和法官关系将影响司法权威及司法公信力。著名律师德肖微茨把这种社会信任称为"道德资本",这种资本是一代又一代法律人积聚起来的,如果我们不能正确处理好法官与律师的关系,日积月累,必将动摇法治的根基——信任,司法的公信力将无从谈起。③ 法官和律师是维护国家法治这架"马车"上的"两个车轮",都代表着伸张正义的力量,彼此之间应当相互尊重。如果律师不能尊重法官,则很难使当事人和社会公众对司法产生必要的敬重和信赖。如果法官不尊重律师,法官也难以得到社会的

① 参见陈瑞华:《刑事辩护制度四十年来的回顾与展望》,载《政法论坛》2019年第6期。

② 参见贾石松:《法官与律师共荣共损,须强化职业认同》,载澎湃网2015年6月2日,https://www.thepaper.cn/newsDetail_forward_1337502。

③ 参见孔德明:《法官和律师良性互动关系之构建》,载中国法院网2013年5月15日,https://www.chinacourt.org/article/detail/2013/05/id/958567.shtml。

尊重。[①] 因此,法官应尊重律师的执业权利,而律师应遵守法庭纪律并服从法官的裁判结果。在法官与律师之间的关系中,法官乃是矛盾的主要方面,[②]在构建律师与法官良性职业关系中法官具有较大的主动权。法官必须真正把律师作为平等的同行,尊重律师的人格和权利,律师也应维护法官在依法履职中的尊严,自觉遵守司法秩序。只有双方互相尊重、彼此信任,法律职业共同体才有可能形成。

当前,我国的法律职业共同体尚未形成。法律共同体形成的前提是重塑我国的法律职业伦理,强化法律人对法律职业的信仰和忠诚。正如孙笑侠教授所述:“法律职业除了要加强其职业技能专长即业务能力之外,需要有相应的职业伦理来匹配,需要通过职业伦理来保障其职业技术理性中的道义性成份发挥到最高程度,还需要通过职业伦理来抑制其职业技术理性中的非道德性成份,克服其‘职业病’,使之控制在最低程度。”[③]“而这一伦理并非法官伦理、检察官伦理、律师伦理、公证员伦理,而是这些伦理的最大公约数,通过这一最具有普遍意义的法律职业伦理,能将法律职业共同体转化为同道中人。”[④]关于法律职业伦理的最大公约数,便是遵循一个最基本的法律职业准则,以追求秩序和正义为最高和永恒的目标,并通过各自的行动表达对法律的忠诚和信仰。它不是缝合在法律职业技能上的某种东西,而是技艺上的一种道德附加物,是技艺中不可分割的必要组成部分,这种内在的、对法律的风险精神给予技艺难以达到的力量和弹性。[⑤] 熟练的法律技艺,并非一定指向公平正义,但恪守职业伦理能够有效约束法律人的职业道德,促进法律群体间的职业认同感,并指引法律人共同守护司法的公平正义。法律职业伦理应是所有法律人的执业信条,法律人必须忠诚于这一信条。当不同的法律人通过各自的

---

① 参见谭世贵等:《法律职业良性互动研究:以法官、检察官、律师、法学教师为对象》,中国人民大学出版社 2016 年版,第 269 页。

② 参见吕红兵:《构建法官与律师间良性互动的和谐关系》,载《中国律师》2014 年第 1 期。

③ 孙笑侠:《法律家的技能与伦理》,载《法学研究》2001 年第 4 期。

④ 刘作翔、刘振宇:《对法律职业共同体的认识和理解——兼论中国式法律职业共同体的角色隐喻及其现状》,载《法学杂志》2013 年第 4 期。

⑤ 参见[美]安索尼·T. 克罗曼:《迷失的律师:法律职业理想的衰落》,田凤常译,法律出版社 2010 年版,第 145 页。

法律职业获得了同等的法律地位、尊严、认可与满足，便形成了法律职业共同体的向心力与凝聚力。法律人团结在一起，为自己呐喊，为社会呐喊，这便是法律人的情怀。

探索律师与法官良性互动机制的新平台，构建律师与法官良性职业关系，必须从宏观层面化解双方利益冲突，从中观层面消除意识形态上的隔阂，从微观层面辩证地看待律师与法官之间的关系，并不断重视律师执业权利的保障。在构建律师与法官良性职业关系过程中，律师执业保障乃是整个国家司法系统所要解决的重要问题，它直接攸关律师与公权力抗衡的能力，关系法律职业群体内的有效监督，更影响律师与法官良性关系的构建以及法律职业共同体的形成。律师执业权利本身还是公民基本权利的一个必要组成部分，保障律师权益，就是对公民的经济权利、政治权利、社会权利和文化权利的保障。律师执业权利不受保障，此乃提升司法品质以及落实和保障公民权利的最大障碍，而它也是厘定和理顺律师与法官之间关系的突破口与落脚点。坚持落实和完善律师执业保障制度，才能实现律师与法官在身份、地位和人格上的平等，进而使他们两者之间能够形成相互尊重和认同的良性职业关系。

事例6：备案审查制度的地方图景

——福建省县级人大常委会审查纠正本级政府关于因超生开除公职的规范性文件事例评析

朱学磊*

一、事例回放

（一）事例概述

2019年，福建省××县人大常委会法工委根据公民审查建议，对该县人民政府颁布的《××县贯彻〈福建省计划生育条例〉实施办法》进行了审查。经审查，该县人大常委会认为，随着社会的发展，我国的计划生育政策已进行了重大调整。《福建省计划生育条例》历经多次修正，根据2016年2月19日《福建省人大常委会关于修改〈福建省人口与计划生育条例〉的决定》，现已全面实施两孩政策，该文件与上位法律法规相抵触，已经不再适用，应当予以清理。2019年，该县政府法制办已按照该县人大常委会的相关建议开展清理修订工作。

（二）事例背景

众所周知，计划生育是我国的一项基本国策。1982年《宪法》第25条规定："国家推行计划生育，使人口的增长同经济和社会发展计划相适应。"以该条文为基础，2001年12月29日第九届全国人大常委会第二十五次会议表决通过《人口与计划生育法》，把上述宪法条文落实为法律规定，为公民设定了具体义务。该法第17条规定："公民有生育的权利，也有依法实行计划生育的义务，夫妻双方在实行计划生育中负有共同的责任。"为了落实该义务，该法第5条明确了各级政府的责任：国务院领导全

* 中国社会科学院法学研究所助理研究员，法学博士。

国的人口与计划生育工作，地方各级人民政府领导本行政区域内的人口与计划生育工作。此外，该法第4条还为各级政府设定了守法义务，规定“各级人民政府及其工作人员在推行计划生育工作中应当严格依法行政，文明执法，不得侵犯公民的合法权益。”计划生育基本国策的效果在过去40年间得到充分体现。我国人口过快增长趋势得到有效控制，人口与资源之间的紧张关系得到有效缓解，民生改善工作取得长足进步。

进入21世纪以后，我国人口形势发生重大变化，劳动年龄人口减少，人口老龄化速度加快。为此，党中央开始调整我国的人口政策。2013年党的十八届三中全会通过的《中共中央关于全面深化改革若干重大问题的决定》启动“单独二胎”政策，允许一方是独生子女的夫妇生育两个孩子。2013年12月28日，第十二届全国人大常委会第六次会议表决通过《关于调整完善生育政策的决议》，“单独二孩”政策正式转化为法律规定。2015年党的十八届五中全会再进一步，宣布“全面实施一对夫妇可生育两个子女政策”，标志着我国全面放开了“二孩”政策。在此背景下，全国人大常委会启动了《人口与计划生育法》的修改工作，修法决定在2015年12月27日第十二届全国人大常委会第十八次会议上获得通过。新《人口与计划生育法》将原法律中“国家提倡一对夫妻生育一个子女”的表述修改为“国家提倡一对夫妻生育两个子女”。为了更好地落实全面“二孩”政策，中共中央、国务院又于2016年1月发布《关于实施全面两孩政策改革完善计划生育服务管理的决定》。该决定指出，当前我国人口发展呈现重大转折性变化，实施全面“二孩”政策、改革完善计划生育服务管理是新形势下坚持计划生育基本国策的重大战略部署。

国家计划生育政策的调整以及相关法律的修改对地方立法工作提出了新要求，重点问题之一是各地方如何在追究违反计划生育义务人员的法律责任时，确保本地方的相关规定与国家立法相一致。根据《人口与计划生育法》第42条的规定，公民如果因超生而违反了该法，除了要缴纳社会抚养费之外，是国家工作人员的，还应当依法给予行政处分，其他人员还应当由其所在单位或者组织给予纪律处分。然而，部分地方在执行该条规定时，在法律责任方面出现了明显的加重倾向。例如，2002年《广东省人口与计划生育条例》第50条规定：“国家机关和事业单位、国有企业、国有控股企业，乡、民族乡、镇集体企业对其超生职工应当给予行政开除处分或者解除聘用合同。对超生的村(居)民委员会成员应当依照有关规定予以处理。”2002 年《云南省计划生育条例》第 37 条规定，对于违规生育子女的，除依法对夫妻双方分别征收社会抚养费外，夫妻双方属机关、事业单位、社会团体工作人员的，给予开除的行政处分，属企业职工的，解除劳动合同。2014 年《江西省人口与计划生育条例》第 58 条规定，对于违规生育子女的，除按规定征收社会抚养费外，夫妻双方属于国家工作人员、事业单位和各类企业职工的，给予开除处分或者解除劳动关系。类似的规定也存在于海南、贵州、福建等地的计划生育条例中。①

可以发现，《人口与计划生育法》针对公职人员和非公职人员的“行政处分”和“纪律处分”被上述各地方分别升级为“开除公职”和“解除劳动关系”。然而问题在于，根据《公务员法》和《行政机关公务员处分条例》的规定，针对公职人员的行政处分包括警告、记过、记大过、降级、撤职和开除，“开除公职”只是其中最严厉的一种。再者，针对非公职人员的“纪律处分”究竟包括哪些情形，我国法律法规没有明确规定。《劳动合同法》在其通过列举方式所规定的“过失性辞退”和“无过失性辞退”情形中，均未明确涉及违反计划生育义务这一情形。因此，前述各地方计划生育条例的规定有抵触《人口与计划生育法》的嫌疑。

针对上述问题，2017 年 5 月，来自上海财经大学法学院、人力资源和社会保障部劳动科学研究所、北京大学法学院、浙江财经大学法学院等 4 家单位的学者上书全国人大常委会，建议全国人大常委会对广东、云南、江西、海南、辽宁、贵州、福建等 7 个省的地方人口与计划生育条例中增设用人单位解除劳动合同法定情形的规定予以审查。全国人大常委会法工

---

① 例如，2003 年《海南省人口与计划生育条例》第 54 条规定：“机关、社会团体、企业事业组织工作人员违反本条例规定生育子女的，生育费自理，产假不发工资，男女双方 3 年内不得提职（含技术职称）、晋级和领取奖金，并给予行政处分或者纪律处分；属超生的，给予开除处分或者予以辞退。”2002 年《贵州省人口与计划生育条例》第 56 条规定：“违反本条例规定生育的，结合当事人实际收入水平，视其孩次和情节轻重，对夫妻双方分别按照以下规定处理：（一）是国家机关工作人员、企业事业单位职工的，予以开除，并征收社会抚养费……”2012 年修订的《福建省人口与计划生育条例》第 51 条规定：“违反本条例规定生育或者有其他违反计划生育行为，属国家工作人员的，由所在单位或者上级部门按有关规定给予记过以上的处分；多生育、婚外生育或者有其他严重违反计划生育行为的，给予开除公职处分并报同级人民政府人口和计划生育行政部门备案；属企业事业单位或者社会组织工作人员的，由其所在的单位或者组织参照国家工作人员给予处分，并报同级人民政府人口和计划生育行政部门备案。”

委研究认为,近年来,我国人口发展呈现重大转折性变化。为了适应人口和经济社会发展新形势,促进人口长期均衡发展,地方立法应当积极主动适应党中央关于计划生育改革发展的政策精神,用法治思维探索新形势下落实计划生育基本国策的体制机制和方式方法,按照改革完善计划生育服务管理的要求,对地方人口与计划生育法规中与改革方向和政策精神不相符的有关规定及时进行调整。① 此后,各地方陆续按照上述意见修改本省的计划生育条例,使之更加符合中央政策和立法的精神。

根据全国人大常委会法工委的研究意见,上述 7 个省份陆续修改了本省的计划生育条例。其中,福建省人大常委会于 2016 年 2 月修改《福建省人口与计划生育条例》,修改后的该法第 47 条规定:"违反本条例规定生育或者有其他违反计划生育行为,属国家工作人员的,由所在单位或者上级部门按有关规定给予记过以上的处分;情节严重的,给予开除公职处分并报同级人民政府卫生和计划生育行政部门备案;属企业事业单位或者社会组织工作人员的,由其所在的单位或者组织参照国家工作人员给予处分,并报同级人民政府卫生和计划生育行政部门备案。"2017 年 11 月,福建省人大常委会对该条再次进行修改,修改后的第 47 条规定:"违反本条例规定生育或者有其他违反计划生育行为,属国家工作人员的,由所在单位或者上级部门按有关规定给予处分;属其他人员的,由其所在单位或者组织给予纪律处分。"

然而,对于福建省人大常委会通过修改地方立法积极回应中央政策和立法精神的信号,当地基层政府并没有迅速把握到。在本案中,福建省××县早年间为了落实本省的计划生育条例,专门制定了《××县贯彻〈福建省计划生育条例〉实施办法》。根据 2016 年修改以前的条例规定,对于违反计划生育义务的公民,该实施办法规定了"超生即开除公职"的处罚。而在福建省人大常委会修改计划生育条例之后,该实施办法没有及时作出相应调整。于是,有公民以提起审查建议的方式,将该实施办法提请××县人大常委会审查。××县人大常委会在审查之后认为该实施办法不仅和作为上位法的《福建省计划生育条例》相抵触,而且也不符合

① 参见朱宁宁:《地方性法规为"超生即辞退" 支撑时代行将终结》,载法制网,http://www.legaldaily.com.cn/index/content/2017-10/24/content_7365343.htm?node=20908。

当前国家的人口政策,因此建议××县政府及时予以清理。

(三)事例意义

本案之所以能够成为2019年度中国十大宪法事例之一,是因为它对于反映当下我国宪法实施的现状具有较强的代表性。众所周知,备案审查是维护法制统一、保护公民合法权益的重要手段,对于合宪性审查则发挥着过滤作用。党的十八大以来,党中央高度重视备案审查工作。2013年党的十八届三中全会在《中共中央关于全面深化改革若干重大问题的决定》中提出,"通过询问、质询、特定问题调查、备案审查等积极回应社会关切""完善规范性文件、重大决策合法性审查机制。健全法规、规章、规范性文件备案审查制度。"2014年党的十八届四中全会在《中共中央关于全面推进依法治国若干重大问题的决定》中再次要求"加强备案审查制度和能力建设,把所有规范性文件纳入备案审查范围,依法撤销和纠正违宪违法的规范性文件,禁止地方制发带有立法性质的文件。"2019年党的十九届四中全会通过的《中共中央关于坚持和完善中国特色社会主义制度推进国家治理体系和治理能力现代化若干重大问题的决定》,重申"推进合宪性审查工作,加强备案审查制度和能力建设,依法撤销和纠正违宪违法的规范性文件。"

在中央的强力推动下,我国备案审查工作取得了显著进展。中央层面的备案审查工作尤其引人注目。自2017年起,全国人大常委会法制工作委员会每年都会向全国人大常委会作关于备案审查工作的报告。相比之下,备案审查制度在地方层面的实施效果缺少足够的关注。事实上,已经有不少地方的人大常委会在认真履行法定职责,对本级政府或下级人大常委会制发的规范性文件进行审查,发现问题并予以纠正。[①] 就此而言,本案中福建××县人大常委会审查该县政府规范性文件的行为具有典型意义,可以作为观察备案审查制度地方图景的一个窗口。该事例所反映出的备案审查制度在地方运行的特点尤其值得注意。例如,《××县贯彻〈福建省计划生育条例〉实施办法》之所以进入××县人大常委会的审查视野,主要是因为公民提出的审查建议。而从2016年福建省人大常委会修改计划生育条例到2019年本事例发生的3年间,××县政府没有

---

① 参见《全国人大常委会法工委公布多起备案审查典型案例》,载新华网,http://www.xinhuanet.com/politics/2017-12/24/c_1122158872.htm。

主动采取措施自行修改实施办法。又如，××县人大常委会给出的审查结论是该实施办法与修改后的计划生育条例相抵触，但两份文件在何种意义上相抵触，同样存在探讨空间。对这些问题进行分析研判，将有助于理解备案审查制度在地方可能出现的问题，同时为解决问题提出些许应对之道。

二、法律问题

（一）规范性文件是备案审查的重要对象

在我国的法治语境中，规范性文件有广义、狭义和最狭义之分。广义的规范性文件通常被用来泛指所有类型的法律规范，宪法、法律、行政法规、监察法规、地方性法规、自治条例、单行条例、行政规章、军事法规和军事规章等均可被称为规范性文件。狭义的规范性文件是指那些由国家机关制定的不属于立法，但又具有普遍约束力的能够反复适用的文件，具体包括立法机关的规范性文件、行政机关的规范性文件和司法机关的规范性文件。① 最狭义的规范性文件特指行政规范性文件，是指除国务院的行政法规、决定、命令以及部门规章和地方政府规章外，由行政机关或者经法律、法规授权的具有管理公共事务职能的组织（以下统称行政机关）依照法定权限、程序制定并公开发布，涉及公民、法人和其他组织权利义务，具有普遍约束力，在一定期限内反复适用的公文。② 本文主要在最狭义层面使用这一概念。

把规范性文件纳入备案审查的对象范围源自国家法律的要求，国家对规范性文件接收备案审查之必要性的认识则经历了逐步深化的过程。在宪法层面，“备案”的概念最早出现在“八二宪法”之中，其所针对的主要是地方性法规和自治条例、单行条例。根据宪法规定，省、直辖市的人大及其常委会制定的地方性法规报全国人大常委会备案；自治区的自治条例和单行条例报全国人大常委会批准后生效，自治州、自治县的自治条例和单行条例，报省或自治区的人大常委会批准后生效，并报全国人大常委会备案。1982 年第一次修改之后的《地方各级人民代表大会和地方各

---

① 参见王锴：《论规范性文件的备案审查》，载《浙江社会科学》2010 年第 11 期。

② 参见《国务院办公厅关于加强行政规范性文件制定和监督管理工作的通知》（国办发〔2018〕37 号）。

级人民政府组织法》扩展了“八二宪法”关于备案制度的规定。该法要求所有的地方性法规都要向全国人大常委会和国务院备案;此外,该法还创设了地方政府规章这一新的规章类型,授权省、自治区、直辖市以及省、自治区的人民政府所在地的市和经国务院批准的较大的市的人民政府制定规章,但对于规章没有提出备案要求。国务院于1990年发布的《法规规章备案规定》把地方性法规、部门规章和地方政府规章均纳入备案对象范围,要求它们的制定机关均要向国务院进行备案。1995年经过第三次修改的《地方各级人民代表大会和地方各级人民政府组织法》增加了接受地方政府规章备案的主体。除了要向国务院备案之外,省、自治区、直辖市的人民政府制定的规章还要报本级人大常委会备案;省、自治区的人民政府所在地的市和经国务院批准的较大的市的人民政府制定的规章还要报省、自治区的人大常委会、人民政府以及本级人大常委会备案。在上述规定的基础上,2000年颁布的《立法法》建立了体系化的备案工作流程,我国法律规范的备案工作有了统一的法律依据。

根据上述梳理可以发现,我国备案制度的立法演变过程具有“抓大放小”的特征。具体而言,备案制度的首要关注对象是效力位阶较高、调整事项比较重要的行政法规、地方性法规,效力位阶较低而主要发挥执行作用的行政规章则是次要关注对象。在此逻辑之下,处于效力位阶最底层的规范性文件即便在《立法法》中也未得到重视。然而从对公民权利义务的实际影响程度来看,规范性文件的作用理当受到重视。和行政法规和规章等相比,规范性文件的数量不仅极其庞大,而且它们所涉及的事项往往与公民的日常生活密切相关。行政法规和规章等法律规范作出的抽象规定,通常需要经过规范性文件的具体化而在各地方得以真正实施。也正是在这种具体化的过程中,规范性文件容易发生与作为上位法的行政法规和规章等相抵触的现象,所以对规范性文件的备案工作同样有其必要。

有鉴于此,2007年颁布的《监督法》虽然没有规定所有的规范性文件都应当主动备案,但明确将其列为审查对象。该法第30条规定:“县级以上地方各级人民代表大会常务委员会对下一级人民代表大会及其常务委员会作出的决议、决定和本级人民政府发布的决定、命令,经审查,认为有下列不适当的情形之一的,有权予以撤销:(一)超越法定权限,限制或者剥夺公民、法人和其他组织的合法权利,或者增加公民、法人和其他组织的义务的;(二)同法律、法规规定相抵触的;(三)有其他不适当的情形,应当予以撤销的。"自此之后,对规范性文件的审查有了明确的法律依据。到了2016年,时任全国人大常委会委员长张德江同志指出,经过多年的努力,我国各类法规、规章、司法解释和规范性文件都已纳入备案审查范围;经审查,发现有违反宪法法律的,依法依规予以撤销和纠正,实行"有件必备、有备必审、有错必究"。[①] 据此,规范性文件在制定之后实施之前也应当报送有权机关备案,有权机关在备案过程中要对规范性文件的合宪性和合法性进行审查,对于发现存在问题的应当依法予以纠正。

(二)"超生即开除公职"与上位法相抵触的原因与结果

如前所述,《××县贯彻〈福建省计划生育条例〉实施办法》在性质上属于规范性文件,因而落入××县人大常委会的审查范围。××县人大常委会在审查后给出的结论是"该文件与上位法律法规相抵触",但"抵触"是一个抽象的评价标准。为了增强规范性文件对公民行为的指导作用,有必要对"超生即开除公职"在何种意义上与上位法相抵触作出进一步阐释。

从词语本来的含义看,现代汉语中的"抵触"是指"跟另一方有矛盾",[②]而"矛盾"又是指"形式逻辑中两个概念互相排斥或两个判断不能同时是真也不能同时是假的关系"[③]。按照此种解释,法律规范之间的"抵触"意味着两份规范不可能同为有效或者无效,必然是一份有效、一份无效的关系。但在规范层面,我国宪法和相关法律对"抵触"一词的使用没有严格遵循它本来的语义,而是将其和"不一致"等交叉使用,使"抵触"成为一个模糊不清的标准,因此增加了规范解释的困难。在"八二宪法"中"抵触"共出现3次,在《立法法》中出现了15次,在其他法律中也有零星出现。有研究指出,"在宪法、法律和法规中所使用的'抵触',所涉的法规对照结构具有多样性:有指纵向法规之间的抵触,也有指横向之间的抵触,还有指前后规定的抵触;有指与宪法抵触、与法律原则抵触、与

① 参见张德江:《实行"有件必备、有备必审、有错必究"》,载央广网,http://news.cnr.cn/special/2016lh/zb/rdhy/zy/20160309/t20160309_521571842.shtml。

② 中国社会科学院语言研究所词典编辑室编:《现代汉语词典》(第7版),商务印书馆2016年版,第281页。

③ 同上书,第882页。

上位法抵触、与国际法抵触,也有指与本法抵触的。就‘抵触’本身的语义而言也具有多重性:既有‘矛盾’、‘冲突’的涵义,也有‘不一致’的涵义。”①

法律规范对“抵触”一词的驳杂使用导致难以从中提炼出具体的判断标准。官方为解决此问题而作的尝试主要表现为2004年发布的《最高人民法院关于审理行政案件适用法律规范问题的座谈会纪要》。该纪要将“抵触”界定为“下位法不符合上位法”,并列举了11种常见的情形,具体而言包括:(1)下位法缩小上位法规定的权利主体范围,或者违反上位法立法目的扩大上位法规定的权利主体范围;(2)下位法限制或者剥夺上位法规定的权利,或者违反上位法立法目的扩大上位法规定的权利范围;(3)下位法扩大行政主体或其职权范围;(4)下位法延长上位法规定的履行法定职责期限;(5)下位法以参照、准用等方式扩大或者限缩上位法规定的义务或者义务主体的范围、性质或者条件;(6)下位法增设或者限缩违反上位法规定的适用条件;(7)下位法扩大或者限缩上位法规定的给予行政处罚的行为、种类和幅度的范围;(8)下位法改变上位法已规定的违法行为的性质;(9)下位法超出上位法规定的强制措施的适用范围、种类和方式,以及增设或者限缩其适用条件;(10)法规、规章或者其他规范性文件设定不符合《行政许可法》规定的行政许可,或者增设违反上位法的行政许可条件;(11)其他相抵触的情形。

本事例中,××县政府在《××县贯彻〈福建省计划生育条例〉实施办法》中规定“超生即开除公职”的做法与上述第7种情形类似,通过下位法限缩了上位法规定的法律责任范围,这可以作为该实施办法被认定为与作为上位法的《福建省人口与计划生育条例》相抵触的具体理由。但问题仍然存在:上述座谈会纪要由最高人民法院发布,其作用在于指导各级法院在审理行政案件时如何适用法律。鉴于我国法院无权审查规章以上法律规范的效力,因此在发现下位法与上位法相抵触时,通常只能通过选择适用上位法的方式回避对下位法效力的判断。这就意味着,法院系统的内部审判标准不能对下位法的效力产生决定性影响。鉴于本事例中系争实施办法在性质上属于规范性文件,而根据我国《行政诉讼法》第53条的规定,“公民、法人或者其他组织认为行政行为所依据的国务院部门和

① 胡建淼:《法律规范之间抵触标准研究》,载《中国法学》2016年第3期。

地方人民政府及其部门制定的规范性文件不合法，在对行政行为提起诉讼时，可以一并请求对该规范性文件进行审查。”所以，公民可以在请求法院审查“超生即开除公职”这一行为的合法性的同时，附带地请求法院审查系争实施办法的合法性。不过，此种方式的有效性会受到行政诉讼原告资格的限制，如果公民与“超生即开除公职”之间不存在利害关系，就无法质疑系争实施办法的合法性。相比之下，立法系统内部的备案审查是适用范围更广、对公民资格限制更少的监督机制。

于是，问题又回到如何在立法系统内部识别“抵触”的具体标准。全国人大及其常委会对此尚未有过官方解释，学界对此则提出了多种解释方案。有学者认为，“抵触”就是纵向法规之间的“不一致”，也是“导致无效的不一致”，[①]“抵触”包括“原则抵触”和“规则抵触”，“规则抵触”又包括“异类抵触”和“同类抵触”，其中“异类抵触”是指从上位法到下位法，法律规范属性发生变异，比如上位法是裁量规范，下位法将它转化为羁束规范。[②] 根据此种标准，本事例中《××县贯彻〈福建省计划生育条例〉实施办法》构成对上位法的异类抵触。因为根据修改后的《福建省人口与计划生育条例》规定，对于违反计划生育义务的公职人员应当给予行政处分，而行政处分包括了警告、记过、记大过、降级、撤职、开除等。就此而言，《福建省人口与计划生育条例》设定的是裁量规范。而《××县贯彻〈福建省计划生育条例〉实施办法》却将其改变为羁束规范，只保留了“开除公职”的责任追究方式，因此构成与上位法的异类抵触，应当通过改变或撤销的方式予以解决。还有学者借鉴“高阶规范”(Higher Order)与“低阶规范”(Lower Order)的二分法，认为应当区分“法的违反情形”与“法的抵触情形”。法的违反是一个法规定的有效性问题，其根本特性是低阶法规定不符合作为立法性规定的高阶法规定；法的抵触则是一个法规定的兼容性问题，其根本特性是相竞合的法规定不兼容。[③] 按照这种区分，《××县贯彻〈福建省计划生育条例〉实施办法》与《福建省人口与计划生育条例》属于同一逻辑层次、同一内容域并且事项相同的规定，因为

---

① 参见胡建淼：《法律规范之间抵触标准研究》，载《中国法学》2016年第3期。

② 同上。

③ 参见袁勇：《法的违反情形与抵触情形之界分》，载《法制与社会发展》2017年第3期。

在超生处罚问题上的不兼容而发生抵触问题。对此类情形，应当按照《立法法》第97条规定的权限予以改变或撤销。

可以看出，尽管上述学理解释的进路不同，但它们对“抵触”标准的界定都在推进作为法律用语的“抵触”向作为日常词语的“抵触”的本来含义靠近，都在一定程度上起到了消除“抵触”的不确定性的作用。本文在此处无意提出新的判断标准，而是要进一步指出，在判定与上位法相抵触的下位法的效力时，需要合理关照法律规范实施的实际情况，不宜将其认定为自始无效，比较妥当的办法是认定其为嗣后无效，即在被有权机关作出和上位法相抵触的审查结论并且被撤销或改变之后才是无效的，在此之前法律规范的效力应当得到认可。具体到计划生育领域，作为上位法的《人口与计划生育法》在规定违反计划生育义务的法律责任时，一直采用的表述是“应当依法给予行政处分”，从而为执法人员留下了裁量空间。而如前所述，广东、云南和江西等省份的计划生育条例从一开始便将此项责任变更为羁束规范，直接规定了“开除”这一最严厉的处罚。对此，无论是参照前述最高人民法院的座谈会纪要还是参考学理解释，这些地方性法规在近20年时间里一直处于和上位法相抵触的状态。如果因此将其认定为自始无效，此前上述省份依据本省计划生育条例向公职人员作出的开除处罚便成为缺乏规范依据的行为，这无疑会引起法律关系的极大混乱，因此将此类地方性法规认定为嗣后无效为宜。同理，《××县贯彻〈福建省计划生育条例〉实施办法》因为和已经被修改的上位法相抵触，应当被撤销或改变，但此前依据该实施办法作出的处罚行为依然有效。

(三)公民提起审查建议的合法性与必要性

在本事例中，面对存在合法性疑问的规范性文件，公民通过提起审查建议的方式启动了对该规范性文件的审查程序。从现有法律规定和备案审查制度的实践现状来看，此举不仅合法而且非常必要。

从规范层面来看，公民针对存在合法性疑问的规范性文件向有权机关提起审查建议有充分的宪法和法律基础。“八二宪法”第2条第3款规定：“人民依照法律规定，通过各种途径和形式，管理国家事务，管理经济和文化事业，管理社会事务。”第41条规定：“中华人民共和国公民对于任何国家机关和国家工作人员，有提出批评和建议的权利；对于任何国家机关和国家工作人员的违法失职行为，有向有关国家机关提出申诉、控告或者检举的权利，但是不得捏造或者歪曲事实进行诬告陷害。”上述两条规定为公民提起审查建议提供了宪法依据。但同时也要看到，它们也要求公民依照法律规定的途径和方式行使权利，事实上为立法机关规定了立法义务，即应当制定相关法律为公民行使权利创造条件。在此问题上，《立法法》第99条第1款赋予国务院、中央军委、最高人民法院、最高人民检察院和省级人大常委会审查要求权，第2款赋予其他国家机关、公民和社会组织审查建议权，在一定程度上回应了《宪法》的要求。

然而也要看到，《立法法》的上述规定只针对行政法规、地方性法规、规章、自治条例和单行条例等有效，规范性文件是否在公民审查建议权的监督范围内至此尚不明确。《立法法》留下的这一空白没有被《监督法》完全补上。《监督法》虽然把规范性文件列入审查对象范围，但同时又将规定审查程序的权力赋予了地方各省级人大常委会。该法第29条规定："县级以上地方各级人民代表大会常务委员会审查、撤销下一级人民代表大会及其常务委员会作出的不适当的决议、决定和本级人民政府发布的不适当的决定、命令的程序，由省、自治区、直辖市的人民代表大会常务委员会参照立法法的有关规定，作出具体规定。"根据该条规定，各省陆续制定了本地方的备案审查规定。与本事例相关的是福建省人大常委会于2007年制定的《福建省各级人民代表大会常务委员会规范性文件备案审查规定》。该规定第11条参照《立法法》第99条的规定，赋予县级以上地方人民政府、人民法院、人民检察院针对规范性文件的审查要求权，赋予其他国家机关、社会团体、企业事业组织以及公民相应的审查建议权。该条规定构成了本事例中公民针对《××县贯彻〈福建省计划生育条例〉实施办法》提起审查建议的最重要依据。

值得注意的是，在《监督法》颁布以后，曾有学者批评该法只规定了社会组织和公民个人针对司法解释提出审查建议的权利，①认为这不利于个

① 《监督法》第32条规定："国务院、中央军事委员会和省、自治区、直辖市的人民代表大会常务委员会认为最高人民法院、最高人民检察院作出的具体应用法律的解释同法律规定相抵触的，最高人民法院、最高人民检察院之间认为对方作出的具体应用法律的解释同法律规定相抵触的，可以向全国人民代表大会常务委员会书面提出进行审查的要求，由常务委员会工作机构送有关专门委员会进行审查、提出意见。前款规定以外的其他国家机关和社会团体、企业事业组织以及公民认为最高人民法院、最高人民检察院作出的具体应用法律的解释同法律规定相抵触的，可以向全国人民代表大会常务委员会书面提出进行审查的建议，由常务委员会工作机构进行研究，必要时，送有关专门委员会进行审查、提出意见。"

人与社会组织关注规范性文件的合法性,不利于实现人民当家作主的地位;虽然《监督法》规定审查程序的权力留给了各省级人大常委会,从而为下级立法规定公民针对司法解释之外的其他规范提起审查建议预留了空间,但此举也被认为不利于维护法制的统一。① 那么,公民的审查建议权为何如此重要?换言之,通过法律规范赋予公民审查建议权的必要性何在?在备案审查制度的实践中或许可以发现该问题的答案。

如前所述,为了避免法律规范在实施过程中出现违宪或违法现象,《立法法》第99条建立了几乎面向所有个体和组织的审查启动机制。只不过,该机制对不同个体和组织在程序上进行区分:国务院、中央军委、最高人民法院、最高人民检察院以及省级人大常委会等“五大主体”可以直接提起审查要求,对于此类审查要求,全国人大常委会工作机构应当分送有关的专门委员会进行审查、提出意见;但其他国家机关、社会团体、企业事业组织以及公民只能提起审查建议,这些审查建议,要先由全国人大常委会工作机构进行研究,只在必要时才送有关的专门委员会进行审查、提出意见。不难发现,《立法法》所预设的前提是,“五大主体”更有可能提出有针对性的、高质量的审查要求,而来自公民、其他国家机关、社会团体、企业事业组织的审查建议可能比较粗糙,需要经过过滤才能真正进入审查程序。然而吊诡的是,自《立法法》实施以来,来自公民的审查建议无论在数量还是影响力上,均超过“五大主体”提出的审查要求,成为推动备案审查制度发展的更强力量。

从数量上看,来自公民、其他国家机关、社会团体、企业事业组织的审查建议要远高于“五大主体”提出的审查要求。在党中央强力推进备案审查制度之前,关于审查要求和审查建议的数量只有零星的数据。例如,时任全国人大常委会办公厅研究室四局局长的宋锐同志曾撰文提道:“自立法法颁布以来,我们已陆续收到公民、法人、‘其他国家机关’提出的审查建议共23件(其中2002年收到10件,2003年收到10件,2004年收到3件)。”②作为一篇介绍备案审查制度发展概况的文章,此段表述仅提及公

① 参见胡玉鸿:《〈监督法〉对规范性文件备案审查机制的完善与不足》,载《学习论坛》2007年第1期。

② 宋锐:《关于全国人大常委会法规备案审查工作的几个问题》,载《中国人大》2004年第3期。

民、法人和其他国家机关提出的审查建议，据此可以推断在当时还没有来自“五大主体”的审查要求。全国人大常委会法工委主任沈春耀在2017年向全国人大常委会所作的报告中指出：“十二届全国人大以来，法制工作委员会共收到公民、组织提出的各类审查建议1527件，其中2013年62件，2014年43件，2015年246件，2016年92件，2017年1084件。”“没有收到过有关国家机关提出的审查要求。”[①]2018年来自公民或组织的审查建议迅速增加，共计4578件，“可以明确为审查建议的有1229件，其中属于全国人大常委会备案审查范围的有112件，占9.1%。”“没有收到有关国家机关提出的审查要求。”[②]2019年的年度报告只提到“对公民、组织提出的138件审查建议进行了审查研究，提出了处理意见并向建议人作了反馈”，[③]没有涉及“五大主体”是否提出过审查要求，但从常理推断，可以认为此类审查要求的数量与往年相同。显而易见，和“五大主体”相比，公民、社会团体、企业事业组织和其他国家机关在推动法律规范接受合法性审查方面更为积极主动。

从影响力来看，公民、社会团体、企业事业组织和其他国家机关提出的审查建议对于纠正违法的法律规范发挥了积极作用。例如，2003年“孙志刚事件”发生后，有学者向全国人大常委会法工委提出审查建议，推动了《城市流浪乞讨人员收容遣送办法》的废止工作；2009年“唐福珍事件”发生后，有学者上书全国人大常委会，呼吁国务院修改或废止《城市房屋拆迁管理条例》；2015年，潘洪斌向全国人大常委会法工委提出审查建议，认为《杭州市道路交通安全管理条例》关于因为交通违法行为扣留非机动车并托运回原籍的规定违反了作为上位法的《行政强制法》，推动了该条例的修改工作；2016年，内蒙古一名律师向全国人大常委会法工委提

---

① 沈春耀：《全国人民代表大会常务委员会法制工作委员会关于十二届全国人大以来暨2017年备案审查工作情况的报告——2017年12月24日在第十二届全国人民代表大会常务委员会第三十一次会议上》，载《中国人大》2018年第1期。

② 沈春耀：《全国人民代表大会常务委员会法制工作委员会关于2018年备案审查工作情况的报告——2018年12月24日在第十三届全国人民代表大会常务委员会第七次会议上》，载《中国人大》2019年第3期。

③ 沈春耀：《全国人民代表大会常务委员会法制工作委员会关于2019年备案审查工作情况的报告——2019年12月25日在第十三届全国人民代表大会常务委员会第十五次会议上》，载《中国人大》2020年第5期。

出审查建议,认为《人民检察院审查逮捕质量标准(试行)》(2010年被《人民检察院审查逮捕质量标准》取代)和《关于人民检察院审查逮捕工作中适用"附条件逮捕"的意见(试行)》所规定的"附条件逮捕"制度违反了《立法法》第8条的规定,侵入了本来应当由法律(狭义)规定的领域,推动了该制度在2017年被正式废止。通过这些不完全列举的事例可以看出,公民的审查建议所涉范围非常广泛,在内容上涉及公民的人身权、财产权和刑事正当程序权,在对象上包括了行政法规、地方性法规和司法解释。虽然这些审查建议与系争规范被修改或废止之间未必存在直接的因果关系,但无论如何它们都在客观上使系争规范的合法性疑问被充分暴露出来,为有权主体予以审查纠正创造了契机和动力。在"五大主体"行使审查要求权效果不佳的背景下,这些审查建议的价值会被进一步放大,它们已然成为公民行使监督权进而提高我国法律规范体系的合法性和合宪性的重要渠道。

三、法理分析

(一)备案审查制度的主要功能是维护国家法制统一

在日常法治实践中,人们习惯于用"备案审查"来指代有权主体对特定法律规范记录、存档和审查的一系列行为,但在严格意义上说,备案与审查的性质并不相同。根据官方解释,"备案属于知情权,是人大及其常委会了解报送机关有关立法情况的方式,它可以独立完成。审查属于审议权,它必须在行使知情权的基础上进行。备案与审查性质不同,是立法监督工作的两个环节、两种制度。"①据此可知,备案是审查的前提,审查是备案的延伸。在中央明确"有件必备、有备必审、有错必纠"的要求之后,备案与审查的关系变得更加紧密。它们共同服务于维护国家法制统一的目标。

从国家建立备案审查制度的初衷来看,备案审查在本质上是一种立法监督方法,它因为立法权的下放而获得了存在的必要性。中华人民共和国成立以来,我国的立法体制经历了从分权到集中再到分权的演变过程。从1949年中华人民共和国成立到1954年第一届全国人民代表大会

① 郑淑娜主编:《〈中华人民共和国立法法〉释义》,中国民主法制出版社2015年版,第263页。

召开之前,享有立法权的主体非常多元。在中央,“政务院制定和颁布的规范性文件在事实上被当作法,并且它在事实上还批准了许多地方性法令条例或法规。在地方,大行政区、省、市、县的政府可以拟定法令条例或单行法规;从最基层的民族自治乡网上,各级民族自治机关都有权制定单行法规”。① 第一届全国人民代表大会召开之后,立法权集中到中央,全国人大成为行使各级立法权的唯一机关,全国人大常委会有权制定法令,国务院有权制定国家法规,“在地方,只有民族自治地方有权制定自治条例、单行条例,一般地方不再享有法令条例或单行法规的拟定权”。② 经过长期动荡之后,立法权的再度下放始于1979年《地方各级人民代表大会和地方各级人民政府组织法》。该法规定省级人大及其常委会可以根据本行政区域的具体情况和实际需要,在同宪法、法律、政策、法令、政令不抵触的前提下,制定和颁布地方性法规,并报全国人大常委会和国务院备案。自此之后,随着地方组织法的陆续修改、《立法法》和《监督法》的相继出台与修改,立法权被不断下放,备案和备案审查制度也“如影随形”般出现在各部法律的相关章节。在一定意义上,备案审查制度是在立法领域贯彻“有权必有责,用权受监督”这一现代法治理念的重要途径,其目的在于确保下级立法主体在行使立法权时能够恪守上位法所设定的边界,从而在整体上保证国家法律规范的相对统一。

从备案审查制度的实际运行机制来看,它主要被用来消除法律规范之间的矛盾、冲突和不一致。曾任全国人大常委会法工委主任的顾昂然同志在阐述制定《立法法》的必要性时指出,自1979年我国立法权再度下放以来,“有些法规、规章规定的内容超越了权限;有些法规、规章的规定同法律相抵触或者法规之间、规章之间、法规与规章之间存在相互矛盾、冲突的现象;有的质量不高,在起草、制定过程中,有的部门、地方存在不从国家整体利益考虑而为部门、地方争局部利益的倾向。这些问题在一定程度上损害了国家法制的统一和尊严,也给执法造成困难。”“为了维护法制的统一,根据立法权限的划分,解决实践中存在的法规、规章与法律相抵触,法规与规章之间互相矛盾的问题,需要加强对法规、规章的备案

① 周旺生:《立法学》(第2版),法律出版社2009年版,第119页。
② 同上。

工作。”①如今20年过去,《立法法》在经过2015年的修改之后又完成了新一轮的立法权下放,设区的市的人大及其常委会和政府分别获得了制定地方性法规和地方政府规章的权利,我国由此新增加了270多个立法主体,新增的法律规范数量同样数以百计。无疑,这会进一步增加法律规范之间一直存在的抵触、冲突和不一致等现象。通过改变和撤销等手段,备案审查将有利于消除这些现象,促进法律体系内部的和谐统一。

值得注意的是,对备案审查制度维护法制统一的功能定位并不意味着该制度不能被用来保障公民权利,毋宁说,保障公民权利是维护法制统一这一主要功能的附带效果。例如在本事例中,《××县贯彻〈福建省计划生育条例〉实施办法》关于“超生即开除公职”的规定在客观上侵犯了公民的劳动权,公民提起审查建议的行为也有利于维护被处分者的权益,但公民仍然需要以该实施办法与上位法相抵触为由提起审查建议,否则便可能无法顺利开启审查程序。这是因为在备案审查领域,维护法制统一是比保障公民权利更具包容性的目标。整体来看,一个国家法律规范的调整范围非常广泛,但并非所有规范都与公民权利直接相关,如果将备案审查制度的主要功能定位于保障公民权利,将导致许多与公民权利只存在间接关联或者不存在关联的规范处于监督范围之外。例如,2019年上海市人大常委会在审查《上海市××区人民代表大会常务委员会任免国家机关工作人员若干规定》时指出,常委会工作机构组成人员任免资格的确定,涉及常委会工作机构的体制机制问题,具有一定的政治性和敏感性,在地方组织法未作具体规定的情况下,区人大文件不宜明确予以限定。对于此类情况,显然不宜用保障公民权利这一目标作为指引,相比之下维护法制统一是更为妥当的定位。

(二)应当提高地方国家机关的备案审查工作水平

在备案审查制度的实施层面,本事例反映出的一个突出问题是地方国家机关应当提高备案审查工作水平。这里的地方国家机关既包括制定规范性文件的机关,也包括承担备案审查职责的机关,还包括有权针对规范性文件提出审查要求的机关。

首先,看制定规范性文件的机关。在本事例中,作为《××县贯彻〈福

① 顾昂然:《关于〈中华人民共和国立法法(草案)〉的说明》,载中国人大网,http://www.npc.gov.cn/wxzl/gongbao/2000-12/16/content_5008936.htm。

建省计划生育条例〉实施办法》的制定机关,××县政府并非没有机会主动纠正该实施办法。事实上,早在2010年,福建省人民政府就发布了《福建省行政机关规范性文件备案审查办法》。该办法为福建省各级政府针对规范性文件的备案审查工作作出了比较详细的安排。其中第16条规定:“发布机关应当每隔两年对规范性文件进行清理,并向社会公布清理结果,同时将清理结果书面报告备案机关。清理结果应当包括继续有效、修改、废止或者宣布失效的规范性文件目录。”鉴于福建省人大常委会在2016年已经完成对《福建省人口与计划生育条例》的修改工作,那么根据上述规定,××县政府在2016年至2019年3年时间里应当按照上述规定完成对《××县贯彻〈福建省计划生育条例〉实施办法》的清理工作。而正是因为此项工作没有按要求进行,所以出现公民提起审查建议的现象。

其次,看备案审查机关。根据《福建省行政机关规范性文件备案审查办法》第6条的规定,各级人民政府发布的以及经县级以上人民政府批准以办公厅(室)名义发布的规范性文件,应当报送上一级人民政府备案。鉴于早年间计划生育工作的重要性,可以合理推断《××县贯彻〈福建省计划生育条例〉实施办法》由该县政府发布并经过了上级政府的备案。而根据《福建省行政机关规范性文件备案审查办法》第18条的规定,“备案机关定期对发布机关的规范性文件报送备案工作进行检查”。从前述实施办法一直没有得到有效纠正的现实来看,行政系统内部的备案机关很可能也没有及时采取措施。

最后,看有权提出备案审查要求的机关。在行政系统外部,根据《福建省各级人民代表大会常务委员会规范性文件备案审查规定》第5条,《××县贯彻〈福建省计划生育条例〉实施办法》应当在发布之日起30日内报送本级人大常委会备案。根据该规定第10条、第11条,在此类规范性文件实施过程中,县级以上地方人民政府、人民法院、人民检察院,有权要求本级人大常委会对其进行审查,审查的内容包括:(1)是否超越法定权限限制或者剥夺公民、法人和其他组织的合法权利,或者增加公民、法人和其他组织的义务;(2)是否同法律、法规以及上级和本级人大常委会的有关决议、决定相抵触;(3)是否存在其他不适当情形,应当予以改变或者撤销的。根据上述规定,针对《××县贯彻〈福建省计划生育条例〉实施办法》与修改后的《福建省人口与计划生育条例》相抵触的情况,除了××县政府,该县法院和检察院均有权要求县人大常委会进行审查。而从实际结果来看,此种审查程序应该是同样没有被启动。

以上梳理表明,福建省××县的备案审查工作还没有实现从“有法可依”到“有法必依”的转变,形式上的规定没有真正落实为具体的实践活动。这在根本上折射出该地方国家机关备案审查工作水平有待提高的问题。结合备案审查制度在其他地方的实践情况来看,出现该问题的原因比较复杂。在主观层面,部分地方的国家机关还没有真正重视备案审查工作;对于其他有权提起审查要求但没有行使该权力的国家机关来说,其中可能还带有不愿意因为要求本地人大常委会审查政府的规范性文件而与政府之间发生“不愉快”的现实考量。在客观层面,也不排除有的地方政府受法律专业人员不足等条件的限制,不能及时发现规范性文件与上位法相抵触的情况,或者发现了此种情况但无力及时纠正。为了解决主观层面的问题,可以考虑将规范性文件的合法性审查纳入地方党组织全面从严治党的工作安排中,通过压实党内责任来推动备案审查制度真正落实到行动中。此外,还可以考虑通过必要的制度改革,降低国家机关因为提起审查要求而与被审查规范的制定主体发生对峙的可能性。① 为了解决客观层面的问题,国家在加强备案审查信息平台建设的同时,也要为地方特别是基层政府和人大配置足够数量的法律专业人员,确保地方政府有能力应对各类审查需求。

(三)应当进一步完善公民参与备案审查工作的制度安排

国家机关在备案审查工作中不甚理想的表现凸显了公民参与其中的价值。未来在提高国家机关备案审查工作水平的同时,也应当针对公民提起审查建议的渠道进行优化,进一步释放公民推动备案审查制度发展的能力。

首先,应当为公民参与备案审查工作创造宽松的条件。目前,各地方在规定公民参与备案审查工作的资格时,基本参照《立法法》第99条的规定,没有为公民施加特别的资格限制,只要公民在主观上认为特定规范存在合法性疑问,便可申请有权主体进行审查。此种制度设计与诉讼领域的公益诉讼颇为相似,并不要求申请者与被审查对象之间存在利害关系。

---

① 例如,林彦教授主张将我国《立法法》规定的询问答复制度嫁接到国家机关提起审查要求的程序当中,从而降低审查过程的冲突性和对抗性。参见林彦:《法规审查制度运行的双重悖论》,载《中外法学》2018年第4期。

在党中央高度重视备案审查工作的背景下,难免会有人质疑这将导致审查建议的迅速增长,担心会出现如诉讼领域"滥诉"那样的局面。从制度设计科学性的角度来看,这种担忧固然有其道理,但它变成现实的概率却并不高。实践中真正存在的问题是公民往往并不了解这项制度,而真正有能力提起审查建议的也多是法律从业者。就此而言,我国在未来无须提高公民提起审查建议的资格门槛,审查主体宜从宽把握对于将审查建议送交有关机关进行审查之必要性的判断,只要系争规范确实存在合法性疑问而且其制定者尚未形成明确的解决方案,那便应当开启审查程序。此外,为了方便公民提起审查建议,可以参考各地在政府信息公开领域的做法,为审查建议书制定统一的格式文本。

其次,提高对公民审查建议反馈的时效性。在备案审查的时效问题上,《立法法》对作为审查对象的制定机关较为严格,对作为审查主体的全国人大常委会较为宽松。该法第100条要求行政法规、地方性法规、自治条例和单行条例的制定机关应当在两个月内研究提出是否修改的意见,并向宪法和法律委员会和有关的专门委员会或者常委会工作机构反馈,第101条则只要求全国人大相关专门委员会和常委会工作机构将审查、研究情况向提出审查建议的国家机关、社会团体、企业事业组织以及公民反馈,并可以向社会公开,但没有明确此种反馈和公开的时间期限。事实上,曾经在许多引发广泛关注的备案审查事例中,由公民提起的审查建议并没有得到有关单位的及时回应,人们也难以判断审查建议究竟在多大程度上推动了系争规范的废止或修改。当前,由审查主体回应公民的审查建议已成为普遍做法,但回应的时效性仍然由审查主体自行掌握。对此应当看到,由于不同层级的法律规范所涉及的法律关系的复杂性各不相同,不可避免会出现反馈时效性的差异。但与此同时,安定性同样是法律规范的内在要求,无论是何层次的规范,其可能存在的合法性疑问均不应久拖不决。况且,在很多时候对法律规范效力的认定还会涉及后续的诉讼程序问题。对此可以考虑以3个月为最长时间限制,同时允许各地可以在此期限内根据本地法律规范的实际情况作出具体调整。

最后,在给公民的反馈意见中应当说明理由。在一定意义上,公民向国家机关提起审查建议,意味着其对系争规范的合法性产生了疑问,需要权威机关予以解答。在此情形下,如果审查机关只是简单地给出是或否的回答而没有相应的解释,就不能完全消除公民心中的疑惑,法律规范的权威便很难真正树立起来。例如，在本事例中，××县人大常委会在给出的审查结论中，最核心的观点是“该文件与上位法律法规相抵触”，然而正如前文所讨论的那样，《××县贯彻〈福建省计划生育条例〉实施办法》在何种意义上与《福建省人口与计划生育条例》相抵触，远非不言自明的问题。在此问题上，根据《立法法》第101条的规定，全国人大专门委员会和常委会工作机构反馈和公开的对象是“审查、研究情况”，而没有明确规定应当说明理由，这为未来的修法工作留下了改进空间。事实上，对审查机关而言，适当的说理有利于提高审查结论的可接受性；对公民而言，这也是一次有益的法治教育体验。

事例7:隐私权的不足及其新出路
——“人脸识别”第一案的宪法学分析

陈斯彬*

一、事例回放

杭州野生动物世界位于浙江省杭州市区西南郊的富阳银湖开发区,是集动物保护、动物繁殖、濒危动物救护与保护、文化科普教育、动物科学研究及野生动物资源利用与开发为一体的观光游览、休闲娱乐的综合性生态公园,为华东地区规模最大的野生动物世界。本案原告郭某于2019年4月27日购买了杭州野生动物世界年卡,支付年卡卡费1360元,即办即用,可以在一年有效期内无限次数入园。原告办理该年卡时,被告杭州野生动物世界明确承诺在该卡有效期一年内(自2019年4月27日至2020年4月26日)不限次数畅游。办卡时,被告以借助指纹识别技术手段入园为由收集原告的指纹信息。2019年7月12日,被告向原告发送短信通知“请未进行人脸激活的年卡用户携带实体卡至年卡中心激活”,于2019年10月17日向原告发送短信通知“园区年卡系统已升级为人脸识别入园,原指纹识别已取消,即日起,未注册人脸识别的用户将无法正常入园。如尚未注册,请您携指纹年卡尽快至年卡中心办理”。原告于2019年10月26日专门驱车前往被告处进行核实。被告工作人员均表示短信所提及的内容属实,并明确向原告表示从现在开始如果不进行人脸识别将无法入园。之后,原告向被告客服人员明确提出退卡主张,但该工作人员表示如果退卡需要将已经入园的单次费用累计后加以扣除,对此原告无法接受。

---

* 福建师范大学法学院教授。

原被告双方的争议点之一,是被告是否就入园安检方式与原告进行了沟通,是否存在欺诈,以致产生违约。原告认为,被告在未与原告进行任何协商亦未征得原告同意的情况下,强制要求原告进行人脸识别注册方可入园,其行为与办理年卡时“畅游365天”承诺明显相违背,应承担相应的违约责任。原告有权依据《合同法》第107条要求被告承担赔偿损失等违约责任。被告则对原告的起诉表示惊讶。被告工作人员说,已经在2019年11月2日和郭某取得联系,告诉他可以通过年卡入园,但需要人工核验身份。郭某也证实,确实收到了杭州野生动物世界的回复,但对于此事,他还是希望能够通过法律途径来解决问题。虽然他的诉讼请求是要求被告杭州野生动物世界退还年卡费用1360元,但郭某强调,他起诉的目的并不完全是基于赔偿方面的考虑,也算是对目前人脸识别不当应用提出一个质疑,“目前人脸识别技术应用存在不确定的安全风险,个人信息采集也需要进一步加以规范”。①

根据记者的采访,被告杭州野生动物世界表示,由于年卡是限定本人在一年有效期内无限次使用的,之前游客入园的时候要持年卡并通过指纹识别确认进入,通行速度会慢一点,“我们进行系统升级的初衷是为了优化入园效率,便捷游客”。被告工作人员表示,现在游客入园无须携带年卡,“刷脸”后即可入园,要比原先的速度快。②

郭某认为,园区升级后的年卡系统进行人脸识别,将收集他的面部特征等个人生物识别信息,该类信息属于个人敏感信息,一旦泄露、非法提供或者滥用,极易危害包括原告在内的消费者人身和财产安全。根据《消费者权益保护法》第29条:园区收集、使用原告个人信息,应当遵循合法、正当、必要的原则,明示收集、使用信息的目的、方式和范围,并经原告同意;而且,被告收集、使用原告个人信息,应当公开其收集、使用规则,不得违反法律、法规的规定和双方的约定。郭某认为,被告杭州野生动物世界在未经其同意的情况下,通过升级年卡系统强制收集原告个人生物识别信息,严重违反了《消费者权益保护法》等法律的相关规定,损害了原告的

---

① 高敏:《因为不同意进动物园要“刷脸” 法学博士把杭州野生动物世界告上法庭 法院已正式立案》,载浙江法院网,http://www.zjsfgkw.cn/art/2019/11/4/art_56_18821.html。

② 同上。

合法权益。

郭某称自己对人脸识别认证持谨慎态度,同时对杭州野生动物世界实行人脸识别的必要性提出了质疑。"存在极不确定的安全风险,如果是公安机关出于公共利益需要进行人脸识别还能接受,但动物园进行人脸识别无法认可,万一出现信息泄露,谁负责?"①

二、法律问题分析

原告郭某的主张具有两个方面的特点。第一,基于民法的立场展开。郭某主要基于《合同法》和《消费者权益保护法》的规定,认为杭州野生动物园单方面利用格式条款强制收集人脸识别信息,涉嫌侵犯消费者利益;并且未与原告进行协商,单方面强制原告进行人脸识别注册方可入园,其行为与办理年卡时"畅游365天"承诺明显相违背,具有违约的嫌疑。第二,基于人脸识别信息的隐私属性展开。郭某根据《信息安全技术个人信息安全规范》的规定认为,人脸识别信息属于个人生物识别信息,属于个人敏感信息。一旦泄露、非法提供或者滥用将危害人身和财产安全。

郭某的主张是具体案件中的权利主张。但从理论上,我们需要就其立场进行两方面的拓展:

第一,人脸识别技术的应用和规范,是否只是单纯的民法问题。这个案件的经历颇为有趣,明明是一个普通的民法案件,一经媒体报道马上被封为中国"人脸识别第一案"备受关注,并荣登中国宪治网2019年度"中国十大宪法事例"之一。被告杭州野生动物世界也曾打算接受原告的主张。但郭某坚持起诉,他对杭州野生动物世界实行人脸识别的必要性提出了质疑。"存在极不确定的安全风险,如果是公安机关出于公共利益需要进行人脸识别还能接受,但动物园进行人脸识别无法认可,万一出现信息泄露,谁负责?"②这或许是郭某提起本案的真正原因,也是本案的意义所在。这是一个我们翘首期盼等来的案件。大数据、人工智能逐步走近,人们被压迫得透不过气,块垒渐重待酒浇,太需要一个表达的机会了。恐慌和

① 高敏:《因为不同意进动物园要"刷脸" 法学博士把杭州野生动物世界告上法庭 法院已正式立案》,载浙江法院网,http://www.zjsfgkw.cn/art/2019/11/4/art_56_18821.html。

② 同上。

忧虑来自人对自己生存状况的忧虑,科技发展与异化同步、便利与危险遭逢。宪法急需表明自身的立场和关怀,也需要将之纳入自身的规则体系,使之受到宪法规范。面对未知的情形,宪法的价值和规范将为公私法的规则建构提供基本框架。在这个意义上,郭某案是民事案件,更是宪法案件。

第二,人脸识别技术的应用不仅仅是人脸信息的收集。人脸识别技术简单而言,就是通过计算机提取人脸信息结合其他信息形成信息库,以信息库为基础,以人脸信息为媒介,在当下的场合通过人脸比对核实当事人的身份,或者找到目标人物,或者提取资料库中的信息,形成对当下人物立体和综合的认识。从技术上说,人脸识别具有三个步骤:人脸检测(face detection)、特征提取(feature extraction)和人脸识别(face recognition)。[①] 从法律角度看,人脸识别分为两个环节:一是人脸特征提取,即采集人脸识别信息。本环节是人脸识别系统的前提,形成人脸信息库,作为人脸比照的信息库。其中值得探讨的法律问题有:什么情况下什么机关或单位可以收集什么人的人脸识别信息。二是人脸识别,即对识别目标人物的人脸信息并与信息库中的人脸信息对比。目标人物可以为特定的人或者不特定的人;目标人物为特定的人,比如当下要经过小区门禁的人,将其人脸信息与小区业主信息库所存的人脸信息对比;目标人物为不特定的人,比如为寻找失踪的儿童,将儿童的信息输入信息库,不特定地与过往人群进行人脸比对。本环节可能产生的法律问题包括:什么情况下,可以把什么人设定为目标人物,把什么人设定为比对人物。大数据时代信息共享的背景下,通过人脸识别系统可以对目标人物进行多深程度的了解成为另一个问题,比如人脸识别系统可否通过扫描人脸即掌握目标人物的消费记录和行动轨迹等。

三、人脸识别技术的宪法学立场

人脸识别技术是在 Bodo 于 1994 年提出生物特征加密这个词的基础上发展而来的技术。[②] 生物特征加密技术早前在指纹加密系统已经得到

① 参见满江月:《人脸识别技术应用与发展趋势》,载《中国公共安全》2014 年第 10 期。

② See Tomko G. J., Soutar C., Schmidt G. J., *Fingerprint Controlled Public Key Cryptographic System*: US, US 5541994 A[P]., 1996. 转引自章坚武:《卷积神经网络的人脸隐私保护识别》,载《中国图象图形学报》2019 年第 5 期。

长足的发展。近几年,人脸识别技术飞速发展,人们称之为"蒙眼狂奔的行业"。[①] 2001 年,公安部门开始使用人脸识别来打击和防范重大刑事犯罪。2008 年,北京奥运会应用了人脸识别技术。如今,从小区门禁、手机登录、软件使用、公共场所监控等,大面积采用人脸识别技术。新闻时不时爆出在张学友演唱会上接二连三捕获逃犯,足以让人们对人脸识别技术的强大而侧目和惊讶。[②]

人脸识别技术使大数据时代的共同问题更加突出和尖锐。在大数据时代,人们的一举一动都有相应的痕迹,会被记录下来,浏览网页、通话对象、通话内容、微信聊天内容、登记酒店、坐车买票、行车轨迹、求医问药、购买物品等,都有迹可循。在大数据面前,人们恐慌地感觉到自己处在信息"裸奔"的状态。一旦信息组合并暴露,人们将无处可藏。人脸识别技术使这种状况在量上和质上都急剧地上了一个台阶。人脸识别技术的非接触性使其搜集信息的能力异常强大。人们经过公共场所的人脸识别系统摄像头就不知不觉被拍摄和收集下来,汇入个人的信息库。一旦这些信息库可以共享,则会产生可怕的结果:第一,暴露行踪。不仅仅某个特定的个人而是所有人的出行轨迹和户外行为都将被毫无遗漏地联结起来。通过这些轨迹和行为,一个人生活中的所有细节包括身体特征、疾病、爱好、癖好、社会网络等都可以被研究和推理出来。第二,完全透明。通过摄像头读取人脸信息,即可以调出该人方方面面的信息。作为基础的信息库足够丰富、联结面足够广,就不需要通过行动轨迹去推测和了解一个人,而是可以直接从信息库调取出来,从各方面信息可以了解一个人的过去、现在甚至勾勒出他的未来。这就是一个地地道道的"裸奔"时代,而每个人的脸竟然成了公开的密码。

"人的尊严"的命题表达了现代宪法对于人的命运的关切。德国《基本法》第 1 条第 1 款关于"人的尊严"的条款来自基督教的传统和康德哲学的价值传统,又是对纳粹专制历史教训的反省和反正。基督教传统认

---

① 杨智杰:《人脸识别十字路口:脸的恐慌》,载中国新闻周刊 2019 年 10 月 20 日,https://baijiahao.baidu.com/s?id=1647867578146566661&wfr=spider&for=pc。

② 《4 场演唱会揪出 5 个逃犯,张学友演唱会为何总能让逃犯落网?》,载澎湃新闻 2018 年 6 月 12 日,https://baijiahao.baidu.com/s?id=1603070628168871228&wfr=spider&for=pc。

为人的尊严来自上帝的恩赐,而人之所以可以独得上帝之恩,端在人之精神世界可与上帝相通,受其命、听其行。康德关于人的尊严有两大诫命:(1)人是目的本身;(2)人不能作为工具。康德论述道:“唯独有理性的东西有能力按照对规律的观念,也就是按照原则而行动,或者说,具有意志。”①理性是人区别于动物享有尊严的基础。无论基督教哲学还是康德理论都把人的尊严建立在人具有精神世界或者理性,能够道德立法道德自律的基础之上。这一基础在德国《基本法》第2条第1款得到进一步肯定和保护,凝结成人格的概念。该款规定:“人人有自由发展其人格之权利,但以不侵害他人之权利或不违犯宪政秩序或道德规范者为限。”在联结《基本法》第1条第1款和第2条第1款的基础上,德国《基本法》形成了一般人格权的概念,它是人可以道德立法,有内在和外在空间,可以自我决定自我实现的权利;它通过保障人的道德自主树立人的主体性。德国联邦宪法法院这样来界定:

人格权为《基本法》第2条第1款和第1条第1款所保护。它作为具体自由权利,比如宗教自由、良心自由、表达自由的补充,这些具体自由权利同样是人格的积极组成部分。人格权的作用是在《基本法》终极关怀人的尊严的关照下,维护个人生活领域,并且创造并不为传统具体自由权的保护所提供的条件。②

具体而言,德国《基本法》第2条第1款有“一般行为自由”和“一般人格权”两种理解。“一般行为自由”充当着补充性的功能。当国家限制公民做或不做某事的自由、限制公民的行为能力、影响公民的法律地位,在没有明确的基本权利受影响的时候,该条款仍然要求国家提供正当的理由。“一般行为自由说”保护的范围广泛,也意味着“针对任何一项增加负担性的公权力的违法行为都可以提起宪法诉讼”③;“一般人格权说”坚持严格、限制性地解释德国《基本法》第2条第1款的“自由发展人格”,

① [德]伊曼努尔·康德:《道德形而上学原理》,苗力田译,上海人民出版社2005年版,第63页。

② BVerfGE 54, 148 (1980).

③ [德]康拉德·黑塞:《联邦德国宪法纲要》,李辉译,商务印书馆2007年版,第333页。

认为第2条第1款并非兜底权,而是有着自己专门的保护范围,保护"精神—道德"层面的人格发展,即人作为精神、道德主体的本质而发展。①

与德国《基本法》相对应的,中国《宪法》第38条规定了"人格尊严"的权利。《宪法》第38条规定了两种意义上的人格尊严权,一种是一般的人格尊严权,一种是具体的人格尊严权。

《宪法》第38条的语言结构进一步表明了这一"一般到特殊"的逻辑过程。第38条有两个条款,前者为:"中华人民共和国公民的人格尊严不受侵犯。"后者为:"禁止用任何方法对公民进行侮辱、诽谤和诬告陷害。"两个条款用句号隔开,可以理解为两者是相互独立并互相映照的关系。所谓相互独立,意味着前款的"人格尊严不受侵犯"中所谓的侵犯不必拘泥于"侮辱、诽谤和诬告陷害",人格尊严更广泛。所谓相互映照,意味着两个条款之间的分工。林来梵先生认为,前者是概括确立权利,可称为一般人格权;后者是列举对权利可能的侵犯方式,是为具体人格权。两个条款之间构成了一般法和特别法的关系。一般人格权居于核心地位。②

我国《宪法》虽然使用了"人格尊严"的表述,但不妨碍"一般人格权"的理解。林来梵教授没有展开将文本上的"人格尊严"等同于一般人格权的理由,但这一思路深刻地渊源自我国《宪法》"人格+尊严"的特殊文本表达结构,当然文本上的差异也会导致些许差别。"人格尊严"拆开理解就是"人格的尊严",它意味着:首先,我国《宪法》保护人格权。《现代汉语词典》认为,人格是指"个人的道德品质"③。在这个意义上,保护人格权,意在通过内在的空间和外在的自由保护公民道德立法道德自律,形成自己的道德品质和人格特征。其次,我国《宪法》亦接受"人的尊严"的概念。在《现代汉语词典》中,尊严是指"可尊敬的身份或地位"。④ 林来梵教授提醒,不同民族、不同国家以及不同时代会存在不同的标准和不同的价值观,他担心,"在中国文化的语境之下,这一概念的背后似乎就蕴含着

① 参见周云涛:《论德国宪法人格权——以一般行为自由为参照》,载《法学家》2010年第6期。

② 林来梵:《人的尊严与人格尊严——兼论中国宪法第38条的解释方案》,载《浙江社会科学》2008年第3期。

③ 中国社会科学院语言研究所词典编辑室编:《现代汉语词典》(汉英双语),外语教学与研究出版社2002年版,第1616页。

④ 同上书,第2571页。

我们中国人的'面子'观念"。[1] 为此,我们应该结合我国《宪法》平等权(《宪法》第33条)的规定、自由权(《宪法》第35~40条)的规定,以及社会主义原则(《宪法》序言)作系统性的理解以摆脱这种"差序格局"下的尊严观,接近康德关于"人的尊严"的两个命题。再次,"人格+尊严"的规定模式相较德国《基本法》而言,更强调防御自由。德国《基本法》第2条强调了人格的发展,具有较强的积极面向。我国《宪法》第38条的文字,以"尊严"为"人格"设限,不免侧重保障人格权的尊严底线,为此,它更多具有防御权的色彩,而缺乏发展的积极面向。最后,"人格+尊严"的规定模式暗合了德国《基本法》一般人格权的证立逻辑。德国《基本法》第2条第1款具有"一般自由权"和"一般人格权"两种证立模式,第二种思路乃是结合了《基本法》第2条第1款和第1条第1款证立而成。我国《宪法》"人格+尊严"的逻辑结构以"尊严"补充和限定"人格",符合德国"一般人格权"的思路。

一般人格权保护人的道德主体地位。道德的本质是自律,保护人的道德自主的法律方法就是留给个人足够的道德空间,排除社会干扰,促进道德自决。道德立法、道德判断、道德形象围绕私人领域私人事务形塑而成,何种事务之于道德具有重要意义,具有不确定性、条件性和时代性。一般人格权为此呈现弹性的表象,权利内涵不变,权利内容灵活机动,处在不断的变化发展中,衍生出一系列以人格尊严为基础的子权利。随着时代和客观条件的变化,一般人格权显示了丰富的权利形态。其保护的范围包括:(1)私人领域、秘密领域以及个人保密领域;(2)个人的名誉;(3)对个人信息的处分权;(4)对个人的肖像、特定语言的权利;(5)免受被捏造地加以描述的权利。时代变化、科技进步是人格权发展的压力和动力。人脸识别技术即对人们的隐私状态造成毁灭性的威胁。诉诸隐私权的保护具有某种本能的合理性,但如果细剖人脸识别技术的特点就会发现这种诉求的局限,它逼迫我们进一步深入理解一般人格权的内涵,拓展其外延。令人乐观的是,一般人格权所具有的阐释空间看起来不会让我们失望。

---

① 林来梵:《从宪法规范到规范宪法——规范宪法学的一种前言》,法律出版社2017年版,第175页。

四、隐私权的主张能否成立

我国《民法典》第1032条第1款规定:"自然人享有隐私权。任何组织或者个人不得以刺探、侵扰、泄露、公开等方式侵害他人的隐私权。隐私是自然人的私人生活安宁和不愿为他人知晓的私密空间、私密活动、私密信息。"私密信息是隐私权保护的重要内容,而人脸信息是典型的私密信息。首先,脸部信息是最具识别性的个人信息。脸部信息相对其他器官信息而言,最具有个人辨识度,也记载着个人身体、生理、遗传等信息。其次,脸还是人的精神的显像,人脸信息具有深刻的人格内涵。根据阿甘本的研究,脸不仅与身体,还与包括精神在内的整个人完整地等同起来。[①]动物仅仅本能地暴露其存在,而人的灵性体现在占有"脸"的灵性。人有意识地表现自己的表情。人对世界的参与始终体现在脸之中。作为稳定"人格"的外在表现,"脸"在固定的人或者在某一共同体之中表现出"唯一性"。[②]

人脸信息由于与人格的密切关系应该受到比较高强度的法律保护。德国联邦宪法法院对隐私权的保护首先取决于当事人的保密意愿。如果当事人不存在隐私的渴望,则通常表明此事对人格的核心区域没有影响。某条信息是否属于核心区域,还取决于它是否具有极高的个人特征,以及它以何种方式和强度固有地影响人际关系或社区的关注。[③] 越具有个人特征,与人格的关系越密切,越应该得到高强度的保护。《信息安全技术 个人信息安全规范》区分了一般信息和敏感信息,所谓个人敏感信息,是指一旦泄露、非法提供或滥用可能危害人身和财产安全,极易导致个人名誉、身心健康受到损害或歧视性待遇等的个人信息。个人敏感信息包括身份证件号码、个人生物识别信息、银行账号、通信记录和内容、财产信息、征信信息、行踪轨迹、住宿信息、健康生理信息、交易信息、14岁(含)以下儿童的个人信息等。杜吾青博士认为,敏感信息与"人格尊严"的核

① 参见徐艳东:《"脸"的道德形而上学——阿甘本哲学中的"脸、人、物"思想研究》,载《哲学动态》2015年第2期。

② 同上。

③ BVerfGE 80,367(1990).

心内容更相关。①

我国《公安机关公民个人信息安全管理规定》第3条规定:“公安机关应当按照合法、必要、准确、安全的原则收集管理使用公民个人信息”。一般而言,采集敏感信息应该受到几点限制:首先,有法律的依据,即全国人大或全国人大常委会制定法律或者授权国务院制定行政法规,法律和行政法规应当规定程序来限制采集公民信息的权力。其次,立法应当明确,目的明确并与收集信息具有相关性。最后,符合比例原则,公安机关向第三方主体采集敏感信息应该仅限于必要和准确的特定信息而非大规模采集。

人脸识别信息采集的合法原则要求会带来一个问题,即由于人脸识别技术尚属新兴产业,在我国的法律文本中并无明确的规定。目前与人脸识别信息采集相关的法律法规规定主要有两种方式:第一,规定了相片采集。第二,规定了生物信息采集。

第一种方式规定了相片采集。我国《居民身份证法》第3条规定,居民身份证登记的项目包括本人相片。我国《护照法》第6条规定,公民申请普通护照,应当提交近期免冠照片等相关材料。这些规定产生一个理论上的问题,即采集相片是否等于采集人脸信息。我们的答案是肯定的。理由有:第一,人脸识别信息和照片有共同目的,即用来核实身份。目前照片核对已然很难完成任务,随着各种美妆技术的提升,人脸变化光怪陆离,可能与照片判若两人,急需更精密的人脸识别技术代替照片。第二,人脸识别信息提取可以和照相同时完成,只不过前者形成人脸特征一系列数据,后者形成一张平面照片。前者抽象,后者具象。第三,照片本质是人脸特征的记载,人脸识别信息的提取加强了这种记录的功能,而并非一种新的功能。我国公安系统从1984年开始启用第一代居民身份证,到2004年更换内置非接触IC芯片的第二代居民身份证,至今公安部门已经形成了全国14亿人口的真实身份信息库,并保存有数码照片。这些数码照片本身可以作为人脸识别系统的信息库。只是,近年人脸识别技术已经从2D发展到了3D、从静态识别走向动态识别,提高了识别的准确率,适应了现代美妆的发展。它在技术上是质变,在法律上却是量变。

① 参见杜吾青:《公安机关采集个人信息的合宪性控制》,载《南京大学法律评论(2019年秋季卷)》2019年第2期。

第二种方式规定了生物信息采集。我国《出入境管理法》第7条规定:“经国务院批准,公安部、外交部根据出境入境管理的需要,可以对留存出境入境人员的指纹等人体生物识别信息作出规定。”我国《反恐怖主义法》第50条规定:“公安机关调查恐怖活动嫌疑,可以依照有关法律规定对嫌疑人员进行盘问、检查、传唤,可以提取或者采集肖像、指纹、虹膜图像等人体生物识别信息和血液、尿液、脱落细胞等生物样本,并留存其签名。”我国《公安机关办理行政案件程序规定》第83条规定:“对违法嫌疑人,可以依法提取或者采集肖像、指纹等人体生物识别信息;涉嫌酒后驾驶机动车、吸毒、从事恐怖活动等违法行为的,可以依照《中华人民共和国道路交通安全法》《中华人民共和国禁毒法》《中华人民共和国反恐怖主义法》等规定提取或者采集血液、尿液、毛发、脱落细胞等生物样本。人身安全检查和当场检查时已经提取、采集的信息,不再提取、采集。”其中,《反恐怖主义法》第50条规定的虹膜图像是人脸识别的最重要的信息,虹膜的唯一性决定了虹膜特征是人脸识别技术的要素。《公安机关办理行政案件程序规定》第83条规定可以采集“肖像”的生物信息理解为人脸识别信息,如上所述,这等同于允许采集人脸识别信息。《出入境管理法》第7条虽然没有明确规定,但采用了“等”字的表述方法,授权意图明显。当然,是否需要采集人脸识别信息,还需要在具体场景根据比例原则分析。

上述情形虽然只是收集人脸识别信息的法定情形,但对民事案件亦有借鉴意义。如上所述,人脸识别信息之于照片并无本质之不同,那么,人们担心人脸识别信息的泄露,这种担心并不足以构成反对野生动物园采用人脸识别技术的理由,因为同样人们也要担心照片的泄露,但是无疑,野生动物园需要采取一定手段验明顾客身份,这是毋庸置疑的。当然,允许采用人脸识别信息并不等于野生动物园占有和拥有人脸识别信息。信息化的人脸特征显然比之于照片更容易被泄露和传播,国家有义务规范和保证信息安全。

本案的重心在于被告是否能够保证所采集的个人信息的安全。我国《信息安全技术个人信息安全规范》规定,个人信息控制者开展个人信息处理活动,应该遵循最少够用原则——除与个人信息主体另有约定外,只处理满足个人信息主体授权同意的目的所需的最少个人信息类型和数量。目的达成后,应及时根据约定删除个人信息;应该遵循确保安全原则——具备与所面临的安全风险相匹配的安全能力,并采取足够的管理措施和技术手段,保护个人信息的保密性、完整性、可用性;应该遵循主体参与原则——向个人信息主体提供能够访问、更正、删除其个人信息,以及撤回同意、注销账户等方法。我国《消费者权益保护法》第29条亦规定,经营者及其工作人员对收集的消费者个人信息必须严格保密,不得泄露、出售或者非法向他人提供。经营者应当采取技术措施和其他必要措施,确保信息安全,防止消费者个人信息泄露、丢失。

至此,我们可以肯定被告保障信息安全的义务。但目前的相关法律规定并未明确信息安全保障义务的履行是不是信息收集的前提条件,抑或作为信息泄露后追责的理由。如果是前者,则立法应进一步明确信息安全义务履行的程序和标准。但基于效率起见,我们更倾向于后者。事实上,当前公民普遍授权他方收集自己的人脸信息,用作小区门禁、单位考勤、手机登录、APP开启等。一方面,我们要知道人脸识别技术固然引起信息泄露的忧虑;另一方面,又增强了身份鉴别的准确率,其之于安全的保障有所失却并非无所得。

五、人脸识别技术的3种法律用途

从技术上说,人脸识别的运用方法有两种:一种是核实(verification),将当下的人脸图像与特定的数据库中已存的人脸图像比对,特定的数据库是为特定身份的用户的人脸信息合集,比如小区业主人脸信息数据库。这种比对可以确认当事人是否拥有数据库里的特定身份。这一应用常见和广泛,比如门禁、手机和软件登录等。另一种是辨认(identification),将当下的人脸图像与大数据库的人脸图像比对,从大数据库中调出其他身份信息,确认当下人物的身份。核实和辨认的区别有3个方面:第一,目的不一样。核实的目的在于确认"你是你"的问题,辨认的目的是解决"你是谁"的问题。第二,比对的数据库不一样。核实比对的数据库是为单一身份信息的数据库,所包含的数据仅为证明某一身份的信息,比如某小区业主、某店的顾客。辨认的数据库则比较综合,包含多方面的信息,方便人们立体认识一个陌生人。第三,主动性不一样。核实一般是当事人主张。辨认则常在当事人不知晓的情况下由系统完成。从法律上看,人脸识别技术有3种具体情形。

(一)核实身份

公民主张某种身份及相应的权利,就需要表明身份;相关机关也有权力核实公民的身份。我国《海关法》第6条规定,海关可以“查阅进出境人员的证件”;我国《出境入境管理法》第11条规定:“中国公民出境入境,应当向出入境边防检查机关交验本人的护照或者其他旅行证件等出境入境证件,履行规定的手续,经查验准许,方可出境入境。”第24条规定:“外国人入境,应当向出入境边防检查机关交验本人的护照或者其他国际旅行证件、签证或者其他入境许可证明,履行规定的手续,经查验准许,方可入境。”查验身份也是各种组织体运作的重要环节,如单位确认员工、员工考勤打卡、经营者确认顾客、APP确认用户等。

查验身份是人脸识别应用最广泛的领域。本文的案例就是其中一例。当然,公私法中的运用是不一样的,这有三种情况。第一,国家机关查验权力。行政机关查验公民身份,基于法律授权,且服从法律规定的条件和程序。第二,私组织体的查验权力。任何私组织体都有一定组织管理的权力,这种权力只要不侵犯公民的基本权利、不违背合同约定就是合法的。比如,目前许多公私单位都采用了人脸识别系统进行考勤打卡。第三,合同约定。郭某案中,野生动物园将年卡系统从“指纹入园”升级为“人脸识别入园”本也无可厚非,如其单方面拟定的格式合同经过游客同意将会使之拥有这项权力。当然,如果人脸识别验证方式未纳入合同之内,被告单方面变更已有的合同,废除已经办理的年卡,也会导致违约,只是这个问题不在本文的考察范围之内。①

人脸识别系统用于查验身份时,作为比对基础的信息库只能是与该特定身份有关的信息。比如进出海关的人脸识别系统提取通过人物的人脸信息、出入境证件中的信息、出入境信息,这是符合比例原则的。② 但如果系统联结了用户的刷卡记录、消费记录,则就违反了比例原则,超出验明身份的必要。

(二)盘查

所谓盘查,也称为职务询问、阻留搜查,指的是警察对于可疑人员和

① 《杭州“人脸识别”第一案,是侵权纠纷还是合同纠纷》,载“峰哥说法”2019年11月16日,https://baijiahao.baidu.com/s?id=1650348895124600143&wfr=spider&for=pc。

② 参见《深圳海关放大招　人脸识别系统已上线!》,载微信公众号“香港自由行”2018年7月17日,https://mp.weixin.qq.com/s/Q9l2JIc7TbnqzY4De5tjig。

可疑场所临时进行拦阻、盘问、检视、检查。① 盘查介于行政和司法之间，目的在于发现有无违法行为或违法情形，有无可疑人物或者通缉犯。我国《居民身份证法》《人民警察法》《海关法》《公民出境入境管理法》《外国人入境出境管理法》等法律以及相关的细则都规定了盘查制度。当前，利用人脸识别系统，迅速抓捕通缉犯，已经成为警察的有力武器。天网工程将在逃犯的信息录入人脸识别系统，可以实现最准确和快速地定位在逃犯；也可以通过人脸识别系统寻找失踪人员。如果信息库里输入普通公民的信息，每个人经过摄像头就可被读出身份信息，事实上等同于盘查。但笔者认为，这种做法不合法。理由如下：

首先，盘查具有实体前提条件。警察行使盘查至少需有“合理怀疑”，或基于报警、现场状况等“合理依据”。② 关于警察盘查的前提，美国自 Terry v. Ohio 案之后，由“相当理由”标准转向“合理性”理由标准。③ 法院依照“合理性”标准判断警察行为之合法性时，除必须斟酌当时客观的证据外，还必须考虑警察“专业”的观察及直觉反应，必须尊重现场执法警察的个人反应及行为。④ 这种标准固然赋予警察更大的自由裁量权，但亦要求警察承担证明的责任，反对无差别地针对所有人进行盘查。

其次，盘查要求当场进行，遵守基本程序正义。盘查如果发现违法事实，需要根据情况，对违法嫌疑人进行处罚，或者继续盘问，或者采取强制措施。这些要求决定了盘查不是单单为了了解当事人的信息，而是指向违法行为，只有当场进行才可能完成盘查的任务。

盘查需要表明身份。我国《居民身份证法》第 15 条规定，人民警察查验居民身份证，需“经出示执法证件”。我国《人民警察法》第 9 条规定，“公安机关的人民警察对有违法犯罪嫌疑的人员，经出示相应证件，可以当场盘问、检查”。现场的盘查才能保证当事人的陈述和申辩的权利。

最后，让所有人都接受盘查并不符合比例原则。目前，很多地方交警系统逐步在各路口、路段安装了具备人脸识别功能的高清摄像机，形成了比较完善的抓拍网络，并接入全国公安交通集成指挥平台。技术支持可

---

① 参见万毅：《论盘查》，载《法学研究》2006 年第 2 期。

② 参见郑曦：《论警察的盘查权》，载《行政法学研究》2012 年第 4 期。

③ 392 U. S. 1 (1968).

④ 参见王兆鹏：《路检、盘查与人权》，台北，元照出版有限公司 2003 年版，第 99 页。

以轻而易举地查出司机是否具有驾照、驾照是否失效等。但此举意味着所有的司机都要接受盘查。这种无差别的盘查，并不符合盘查的实体条件和程序条件。我国《道路交通安全违法行为处理程序规定》对盘查的实体和程序条件都有所规定，其第7条规定，"交通警察调查违法行为时，应当表明执法身份"。不仅如此，它还意味着全国公安交通集成指挥平台可以勾勒出具体个人的行动轨迹，从而侵犯其隐私权。在美国的琼斯诉合众国（Jones v. United States）案[①]中，哥伦比亚特区巡回上诉法院提到，使用GPS跟踪定位设备对他人进行长期监控的行为能够揭露与他人有关的大量生活细节，这些细节往往是他人不愿意被揭露也不愿意被他人拼凑起来进行分析的信息，这样的监控行为可以说全面且具体地揭露了他人的私人生活。密布的人脸识别系统更方便实现GPS的功能，并且是针对所有人无差别地展开。笔者认为，将所有人都推定为违法或者犯罪嫌疑人并予以监视严重违背现代法治文明；并且针对违法嫌疑人进行如此深度的监视也不符合比例原则。除非被监视的人具有犯罪嫌疑，需要调动刑事侦查手段。

（三）搜查

人脸识别系统对个人的监控和对隐私的侵犯，不仅仅来自以人脸为连结点形成的对个人行动轨迹的勾勒和分析，还来自大数据时代各个信息库的共享。通过人脸识别摄像头不仅可以抓取人的脸部信息，从脸部信息获得个人的身份信息，而且可以进一步获得其就业情况、家庭状况、收入状况、行动喜好、身体状况等情况。"脸部识别不需要盘问的严峻气氛，只要公民走到脸部识别相机的前面，该系统就自动进行匹配。脸部识别系统匹配的不仅是公民已经储存在脸部识别数据库里面的照片，还会匹配那些与他们的名字、居住地、福利状况、就业情况、社会保险号、纳税记录、犯罪记录、子女抚养程度等一切有关的数据。"[②]

如上所述，介于行政法措施和刑事司法措施之间的盘查[③]并不允许对民众进行如此深度的监控和调查。盘查只能借助刑事诉讼法，由刑事诉

---

① 615F. 3d 544 D. C. Cir. (2010).

② Kimberly N. Brown, *Anonymity, Faceprints, and the Constitution*, 21Geo. Mason L. Rev. 409(2014).

③ 参见万毅：《论盘查》，载《法学研究》2006年第2期。

讼法授权,因此也受到该法的约束。我国《刑事诉讼法》第115条规定,"公安机关对已经立案的刑事案件,应当进行侦查,收集、调取犯罪嫌疑人有罪或者无罪、罪轻或者罪重的证据材料"。根据该条,公安机关可以针对犯罪嫌疑人展开调查,人脸识别系统作为其中的一种侦查手段既无可厚非又是现代技术发展之所趋。

值得考虑的是,人脸识别系统的运用是否会构成搜查。凯兹诉合众国(Katz v. United States)案①中,哈兰(Harlan)大法官认为,只有当嫌疑人对被搜查的地方享有主观的隐私期待时,政府工作人员实施的行为才构成搜查行为。哈兰大法官进一步陈述了他的观点,即"只有当社会认可公民享有的期待是客观合理的,政府工作人员实施的搜查行为才算是违反第四修正案的行为"。斯蒂文(Steward)法官指出:第四修正案保护的是人,而非场所。根据第四修正案,政府以电子方式监听和记录请愿人的电话谈话,构成了搜查和扣押,如果没有基于充分可能原因的搜查令,所获得的所有证据都是不可接受的。凯兹案是第四修正案的分水岭,第四修正案的保护范围不再局限于公民的私人财产,而是包含车厢内部、行李、公共厕所、医院病房、更衣室、酒店房间和工作场所等地方。

在中国,"陕西黄碟案"发挥了类似凯兹案的作用。在该案的评论中,林来梵教授从私自治的原理解读我国宪法上住宅不受侵犯的权利,赋予其一定的抽象度,提出了"私生活展开说"。他认为,"住宅"不应该是通常意义上的私人家屋,而是各种一般私生活在物理空间上所展开的场所,其成立也无须具备标准的建筑结构或持续的占有等时空上的要件。②"私生活展开说"把"私生活"置于"场所"之前,以"私生活展开"定义"住宅",为将人脸识别系统监控纳入搜查扫清理论障碍提供一种思路,当事人受到人脸识别系统的监控虽然发生在公共场所,但若被监控的内容属于"私生活的展开"也可能构成搜查,侵犯公民宪法上的住宅自由。

当然,是否需要或者在多大范围内将人脸识别监控纳入搜查,还是一个权衡的问题,是一个刑事侦查实践问题,需要在实践场景中判断,随实践经验摸索成熟。我们并不推荐一条鲜明的分界线。马里兰诉金

① 389 U.S. 347 (1967).

② 参见林来梵:《卧室里的宪法权利》,载《法学家》2003年第3期。

(Maryland v. King)案①中,肯尼迪大法官代表的多数意见认为DNA检测构成搜查,但它是合理的,不需要搜查证。DNA和指纹类似,其价值在于帮助执法机关推进程序,确保被告得到审判,保护公众免于进一步的伤害。这些利益叠加起来比嫌疑人的隐私利益更重要。因此,在实践层面上,我们还需要权衡人脸识别系统监控对于隐私利益的侵犯和推进刑事诉讼程序保障社会安全的利益,从而把握刑事诉讼法的规范力度。

综上所述,人脸识别技术具有3种法律用途,即作为身份核实、盘查和刑事侦查的手段。人脸识别的核实功能,应该受到三个方面的约束:第一,人脸信息采集合法,公权力机关需要有法律依据,私组织需要经过当事人的同意;第二,使用目的明确,获得人脸信息应该只用于身份核实,而非其他用途;第三,信息泄露禁止。采集的人脸信息以及识别的信息记录禁止泄露。人脸识别的盘查功能主要适用于寻找逃犯、嫌疑犯或者失踪人口。在实践盘查功能时,人脸识别系统信息库仅允许存储特定人员的基本信息。人脸识别系统作为刑事侦查手段,受到刑事诉讼法的约束,是否构成侦查,既取决于对"侦查"概念的解释,又取决于实践中的平衡判断。

六、两个错误的权利主张及一个新的路径

在本案中,支撑原告的主要有两大诉求:一是隐私权;二是个人信息自主权。前者保护个人信息不被泄露和传播,后者表达了个人掌控自身信息的诉求。但事实上,两者都未抓住人脸识别技术之特点。

(一)隐私权的不足

面对人脸识别技术的运用,隐私权的保护显得苍白无力。

隐私权的保护客体单一。隐私权保护个人私密性的信息或者私人活动,其客体的界定标准为个人不愿意公开披露且不涉及公共利益的部分。② 基于客体的保护,使隐私权作为抵御人脸识别技术的第一关——防止人脸信息的非法采集,但在人脸识别系统运用的后续环节中却无能为力,无法规范系统拍摄到识别到的个人的形象和行为。人脸识别系统的摄像头一般设置在公共场所,因此识别到的是在公共场所的个人,拍摄的

---

① 133 S. Ct1958(2103).

② 参见王利明:《论个人信息权的法律保护——以个人信息权与隐私权的界分为中心》,载《现代法学》2013年第4期。

是公共场所的行为。这些信息本来处于公开的状态,依据隐私权的理论无法得到保护。这种法律保护的无能应该视为一种不足。因为也许人们并不愿意在公共场合被认出来,或者不愿意他人知晓自己的行动轨迹。

隐私权理论没有注意到两点:

第一,隐私权理论忽视了信息主体和信息的分离,也就是匿名是隐私保护的重要构成。所谓"人肉搜索"就是在已经公开的信息和信息主体之间建立联系,消除匿名状态,从而导致信息主体暴露,受到伤害。所谓"人肉搜索"就是针对一个已知的信息,补足主体信息,或者补足其他信息追溯到主体,以便对主体进行道德审判。在2013年的"人肉搜索"案中,广东陆丰一家服装店主蔡某怀疑顾客偷衣服,将监控视频截图发在微博。在此时,顾客偷衣服的信息是公开了,但顾客还是匿名的。正是人肉搜索导致女孩主体信息曝光,不堪来自朋友和网民的谩骂,自杀身亡。①

第二,隐私权理论忽视了隐私的相对性和层次性。根据马赛克理论,虽然某些个人信息似乎不是重要的信息,但是当它们被编制形成整体数据,重要性就会随之上升,因此要求更高程度的隐私保护。② 在美国诉琼斯(United States v. Jones)案③中,法官认为,琼斯对其在将近一个月内的行动享有隐私的合理期待,因为一个理性人"会期待他在这个月内的行动保持匿名和不会连贯地被别人知道"。政府执法人员只看到公民的某次行动,并不能获取公民的私人信息,但是如果政府执法人员观察到公民重复去某个教堂、某间健身房、某个酒吧或者某个赛马场,那么他们就有可能知道公民的私人信息。例如,单从某位妇女去了一次妇科医院来看,执法人员就可以得出该妇女可能怀孕的推论。当执法人员知道某位公民的日常行程时,他们便可能知道该公民是否每周去一次教堂,他是否酗酒,他有没有定期做健身活动,他是不是一名不忠诚的丈夫,他是不是一名正在接受药物治疗的门诊病人,他是不是某个私人团体或者政治团体的成员。人脸识别系统强大的识别功能和存储能力,以及未来可期的密布网

---

① 参见《人肉搜索致人自杀,二审仍获刑1年半》,载《南方都市报》2014年9月8日,第A05版。

② See David. E. Ppzen, *The Mosaic Theory*, *National Security*, *and the Freedom of Information Act*, 115 Yale L. J. 628,630(2005).

③ United States v. Jones, 132 S. Ct. At950.

络完全可以实现共享,在信息处理中心结合所有摄像头拍下来的信息勾勒出一个人的行动轨迹。

"隐私理论必然走向灭亡。因为我们必然雁过留痕,在所处的世界留下私人信息的痕迹。如果只有完全私密的信息才受保护,则这个世界就是一个没有隐私的世界。"①改变保护的方法势在必行。隐私权的规范作用主要在采集人脸信息阶段,对人脸识别系统的运用环节我们需要改变规范的视角和方法。

(二)信息自决权的误区

针对隐私权的不足,人们又提出一项权利加以弥补,这就是信息自决权;狭义的隐私权结合信息自决权构成广义的隐私权。阿部照哉的《宪法学》将隐私权理解为,"个人系在道德上自律的存在,追求经判断对自己系属良善的目的,与他人交流,且对与自己有关的资讯之公开,有选择范围与性质的权利"。② 王泽鉴认为,"隐私权的保护范围包括个人的生活私密领域及信息自主(信息隐私)"。③

一般认为,信息自决权源于德国宪法法院大小人口普查案。在大普查案中,联邦宪法法院这样认为,"个人的自主权来自个人自决的理念,意味着个人有权决定何时和何种范围内开放他们生活中的个人信息"。④当人们不能充分确信自己生命中哪些领域的信息为自己社交圈的成员所知,无法准确估量潜在沟通的知识水平,其自主计划或决定会受到明显的约束。一个人无法确信某个行为会不会在某个时刻被记录下来和永久地存储、使用和泄露,就会倾向于不采取这类行为。一个人知道参加一个游行或者公民倡议,会被记录下来,会倾向于不行使这些权利。

事实上,德国宪法法院的判决并"没有认可一项广泛的自决权,而是进一步强调并非所有的个人信息都与人格尊严相关,也并非任何关于个人信息的统计或收集都干涉个人对其内在生活领域的自治权,毋宁,个人

① Daniel J. Solove, *Access and Aggregation: Public Records, Privacy and the Constitution*, 86 Minn. L. Rev. 1137,1177(2002).

② [日]阿部照哉等编著:《宪法(下)》,周宗宪译,中国政法大学出版社2006年版,第101页。

③ 王泽鉴:《人格权法:法释义学、比较法、案例研究》,北京大学出版社2013年版,第209页。

④ BVerfGE 65,1.

作为社会的一员,应该在一定程度上忍受对其个人的调查行为"①。在案件中,起到判断标准的是人格尊严,而非信息自主。德国宪法法院强调的毋宁是切断信息与信息主体的人格关联,即对信息进行匿名化处理。

信息自决权的理念,也是对信息属性的误读。它绝对强调信息的个人性,忽视了信息的社会性。一条信息往往既是个人的,也是社会的。比如考试成绩,固然是个人的,也应该属于学校,对于学校亦有统计和考评的意义。信息的社会性蕴含着巨大的价值,信息的自由流动和科学应用具有积极的意义。如果由个人绝对掌握信息,不利于发挥信息的财产价值,不利于社会交流和发展,不符合信息社会的发展动向。信息的不当泄露可能侵犯个人人格尊严,但在技术上将信息的个人属性剥离是可行的。剥离了信息的人格属性也就是还原其社会属性的过程。强调信息自决权的绝对性,是执着于信息的A面忽略其B面,是以信息的个人属性掠夺压榨社会属性。其结果不是对自身信息的控制,而是对他人行为的控制。②

(三)匿名权的提出

匿名权是将信息与主体保持分离的权利,即反对从已知的信息上溯,追踪到信息的主体。大数据时代,人们路过街头的身影、车行驶的路线会被摄像头记录下来,线上线下的交易和转账会有记载,网上的浏览也有记忆,就医问药更是有客观的记录,但人们之所以还能够保有安全感,端赖这些信息的状况没有被公开或者保持匿名的状态。"匿名(Anonymity)是免于被认出或者被通过名字追踪,当通过日常生活中的轨迹,包括在个人和公共空间的物理移动,线上的商业交易、个人和职业关系的维持、习惯和信仰,无论这些多么异常和令人反感。"③

匿名是保持隐私状态的一种方式。隐私具有两个要素,一是主体,二是信息。只要一个要素处于未知状况,隐私仍然处于受到保护的状态;主体和信息同时不再保密,则隐私状态被打破。一般认为,隐私是信息的保

---

① 杨芳:《个人信息自决权理论及其检讨——兼论个人信息保护法之保护客体》,载《比较法研究》2015年第6期。

② 参见杨芳:《个人信息自决权理论及其检讨——兼论个人信息保护法之保护客体》,载《比较法研究》2015年第6期。

③ Kimberly N. Brown, *Anonymity*, *Faceprints*, *and the Constitution*, 21Geo. Mason L. Rev. 409(2104).

密状态,这是就主体已知而言。比如,我们认识张三,又发现张三的某个身体缺陷,并将之宣扬,这就侵犯了张三的隐私权。隐私权保护的是已知主体的未知信息。另一种情况,我们拿到了张三的体检数据,但数据报表上并没有张三的名字,而是一张匿名的报告单。这种情况下张三的隐私仍然是受到保护的。斯波克形象地比喻,匿名和隐私处于一道墙的两端,这道墙用于区分公民的身份和公民的信息。在区分后,如果我们知道某位公民的身份而不知其信息,那么我们会把这种情况描述为"隐私";而如果我们知道公民的信息而不知道该公民的身份,那么我们会把这种状况描述为"匿名"。①

细分起来,匿名权有两个主张:第一,信息去主体化,将信息中具有人格属性的层面剥离。具有人格属性的信息有姓名、工作、工作单位、家庭住址、手机号码、家庭成员等。信息可以有多个层面,比如行为信息和主体信息,"某人随地吐痰"是行为信息,"某人是张三"是主体信息,如果两者分开,张三的隐私和名誉还是能够受到保护。事实上,即使在人脸识别技术的时代我们往往只是收到单方面的信息,比如我们从视频上看到某人随地吐痰,但并不知道某人是谁,这是这个时代我们聊以托庇的港湾。第二,信息组合禁止。信息组合会使主体凸显,因此应该禁止。如"某人随地吐痰"的信息和其他信息,与"某人是高三六班最高的男生"组合起来,可能也可以推出"张三随地吐痰"的信息。当然,必须注意,何种情况才达到信息去主体化和信息组合禁止并没有统一模式可循,只能在个案中具体问题具体分析。②

德国法中,匿名权是一般人格权的子权利,来源于个人的自主权,来自个人自决的理念。在1965年的人口小普查案中,德国联邦宪法法院提出,要保证信息的"匿名性",如果对人的统计调查涉及具有私密性质的人类生活领域,其可能是有损尊严的,是对自我决定权的威胁。③ 统计调查仅涉及人外部世界的行为,无论如何都不应将个人不可侵犯的私人生活领域包括进去。1983年的人口普查案中,德国联邦宪法法院对于现代自

---

① See Jeffrey M. Skopek, *Reasonable Expectations of Anonymity*, 101 Va. L. Rev. 691 (2015).

② 金耀:《个人信息去身份的法理基础与规范重塑》,载《法学评论》2017年第3期。

③ BVerfGE27,1.

动数据收集技术的发展对个人自主的威胁之感受,颇类于今天我们之于人脸识别技术的恐慌。为此,德国联邦宪法法院提出信息匿名的要求,其《基本法》的匿名性要求乃是要求不能在所调查的资料和可个别化的个人或群体之间产生关联性。一个有效匿名的以及在其使用上严格受限的资料,绝对不会追溯到个人身上。反之,若匿名性不能或不能完全得到保障,则有关个别之个人和群体的询问资料就可以为任意的目的而使用。借此,能够进行自由之自我决定的个人将受到掠夺,并且成为他人意志行使和控制的对象。①

在未来无隐私且个人信息自主不可得的社会,匿名权或许是一条合适的权利主张进路。

① BVerfGE 65,1.

事例8:调取查阅通话(讯)记录中的基本权利保护

——全国人大常委会审查处理省级人大常委会关于授权交警检查通讯记录的规范性文件

王　锴*

一、事例回放

2011 年 11 月 24 日甘肃省人大常委会通过《甘肃省道路交通安全条例》(自 2012 年 1 月 1 日起施行),该条例第 76 条规定,因调查交通事故案件需要,公安机关交通管理部门可以查阅或者复制有关单位记载过往车辆信息的资料,以及车辆维修单位维修记录和交通事故当事人的通讯记录,必要时可以依法提取和封存相关信息、资料,有关单位应当及时、如实、无偿提供,不得伪造、隐匿、转移、销毁。2013 年 11 月 29 日内蒙古自治区人大常委会通过的《内蒙古自治区实施〈中华人民共和国道路交通安全法〉办法》(自 2014 年 5 月 1 日起施行)第 50 条也规定,公安机关交通管理部门因调查交通事故的需要,可以查阅、复制有关单位电子监控记录的车辆信息、车辆维修单位维修记录、交通事故当事人的通讯记录等信息,必要时可以依法提取和封存相关信息、资料。有关单位应当及时、无偿提供,不得伪造、隐匿、转移、销毁。对此,《全国人民代表大会常务委员会法制工作委员会关于 2019 年备案审查工作情况的报告——2019 年 12 月 25 日在第十三届全国人民代表大会常务委员会第十五次会议上》中明确指出,“有的地方性法规规定,公安机关交通管理部门调查交通事故时可以查阅、复制当事人通讯记录。经审查认为,该规定不符合保护公民通

---

* 北京航空航天大学法学院教授、博士研究生导师。

信自由和通信秘密的原则和精神”。之后,2019 年 5 月 31 日,内蒙古自治区人大常委会修改了《内蒙古自治区实施〈中华人民共和国道路交通安全法〉办法》第 50 条,将交警查阅复制当事人通讯记录的规定删去。2020 年 4 月 1 日,甘肃省人大常委会也修订了《甘肃省道路交通安全条例》,将第 76 条修改为第 96 条,同时将交警查阅复制当事人通讯记录修改为“向个人调取汽车行驶记录仪、卫星装置、技术监控设备的记录资料以及其他与事故有关的证据材料”。

此前,一些地方已经出现了法院为取证到电信公司调取当事人通话记录而被电信公司拒绝引发的争议。① 电信公司拒绝的理由是这不符合《电信条例》第 65 条规定的保护用户通信自由和通信秘密的精神。该条规定,电信用户依法使用电信的自由和通信秘密受法律保护。除因国家安全或者追查刑事犯罪的需要,由公安机关、国家安全机关或者人民检察院依照法律规定的程序对电信内容进行检查外,任何组织或者个人不得以任何理由对电信内容进行检查。电信业务经营者及其工作人员不得擅自向他人提供电信用户使用电信网络所传输信息的内容。显然,《电信条例》第 65 条的规定源自《宪法》第 40 条。而法院通常依据《民事诉讼法》第 67 条或《刑事诉讼法》第 54 条要求电信公司履行提供证据的义务。对此,学者的意见并不统一,蔡定剑教授甚至言辞激烈地指出,“直接以宪法保护公民的通信秘密来抵制法院的取证是荒唐的”。②

① 最新一起案例是,2017 年 8 月 1 日,湖北省利川市人民法院对中国移动通信集团湖北有限公司利川分公司因为拒绝法院调取亡者生前通信记录而作出罚款 50 万元的处罚。此前已经有湖南省益阳市南县人民法院要求该县移动通信营业部提供某通信用户的电话详单被拒而罚款 3 万元、江苏省东台市人民法院到常州电信分公司所属湖塘营业厅要求查询电信用户机主资料被拒而罚款 6 万元、江西省铜鼓县人民法院到江西宜春移动公司调取案件受害人的手机通话记录被拒而罚款 3 万元、四川省南充市西充县人民法院到四川省电信有限公司成都市分公司调查该座机电话的开户资料被拒而罚款 3 万元、湖南省江永县人民法院到移动公司江永营业部要求协助调查用户通话详单被拒而罚款 3 万元等多起案件。参见陈祁陵:《对通信企业拒绝法院调查取证事件的思考》,载中国法院网,https://www.chinacourt.org/article/detail/2006/09/id/219779.shtml。

② 张国香、宁杰:《法院调取当事人通话记录是否违宪——对电信条例“拒绝”法院取证的不同认识》,载中国法院网 2004 年 5 月 26 日,https://www.chinacourt.org/article/detail/2004/05/id/118175.shtml。

二、法律问题及其分析

交警查阅复制当事人通讯记录和法院调取通话记录是否侵犯了我国《宪法》第 40 条规定的公民的通信自由和通信秘密，这是一个典型的基本权利限制的合宪性问题。

（一）基本权利限制的分析框架

基本权利限制（Grundrechtsschranken），准确地说是基本权利的外在限制，是指国家为了保护公共利益或者他人的基本权利，而对公民的基本权利进行的具有宪法上正当性的干预。基本权利限制与基本权利干预（Grundrechtseingriff）、基本权利侵犯（Grundrechtsverletzung）之间具有密切的联系。其中，基本权利干预是中性的，它反映了国家公权力为了保护公共利益和他人的基本权利而妨碍某人基本权利行使的事实。如果基本权利干预是合宪的，就构成了基本权利限制；反之，如果基本权利干预是违宪的，就构成了基本权利侵犯。那么，如何判断基本权利干预合宪与否呢？或者说，如何判断国家对基本权利的干预构成基本权利限制而不是基本权利侵犯呢？自 20 世纪 70 年代以来[①]，德国宪法教义学发展出了一套三阶段的基本权利审查步骤，[②]即在判断国家干预基本权利行为的合宪性时，第一步审查基本权利的保护范围，即公民的行为是否受某个基本权利的保护；第二步审查国家是否对落入该基本权利保护范围的行为进行了干预（Eingriff）；第三步审查国家的干预是否具备宪法正当性（Verfassungsrechtliche Rechtfertigung），具体又分为形式正当性（如立法权限、程序、形式要求、援引要求）和实质正当性（如明确性要求、个案法律禁

---

① 学者克勒普弗指出，早在 1971 年的营业场所进入权判决（BVerfGE 32, 54）中，德国联邦宪法法院就明确区分了基本权利的构成要件与限制。Vgl. Michael Kloepfer, Grundrechtstatbestand und Grundrechtsschranken in der Rechtsprechung des Bundesverfassungsgerichts-dargestellt am Beispiel der Menschenwürde, Christian Starck (Hrsg.), Bundesverfassungsgericht und Grundgesetz: Festgabe aus Anlaß des 25jährigen Bestehens des Bundesverfassungsgerichts, Band 2, J. C. B. Mohr (Paul Siebeck), Tübingen, 1976, S. 408.

② 中文介绍可以参见李建良：《基本权利理论体系之构成及其思考层次》，载《人文及社会科学集刊》1997 年第 1 期；张翔：《基本权利限制问题的思考框架》，载《法学家》2008 年第 1 期；赵宏：《限制的限制：德国基本权利限制模式的内在机理》，载《法学家》2011 年第 2 期。

止、本质内涵保障、比例原则)。①

上述三阶段审查步骤呈现出一种递进关系,即前一阶段的审查没有通过,不得进入下一阶段的审查。比如某个行为不属于基本权利的保护范围,那么,自然无须审查是否对其构成干预。同样,某个行为虽然受基本权利的保护,但其所遭受的损害并非国家的公权力行为造成,即谈不上对其的干预,那么也就无所谓干预的合宪性问题。这一套严密的审查步骤保证了基本权利审查的清晰和透明,②已经成为德国基本权利教义学最杰出的成果。当然,这一套审查步骤的构建并非德国的独特道路,它实际上源自宪法中有关基本权利的规定。正如法律规范可以分为构成要件与法律后果一样,基本权利的保护范围就类似于基本权利规范中的构成要件,而限制就构成了法律后果的部分。以我国《宪法》第40条为例,中华人民共和国公民的通信自由和通信秘密受法律的保护。除因国家安全或者追查刑事犯罪的需要,由公安机关或者检察机关依照法律规定的程序对通信进行检查外,任何组织或者个人不得以任何理由侵犯公民的通信自由和通信秘密。第一句"通信自由和通信秘密受……保护"构成了保护范围,第二句"除因……检查外,不得侵犯"构成了限制。

(二)通信自由和通信秘密的保护范围

1. 通信自由和通信秘密的保护范围

根据《辞海》的定义,通信是指通过媒体将信息由一点传送至另一点的过程。早先以邮件作为媒体,后采用电、电子和光的手段,由电信号或者光信号借助信道传送语言、文字、数据和图像等信息。③ 据此可以看出通信的三个特点。(1)发生在两个或两个以上特定人之间。通信是一种点对点的交流。因此,以不特定人作为投递对象的广告目录投寄或者演讲、广播不属于通信的范畴。近年来,随着技术的发展,多点之间的同时

---

① Gerri Manssen, Staatsrecht II, 16. Aufl., C. H. Beck, München, 2019, SS. 55－67; Daniela Winkler, Grundrechte in der Fallprüfung: Schutzbereich-Eingriff-Verfassungsrechtliche Rechtfertigung, C. F. Müller, Heidelberg, 2010, S. 96ff.

② Wolfram Höflig, Kopernikanische Wende rückwärts? Zur neueren Grundrechtsjudikatur des Bundesverfassungsgerichts, in: Stefan Muckel (Hrsg.), Kirche und Religion im sozialen Rechtsstaat: Festschrift für Wolfgang Rüfner zum 70. Geburtstag, Duncker & Humblot, Berlin, 2003, S. 339.

③ 参见《辞海》,上海辞书出版社2000年版,第1275页。

交流,比如视频会议、聊天室是否属于通信开始受到关注,①这其中的关键仍然在于开放还是封闭。如果是开放性的,比如网页下谁都可见的留言,就不应当属于通信,而更多是言论的范畴。(2)中介性。无论是早期的邮局还是后来的电话局、传呼台乃至目前的互联网服务商,通信不同于面对面的交谈,后者并没有第三方的介入。因此在中介性上,通信自由和通信秘密类似于出版自由,也正是因为依赖第三方的传输,所以通信自由和通信秘密更容易受到干扰。(3)思想的交流性。通信自由和通信秘密保护的是对私人交流的信赖,即具有空间距离的参加人之间通过第三方媒介来交换意见和信息。② 表面上来看,通信传递的是信件、声音、图像等,但这些并非根本,通信的目的在于思想的交流,这些只是思想的载体。因此,不以思想交流为目的的货物寄送不属于通信。同时,通信要交流的是寄送人的思想,而非第三方的思想,所以邮购书籍或者订阅报纸不属于通信。

需要注意的是,(1)关于通信的形式,按照1982年《宪法》修改当时的意图,我国《宪法》第40条规定的通信仅指信件。③ 但是在今天人们的通信手段已经进入电子化、网络化以后,通信的保护范围仍然停留在已经较少被使用的信件显然是不恰当的,所以像电话、电报、短信、传真、微信、E-mail等这些新的借助于第三方中介来促成个人之间交流的方式都应当纳入通信的范畴。(2)关于通信的地点,不限于国内的通信,从国外发往国内或者从国内发往国外均属之。对此,德国联邦宪法法院曾指出,无论通信参与人所在的地点及其国籍,只要电话连接是在德国发生就要受到电信秘密的保护。④ 也就是说,只要使用了本国国土上的连接装置,该通信就应当受到保护。(3)关于通信的时间,是否只有处于通信过程之中才受保护?从通信自由和通信秘密保护的目的,即保护私人之间交流的可信赖性来看,它主要是防止通信在传输过程中被侵犯。比如信件,无论是在发信人手中还是在收信人手中,都不是通信而是个人隐私的范畴,因为此时个人是可以掌控的。但是信件在送信人或者邮局手中的时候,个人

① Georg Hermes, Art. 10, in: Horst Dreier (Hrsg.), Grundgesetz Kommentar, Band I, 3. Aufl., Mohr Siebeck, Tübingen, 2013, S. 1170.

② BVerfGE 85, 396.

③ 参见蔡定剑:《宪法精解》,法律出版社2006年版,第265页。

④ BVerfGE 100, 363f.

无法掌控,此时才有被通信自由和通信秘密保护的必要。然而,随着通信技术的发展,在今天,即使通信已经送达,通信的内容仍然可能被作为中介的通信服务商保存,此时通信的时间就不能以送达为限,而应该以通信存储的位置作为判断标准。比如到电信公司调取当事人的通话记录,属于通信秘密的保护范围;但是如果查看存储在当事人掌控的设备中的信息,比如手机、电脑上的通话记录,就属于隐私权或者个人信息自决权的保护范围。因为只要在接收人掌控的范围内,那种由于空间距离所导致的对交流的特殊威胁就不存在了。① 对此,德国联邦宪法法院曾在判决中指出,侵入 E-mail 邮箱仍然适用电信秘密保护,②因为电子邮箱是在服务商的服务器里。(4)通信自由和通信秘密保护的是对通信的信任,而非对通信对方当事人的信任。因此,德国联邦宪法法院曾在"在线搜索"判决中针对国家机关利用键盘记录打开当事人电脑进入邮箱或者封闭的聊天室的行为,从德国《基本法》第 2 条第 1 款的一般人格权中解释出了一个新的基本权利,即保障信息技术系统的可信赖性与完整性的权利,专门用来应对这种借助于对系统使用的监视来秘密进入信息技术系统并阅读其存储介质的行为。③

我国现行《宪法》同时保护通信自由和通信秘密,④这与前 3 部《宪法》的规定不太一样。1954 年《宪法》仅保护通信秘密,而 1975 年和 1978 年《宪法》仅保护通信自由。应当讲,现行《宪法》的保护是更加全面的。因为通信自由保护的是通信的过程,通信秘密保护的是通信的内容。对于通信自由的侵犯,包括剪断电话线、隐匿或者毁弃邮件、利用干扰器干扰通话过程等;对于通信秘密的侵犯,则包括监听、偷录、拦截、查阅、复制通信内容等。

2. 通话记录、通讯记录是否受通信自由或通信秘密的保护

(1)通话记录与通讯记录是否等同

一方面,我国立法中,包括《证券法》《证券投资基金法》以及甘肃、内

---

① BVerfG, WM 2011, S. 212.

② BVerfGE 120, 341; BVerfG, NJW 2012, S. 1422.

③ BVerfG NJW 2008, 835.

④ 笔者发现,1949 年《中国人民政治协商会议共同纲领》第 5 条用的是"通讯",自 1954 年《宪法》开始改为"通信",但目前仍有部分法律是用"通讯",如《香港特别行政区基本法》第 30 条、《澳门特别行政区基本法》第 32 条、《归侨侨眷权益保护法》第 17 条等。

蒙古两地的地方性法规,经常用的是"通讯记录"。另一方面,一些立法或规范性文件也有意区分了通话记录和通讯记录。比如公安部第五局组织制定的《电子物证检验实验室建设规范》规定,手机信息关联分析是指对手机中的通讯录、短信、通话记录、即时通讯聊天记录等信息进行关联分析。此外,中华全国律师协会发布的《律师办理电子数据证据业务操作指引》第2条第1款也规定,本指引所称的电子数据,是指借助于信息技术生成、修改、删除、存储、传递、获取等形成的一切数据,主要包括电脑文档、手机文档、电子邮件、即时通讯记录、博客、微博、网页历史记录、IP地址、手机短信、通话记录、传真记录、信令数据、电子签名、电子痕迹等。由此来看,通话记录似乎专指使用电信网络的电话或手机的通话,而通讯记录主要是基于互联网的即时通讯工具的文字、语音、视频等聊天记录。①一些技术文章也从侧面印证了上述区分。比如陈浩在《即时通讯记录的司法认定》一文中指出,"即时通讯记录是即时通讯用户的通讯内容信息、元数据信息、附属数据信息的总称。通讯内容是用户直接输入或录入通讯终端的,以用户可识别的自然语言为外部表征。而元数据和附属数据通常以同步性或定期性存储于服务器与客户端的机读数据为外部表征,其中,元数据属于描述通讯内容的数据,负责记载即时通讯内维数据,即通讯时间、通讯过程、文件传输、存储位置等信息;附属数据则记载即时通讯外围数据,例如终端配置、网络数据、软件系统、硬件系统等"②。另一篇研究基于通话记录进行无线定位的文章中指出,"通话记录包含了用户接入时间、接入距离、接入信号强度、接入时占用的物理和逻辑设备、接入过程中发生的事件、结束时间、结束时释放的物理和逻辑设备、结束时各信号的强度和相位、结束原因以及第一次切换、最后一次切换时所有信号的来源、强度、主要信号、占用设备等数百项详细信息。各设备厂商提供的呼叫通话记录具有不同的称呼,如华为的CHR、中兴的CDT、阿朗的PCMD、摩托罗拉的CDL等都是不同设备商采用的呼叫通话记录"③。还

① 注意,通讯记录与通讯录不同,通讯记录是对某次通讯行为的记录,而通讯录只是对联系人的电话号码等联系方式的记录,相当于电话号码簿,是为通讯做准备。

② 陈浩:《即时通讯记录的司法认定》,载《国家检察官学院学报》2016年第6期。

③ 肖恒辉、林惜斌、李炯城、易永鑫:《基于通话记录的无线定位方法及其应用》,载《电信科学》2010年第7期。

有文章对话单进行了界定,指出话单不是话费详单,应该称作“通话详细日志”更确切,“是指基站系统采集BSS无线侧手机呼叫过程中产生的详细参数数据,包括呼叫建立过程的详细数据、呼叫释放过程的详细数据以及通话过程中切换的数据等”。[①] 由此可见,话单与通话记录应是同义的,两者侧重于采用电信网络的通信,而通讯记录侧重于采用互联网的通信。需要注意的是,通话记录与通讯记录并非简单的通信方式的不同,更重要的是,它们所包含的内容和存储地点也有区别,从而给用户的通信自由和通信秘密带来的威胁也不相同:通话记录中没有通话内容,只有通话的数据,因为通话内容是实时传输的,除非监听或者偷录,否则不会存储在电信服务商的设备上。而通讯记录分为两部分,其中通讯内容一部分存储在用户自己的设备上,同时在发送过程中还会以元数据的形式存储在互联网服务商的设备上。另一部分相当于通话记录的数据,则存储在互联网服务商的设备上。由此可见,通讯记录比通话记录包含的内容更多,与通信的关联性更直接,对通信自由和通信秘密的威胁也更大。

(2)到底受哪个基本权利保护

首先,是否受通信自由的保护?通话记录和通讯记录都是在通话结束之后形成的,这确实使得它们很难受到通信自由的保护。因为通信自由保护的是通信的过程,通信既然已经结束就谈不上侵犯通信自由。但是通信结束不能成为反对通话记录和通讯记录受通信秘密保护的理由。诚如前述,由于技术的发展导致通话记录和通讯记录即使在通信结束后也不完全在当事人的掌控范围内,所以目前通信秘密的保护并不以通信结束为标志,而是以该秘密的存储地点为准。因此,如果法院是从电信公司调取通话记录、交警是从互联网服务商处调取通讯记录,仍然受通信秘密的保护。反之,法院和交警如果从当事人的设备上调取通话记录或通讯记录,则不属于通信秘密,而是隐私权或者个人信息自决权的问题。

其次,是否受通信秘密的保护?反对的理由在于,通话记录记载的不是通话的内容,而是通话机组各方的号码、通话时间、时长、用户姓名等外在信息,这些信息类似于信件的信封,本来就是暴露在外面的,没有秘密

① 参见刘阳、吴章成、辛炜博:《通话记录在网络运营中的应用探析》,载《中国新通信》2011年第18期。

可言。[①] 但是,一方面,通信秘密的保护中,通信是否密封并非必要的条件,诸如明信片、贺卡都属于通信的保护范围。[②] 因为在上述情况下,投递人只是放弃了寄送过程中对必要的参与者,比如邮递员、分拣员的保密,但并不意味着他希望与其他人交流思想,而且他也相信邮递员、分拣员等基于他们的职业素养不会将内容泄露出去,因此没有密封的通信并不会妨碍特定人之间的交流。对此,我国《邮政法》(2009 年修订)第 35 条规定,除法律另有规定外,邮政企业及其从业人员不得向任何单位或者个人泄露用户使用邮政服务的信息。另一方面,通信秘密的保护范围不限于通信内容,也包括通信双方的地址、运输人、运送细节等对于寄送必要的外在信息。[③] 因为这些信息对于维护通信的可信赖性是必要的,因为有的时候,通信人不仅不想让其他人知道通信的内容,甚至都不想让人知道他跟谁通过信,通信的外在信息不仅影响某次通信的可信赖性,还会对未来再次通信的可信赖性产生影响,因为在当前的技术水平下,通过通话记录和通讯记录中非通信内容的数据不仅可以实现对个人的定位,[④]甚至可以实现实时监控。[⑤]

再次,是否受隐私权的保护? 诚如前述,这取决于通话记录和通讯记录存储的位置。如果存储在个人的设备上,是有这种可能性的。当然,个人设备上的通话记录或者通讯记录也不全是隐私,需要进行具体的分析。隐私由两部分构成,第一部分是"私",即涉及私生活或者私人领域的事务,反之,如果是具有公共性的事务,则不能称为隐私,如通话记录中的当事人电话号码、姓名等信息,本身的目的就是用于社会交往,如何谈得上是"私"呢! 当然"公"与"私"的划分并非绝对,根据目前流行的情境脉络

---

① 参见杜强强:《法院调取通话记录不属于宪法上的通信检查》,载《法学》2019 年第 12 期。

② Georg Hermes, Art. 10, in: Horst Dreier (Hrsg.), Grundgesetz Kommentar, Band I, 3. Aufl., Mohr Siebeck, Tübingen, 2013, S. 1167.

③ Volker Epping, Grundrechte, 5. Aufl., Springer, Berlin/Heidelberg, 2012, S. 311.

④ 参见肖恒辉、林惜斌、李炯城、易永鑫:《基于通话记录的无线定位方法及其应用》,载《电信科学》2010 年第 7 期。

⑤ 参见刘阳、吴章成、辛炜博:《通话记录在网络运营中的应用探析》,载《中国新通信》2011 年第 18 期。

完整性理论，要根据不同的使用场景来进行具体的分析。[①] 比如，通讯记录中的家庭住址，虽然对于邮递员、亲密朋友之间谈不上是“私”，但是对于他们之外的人来讲，仍然构成“私”。隐私的另一部分就是“隐”，即当事人希望隐藏起来，不希望被别人知道，所谓具有合理的隐私期待。比如个人向闺蜜展示自己的通话记录，并不意味着向社会公开，个人仍然享有闺蜜为其保密的合理隐私期待。又如在公共场合打电话，用手遮挡、声音变低或者将电话亭的门关上，这些行为都表明了当事人想与公共场合隔绝的合理隐私期待。当然，不受隐私权的保护，仍然可能受到个人信息自决权的保护。与隐私不同，个人信息要么不属于私生活，如电话号码、姓名；要么无法享有合理的隐私期待，如视频聊天中的人脸影像。个人信息的关键在于可识别到个人性，即通过该信息可以追溯到特定人的身份。[②] 个人信息保护的重点不在于不得披露而在于截断该信息与个人的关联性，比如通过隐名和除名的处理，[③]同时，使用个人信息应当具备合理的使用目的。[④] 因此，通信秘密与隐私和个人信息看起来具有重合性，但三者具有根本的不同：通信秘密的侧重点在于通信内容不受第三方干扰，其所谓的“秘密”只是针对通信双方而言，但在外人看来可能根本不具有秘密性，比如通信中向对方转述报纸上看到的新闻，也属于通信秘密，但不能说是隐私或个人信息。同时，隐私和个人信息通常是单方的，也不具备通信秘密的双方性、中介性和思想交流性特点。所以，不能认为通信秘密带有“秘密”两个字就以为它可以被隐私或个人信息所涵盖，只有通信秘密脱离了被第三方控制的可能，同时又符合隐私和个人信息的特征的时候，才能谈得上受隐私权或个人信息自决权的保护。

隐私权与个人信息自决权都属于一般人格权的范畴，我国《宪法》虽然没有明确规定，但是可以从其第38条的人格尊严中推导出来。因此，

---

① 参见刘静怡：《社群网路时代的隐私困境：以Facebook为讨论对象》，载《台大法学论丛》2012年第41卷第1期。

② 参见叶志良：《大数据应用下个人资料定义的检讨：以我国法院判决为例》，载《资讯社会研究》2016年总第31期。

③ 参见张陈弘：《个人资料之认定——个人资料保护法适用之启动阀》，载《法令月刊》2016年第67卷第5期。

④ 参见李惠宗：《个人资料保护法上的帝王条款——目的拘束原则》，载《法令月刊》2013年第64卷第1期。

对于个人设备上保存的通话记录或通讯记录虽然不受通信秘密的保护而只受隐私权或个人信息自决权的保护，但也不能认为对隐私权或个人信息自决权的保护力度就一定弱于通信秘密。因为从我国《宪法》第38条来看，人格尊严属于无法律保留的基本权利（vorbehaltlose Grundrechte），德国学者经常将无法律保留称为宪法保留。① 也就是说，对于无法律保留的基本权利的限制并非法律不能去限制，而是说法律不能首次去限制，法律即使去限制也是在贯彻我国《宪法》上的规定，立法者失去了限制基本权利的形成自由，不仅在限制理由上必须基于《宪法》上其他的基本权利和法益来进行，而且在限制方式上也只能"一事一议"，即个案权衡，不能普遍地进行（实际上，无法律保留的基本权利主要是由司法机关依据宪法来限制）。

最后，如果认为通讯记录属于通信秘密，是否会导致我国《证券法》（2014年修正）第180条和《证券投资基金法》第114条违宪的后果？因为上述两条都授权证券监管机关查阅复制通讯记录。目前从上述两条的文义来看，因为立法机关并未明确证券监管机关查阅复制通讯记录是在何处进行，如果是在当事人掌控的设备上进行，那么诚如前述，这不属于通信秘密的保护范围，自然不受《宪法》第40条的调整。但如果证券监管机关到通信服务商处查阅复制通讯记录，则可能违反《宪法》第40条。也就是说，从文义上来看，不能排除这两条违宪的可能。因此，如果要让这两条合宪，无法通过合宪性解释来进行。因为合宪性解释的界限包括不能违背文义和立法者的明确意图。② 就像学者贝特曼所说，将违宪的法律解释为合宪，名为忠于宪法，其实是放弃违宪审查的责任。③ 唯一可以做的是合宪性续造，因为合宪性续造可以在文义范围之外进行。④ 学者卡纳

---

① Walter Schmidt, *Der Verfassungsvorbehalt der Grundrechte*, AöR 106 (1981), S. 497ff.

② BVerfGE 90, 275.

③ Karl August Bettermann, *Die verfassungskonforme Auslegung: Grenzen und Gefahren*, C. F. Müller Juristischer Verlag, Heidelberg, 1986, S. 25.

④ 参见黄茂荣：《法学方法与现代民法》，中国政法大学出版社2001年版，第352页。

里斯将合宪性续造分为合宪性类推和合宪性目的限缩两种。① (1)合宪性类推是指当法律没有包含某个规范而涉嫌违宪的时候,可以通过类比一个有规定的法律的做法来使其合宪。② 比如,德国曾在其《民事诉讼法》第114条中类推其《刑事诉讼法》上为犯罪嫌疑人指派律师援助的规定来避免其违反《基本法》上的平等权。③ 合宪性类推需要一个法律作为参照物,但是目前并无这样的法律可以供我国《证券法》(2014年修正)第180条和《证券投资基金法》第114条进行类比。所以,如果要让《证券法》(2014年修正)第180条和《证券投资基金法》第114条合宪,只能对其进行合宪性目的限缩。(2)合宪性目的限缩是出于有利于公民的目的而对法律条文的文义进行缩小,④它并不是基于自身的立法目的来限缩,而是基于另一个更高的目的,通常是宪法上的目的来限缩。⑤ 比如,德国联邦宪法法院曾在终身自由刑判决中对谋杀犯处以终身监禁做了有利于罪犯的目的性限缩,即出于保护其《基本法》上人的尊严的需要,对其处以终身监禁只有在给予其自由的希望的情况下才是合宪的。⑥ 可见,合宪性目的限缩往往要给文义附加一个条件。就我国《证券法》(2014年修正)第180条和《证券投资基金法》第114条而言,只有证券监管机关是在当事人的设备上查阅复制通讯记录的时候,才不会影响当事人基于我国《宪法》第40条所享有的通信秘密。

---

① Claus-Wilhelm Canaris, *Die verfassungskonforme Auslegung und Rechtsfortbildung im System der juristischen Methodenlehre*, in: Honsell, Heinrich (Hrsg.), Privatrecht und Methode: Festschrift für Ernst A. Kramer, Helbing&Lichtenhahn, Basel/Genf/München, 2004, S. 155 – 158.

② a. a. O., S. 155.

③ 德国《民事诉讼法》第114条仅规定,当事人如果因为个人情况和经济情况无法负担诉讼费用,可以申请得到诉讼费用的救助,但并没有为其提供法律援助的规定。

④ Thomas M. J. Möllers, *Juristische Methodenlehre*, 2. Aufl., C. F. Müller, München, 2019, S. 387.

⑤ Claus-Wilhelm Canaris, *Die verfassungskonforme Auslegung und Rechtsfortbildung im System der juristischen Methodenlehre*, in: Honsell, Heinrich (Hrsg.), Privatrecht und Methode: Festschrift für Ernst A. Kramer, Helbing&Lichtenhahn, Basel/Genf/München, 2004, S. 157.

⑥ BVerfGE 45, 187, 194ff.

(三)对通信自由和通信秘密的干预

1. 基本权利干预的判断标准

基本权利干预是指国家的行为介入了基本权利的保护范围,并对基本权利所保护的法益产生了不利影响。① 传统的干预概念是强调国家做出的影响基本权利的行为的性质,因此审查的重点是该行为是否具备强制性、直接性、最终性和法律形式性,②后来,随着干预概念扩张到国家作出的间接、事实上影响基本权利的行为,甚至包括未来的威胁,③审查重点就转向损害或威胁的可归责性。④ 具体来说包含 3 点。(1)是否存在本国国家机关的行为,这一方面是为了排除本国法院对外国干预本国公民基本权利的情形进行审理,另一方面是因为基本权利约束国家而非私人,所以私人之间的侵权行为一般并不通过基本权利来救济(除非国家对此没有尽到保护义务)。只要是本国国家机关的行为,无论公权力行为抑或私法行为、法律行为抑或事实行为,均属之。(2)基本权利是否存在事实上的损害或者受到威胁。(3)该损害或威胁是否可归责于本国国家机关的行为。⑤

但是,上述判断标准只是针对一般的干预或者说针对宪法没有明确规定的干预行为。然而,制宪者经常会将一些典型的或者他们认为比较严重的干预方式在宪法中明确指出,这些特定的干预方式会随着基本权利的不同而不同,实际上反映了国家权力对于不同基本权利所可能造成的不同的威胁。笔者在表 1 中对我国《宪法》中不同基本权利的特定干预方式进行了汇总,其中针对通信自由和通信秘密的特定干预方式就是检查。所以,无论是认为交警查阅复制通讯记录不符合我国《宪法》第 40 条

---

① Wolfram Cremer, *Freiheitsgrundrechte*: *Funktionen und Strukturen*, Mohr Siebeck, Tübingen, 2003, S. 136 – 137.

② Thorsten Kingreen/Ralf Poscher, *Grundrechte*: *Staatsrecht II*, 29. Aufl., C. F. Müller, Heidelberg, 2013, S. 62.

③ Christian Bumke/Andreas Voßkuhle, *Casebook Verfassungsrecht*, Mohr Siebeck, Tübingen, 2013, S. 18.

④ Lothar Michael/Martin Morlok, *Grundrechte*, 3. Aufl., Nomos Verlagsgesellschaft, Baden-Baden, 2012, S. 240.

⑤ Rolf Eckhoff, *Der Grundrechtseingriff*, Carl Heymanns Verlag KG, Köln, Berlin, Bonn, München, 1992, S. 273ff.

规定的为了“国家安全或者追查刑事犯罪的需要”,还是认为法院调取通话记录不符合《宪法》第40条“由公安机关或者检察机关进行”的规定,前提都必须是,交警的查阅复制和法院的调取属于《宪法》第40条所说的“检查”,因为这些限制性条件并非对所有干预通信自由和通信秘密的行为适用,而是专门针对检查行为的。

表1 我国《宪法》中对不同基本权利的特定干预

权利类型	特定的干预方式	《宪法》依据
私有财产权	征收、征用	第13条
选举权和被选举权	剥夺	第34条
宗教信仰自由	强制、歧视	第36条
人身自由	逮捕、拘禁、剥夺、限制、搜查	第37条
人格尊严	侮辱、诽谤、诬告陷害	第38条
住宅	搜查、侵入	第39条
通信自由和通信秘密	检查	第40条
申诉、控告、检举权	压制、打击报复	第41条
婚姻、家庭	破坏、虐待	第49条

2. 何为检查

检查的中文意思是为了发现问题而用心查看。如果对照我国1982年《宪法》英文版,会发现该词对应的英文是“censor”。[①] “censor”在英文中有着独特的含义,专指新闻审查、书报检查等确保其没有有害内容的活动。[②] 由此可见,并非所有的调取或查看通信的活动都属于检查。是不是检查,关键在于其查看的对象和目的是什么。只有那些针对通信内容的

① Article 40: Freedom and privacy of correspondence of citizens of the People's Republic of China are protected by law. No organization or individual may, on any ground, infringe upon citizens' freedom and privacy of correspondence, except in cases where, to meet the needs of state security or of criminal investigation, public security or procuratorial organs are permitted to censor correspondence in accordance with the procedures prescribed by law.《中华人民共和国宪法》,全国人民代表大会常务委员会法制工作委员会编译,人民出版社2004年版,第39页。

② 参见《元照英美法词典》(缩印版),北京大学出版社2013年版,第205页。

审查或者说有可能导致通信人“因言获罪”的行为才称得上是检查。反过来，如果不涉及其内容的调取或者虽然涉及内容但并非对内容作价值判断而是用内容来证明某个事实是否发生，就不属于检查。只有这样，我们才能对《最高人民法院关于适用〈中华人民共和国民事诉讼法〉的解释》第 116 条第 2 款“电子数据是指通过电子邮件、电子数据交换、网上聊天记录、博客、微博客、手机短信、电子签名、域名等形成或者存储在电子介质中的信息”以及《最高人民法院关于适用〈中华人民共和国刑事诉讼法〉的解释》第 93 条“对电子邮件、电子数据交换、网上聊天记录、博客、微博客、手机短信、电子签名、域名等电子数据，应当着重审查以下内容……”作出合理的解释。

3. 调取和查阅复制算不算检查

1992 年《最高人民法院办公厅转发邮电部〈关于人民法院要求邮电部门协助执行若干问题的批复〉的通知》规定，对人民法院以督促当事人履行义务为由，要求邮电部门停止提供通信服务的做法，与我国《宪法》第 40 条的规定相抵触，邮电部门不予协助执行。但是，严格来说，该通知针对的是“要求邮电部门停止提供通信服务”的情形，并非调取。另外，2004 年全国人大常委会法工委对如何理解《宪法》第 40 条、《民事诉讼法》(1991 年通过)第 65 条和《电信条例》第 66 条的法律询问答复，其中认为，人民法院依照《民事诉讼法》第 65 条调查取证，应符合《宪法》第 40 条的规定，不得侵犯公民的基本权利。[①] 这实际上是承认调取属于检查。

从目前法院调取手机通话记录来看，主要是作为证据。有的是因为送达难，调取被送达人的手机号码所对应的身份信息，证明该号码属于其本人所有；[②]有的是调取当事人的通话时间，证明其是否在特定时间打过电话。比如，在一起工人外墙作业时坠亡案中，目击者称死者坠亡时曾与人通话，认为死者存在重大过失，故法院向移动公司调取通话记录。[③] 这些实际上并不涉及通信内容，这种调取不能认为是检查。当然也有案件

---

① 参见全国人大常委会法制工作委员会编：《法律询问答复(2000～2005)》，中国民主法制出版社 2006 年版，第 129～130 页。

② 参见朱明媚：《民事审判能否调取公民通信信息》，载《江苏经济报》2018 年 6 月 27 日，B03 版。

③ 参见《移动拒绝取证被罚，法院有权调取死者通话记录吗?》，载正义网 2017 年 8 月 11 日，http://www.jcrb.com/legal/Justiceforum/thjl/index.html。

涉及调取对方的通信内容,如在一起名誉权案件中,由于被告多次通过手机短信向原告发送有损原告名誉的信息,所以原告书面申请法院向被告手机号码所属的通信公司调取其相关短信内容。[①] 这种调取涉及对短信内容的审查或者说价值判断,显然属于检查活动。

在甘肃、内蒙古两地的地方性法规中,之所以规定交警查阅复制当事人的通讯记录,主要目的是查证当事人在驾驶过程中有没有打过电话,从而查明交通肇事的原因,[②]一方面,要看交警查阅复制通讯记录是在何处进行,即交警是到通信服务商处查阅复制还是在当事人所持的设备上查阅复制,如果是后者谈不上适用通信自由和通信秘密;另一方面,交警的查阅复制一般并不涉及对通信内容的审查(主要是确认通信时间),即使当事人最终承担了不利后果也是因为其通信行为而非因为通信内容,所以不宜认为这种查阅复制就是检查。

(四)地方性法规能否规定法律保留事项

1.基本权利限制的法律保留体系

基本权利限制的法律保留实际上是指宪法授权法律去干预落入基本权利保护范围的行为之义。因此,基本权利限制的法律保留有两种理解,从宪法的角度来看,这只是基本权利干预的一种方式,即通过立法来干预基本权利。但是为何现实生活中,人们会将法律保留视为对基本权利限制的一种保障手段甚至将其理解为是对限制的限制呢?因为后者是从行政法的角度,也就是说相对于行政机关来说,法律保留意味着没有法律的授权,行政机关不得擅自去干预公民的基本权利,所以法律保留具有一种限制行政权的功能。但是,立法权的民主正当性是相对于行政权而言的,并非相对于宪法。因为宪法的民主正当性要高于法律,同时,宪法具有防止立法权去恣意干预公民基本权利的功能。所以,我们不能认为,法律保留就一定对于公民的基本权利是有利的,立法权保障公民基本权利是相对于行政机关而言的,而对于宪法而言,恰恰是要关注立法权侵犯公民基本权利的一面。基于魏玛宪法时期实行普遍的法律保留导致将基本权利

---

① 参见杨建平:《究竟法院有无权力向通信公司调取用户通讯短信?》,载桂林法院网2016年8月3日,http://glzy.chinacourt.gov.cn/article/detail/2016/08/id/2389047.shtml。

② 参见刘嫚:《交警可查通话记录? 纠正!》,载搜狐网2019年3月2日,https://www.sohu.com/a/298583022_161795。

的实现完全托付给立法者,从而出现没有立法基本权利就陷入空转的局面,德国在战后放弃了普遍法律保留的做法,一方面,《基本法》第1条第3款明确规定,基本权利作为直接生效的法约束立法、行政和司法。另一方面,《基本法》中规定了一些权利是无须法律保留的,如宗教自由、良心自由、艺术自由、学术自由等,从而构建了一套分层的法律保留体系。① 所以,基本权利限制要不要法律保留关键在于宪法的规定或授权。

学者通常会把《立法法》第8条作为我国有关基本权利限制的法律保留的法律渊源,但这是有问题的。因为《立法法》第8条所规定的需要进行法律保留的基本权利,一个是该条第5项规定的“对公民政治权利的剥夺、限制人身自由的强制措施和处罚”,另一个是该条第7项规定的“对非国有财产的征收、征用”。但是该条同时存在过小涵盖和过大涵盖的问题。也就是说,一方面,有的《宪法》规定的需要法律保留的基本权利,该条没有囊括。如《宪法》第40条第一句,中华人民共和国公民的通信自由和通信秘密受法律的保护。这是非常明显的对通信自由和通信秘密实行了法律保留。又如,《宪法》第39条,中华人民共和国公民的住宅不受侵犯。禁止非法搜查或者非法侵入公民的住宅。该条虽然没有明确说“住宅受法律保护”,但是从第二句“禁止非法搜查或者非法侵入”来看,只有“合法的搜查或侵入”才是允许的,这实际上蕴含着法律保留的意思。另一方面,有的《宪法》没有规定实行法律保留的基本权利,该条却囊括了进去。比如,《立法法》第8条第5项“对公民政治权利的剥夺”,由于《宪法》并未对什么是政治权利进行明确的规定,全国人大常委会法工委国家法室在解释第5项中的政治权利时实际上是援引了《刑法》第54条的规定。② 该条不仅将选举权和被选举权纳入了政治权利,也纳入了言论、出版、集会、结社、游行、示威自由。然而从《宪法》的规定来看,虽然《宪法》第34条对选举权和被选举权的限制进行了法律保留,即“依照法律被剥

---

① 参见王锴:《论法律保留与基本权利限制的关系——以〈刑法〉第54条的剥夺政治权利为例》,载《师大法学》2017年第2期。

② 全国人大常委会法制工作委员会国家法室编著的《中华人民共和国立法法释义》中指出,“我国公民所享有的政治权利包括:选举权和被选举权;担任国家机关职务的权利;担任国有公司、企业、事业单位和人民团体领导职务的权利;言论、出版、集会、结社、游行、示威的权利”。全国人大常委会法制工作委员会国家法室编著:《中华人民共和国立法法释义》,法律出版社2015年版,第47页。

夺政治权利”,但是《宪法》第35条并未对言论、出版、集会、结社、游行、示威自由的限制进行法律保留,仅仅规定了“中华人民共和国公民有言论、出版、集会、结社、游行、示威的自由”,甚至都缺乏明确的限制性条款。这一情况类似于德国《基本法》上的无法律保留的基本权利。

总之,基本权利限制要不要法律保留,应以我国《宪法》的规定为准,而不能仅看《立法法》的规定。《立法法》第8条虽然没有将通信自由和通信秘密纳入法律保留的范围,但根据《宪法》第40条,限制通信自由和通信秘密需要法律保留是无疑的。实际上,《宪法》第40条对通信自由和通信秘密采取了两种法律保留,即对于检查之外的干预通信行为采取了单纯法律保留,而对于检查通信采取了特殊法律保留。所谓单纯法律保留是指宪法只是授权立法者去干预基本权利,但是没有对限制基本权利的立法提出特殊的、进一步的要求,而特殊法律保留是指宪法对干预基本权利的立法提出了特殊的要求。① 如《宪法》第40条不仅要求检查必须基于法律规定的程序,同时还要求必须基于国家安全和追查犯罪的需要,必须由公安机关或检察机关来进行,即使一部法律规定了检查通信的详细程序,但如果不符合上述特殊的要求,也将面临违宪的后果。

2. 地方性法规与法律保留

实际上,《全国人民代表大会常务委员会法制工作委员会关于2019年备案审查工作情况的报告——2019年12月25日在第十三届全国人民代表大会常务委员会第十五次会议上》之所以认为甘肃、内蒙古两地的地方性法规中有关公安机关交通管理部门查阅、复制当事人通讯记录的规定不符合保护公民通信自由和通信秘密的原则和精神,主要是因为“对公民通信自由和通信秘密保护的例外只能是在特定情形下由法律作出规定,有关地方性法规所作的规定已超越立法权限”。

那么,地方性法规能不能规定法律保留的事项呢?

一方面,取决于对法律保留的理解。从法律保留的源头——德国来看,最初的法律保留中的“法律”并非指最高代议机关制定的法律,而是“实质意义上的法律”,所谓实质意义上的法律就是具有抽象性(针对不特定事)和普遍性(针对不特定人)的规范,这种实质性的法律不限于最

---

① 王锴:《论法律保留与基本权利限制的关系——以〈刑法〉第54条的剥夺政治权利为例》,载《师大法学》2017年第2期。

高代议机关的立法,行政法规和自治团体的章程均属之。① 但是随着重要性理论作为法律保留的标准后,既然重要就应当由更高位阶的立法来规定,由此出现了加强的法律保留,即国会保留。即使行政法规和自治章程来规定也必须基于国会法律的授权或者说它们是对国会法律的执行。从我国《立法法》第8条来看,应当是国会保留。因为即使第9条允许行政法规来规定相对法律保留的事项,也必须基于全国人大及其常委会的授权决定才能进行。这就使得对于法律保留的事项,全国人大及其常委会的法律享有"先占权",其他立法即使要规定,也是在法律规定完之后对其进行具体化。因此,对于甘肃、内蒙古两地的地方性法规授权交警查阅复制当事人通讯记录是否违反了法律保留,就要看地方性法规的上位法律有没有相应的规定,但是我们在《道路交通安全法》中并未找到相关内容,因此可以认为地方性法规违反了通信自由和通信秘密的法律保留。

另一方面,也取决于对央地关系的理解。有的国家认为,法律保留主要是解决立法权与行政权之间的横向分权,并不涉及中央与地方的纵向分权。因此,地方性法规作为地方立法是可以规定法律保留事项的,只要该地方性法规具有了地方民意基础即可。如果说法律保留是涉及中央的事权由代表全国人民意志的最高代议机关来决定,那么涉及地方的事权就应当由代表本地方民众意志的地方代议机关来决定。对于我国来说,这可能涉及对《立法法》第73条第1款第2项的理解。该项规定,地方性法规可以就下列事项作出规定:……(二)属于地方性事务需要制定地方性法规的事项。那么,交警查阅复制当事人通讯记录是否属于地方性事务呢?

关于地方性事务的内涵,我国《立法法》第72条第2款有将"城乡建设与管理、环境保护、历史文化保护等方面的事项"作为地方性事务的倾向,但问题在于:(1)该条仅针对设区的市和自治州的地方性法规,并不包括省级的地方性法规;(2)《立法法》第73条第3款规定,设区的市、自治州根据本条第1款、第2款制定地方性法规,限于本法第72条第2款规定的事项。也就是说,设区的市、自治州的地方性法规,无论是执行性的、自主性的还是先占性的,都只能规定这3项事项,显然这3项事项并非专门针对地方性事务的。因此,笔者认为,无法得出地方性事务就是指"城乡

---

① Michael Kloepfer, Der Vorbehalt des Gesetzes im Wandel, JZ 1984, S. 690.

建设与管理、环境保护、历史文化保护等方面的事项”的结论。有学者根据我国《宪法》第89条、《地方各级人民代表大会和地方各级人民政府组织法》第59条、第61条中关于中央政府与地方政府管辖范围的比较,发现了如下中央与地方权限划分的标准,见表2:

表2 中央政府与地方政府管辖范围比较

重叠部分		不重叠部分	
中央	县级以上	中央	乡级以上
经济、城乡建设、生态文明建设(环境和资源保护)、教育、科学、文化、卫生、体育、计划生育、民政、公安、司法行政、民族事务		对外事务、国防建设事业、保护华侨、归侨、侨眷	财政、保护妇女

资料来源:参见孙波:《中央与地方关系法治化研究》,山东人民出版社2013年版,第227页。笔者根据2018年修宪内容作了一定的调整

表2中,中央政府与地方政府权限的重叠部分即中央与地方共享的权限,不重叠的部分分别作为中央专属的权限和地方专属的权限。[①] 如果这一标准成立,那么地方享有的事权应该是财政、保护妇女方面的事务,而交通违章的处理显然不属于上述范畴。

当然,有人可能根据表2来主张交通违章的处理属于公安事务,而公安事务是中央和地方共享的事权,地方性法规为什么不能规定呢?实际上,关于中央与地方共享的事权,我国《立法法》第73条第2款作了如下规定:除本法第8条规定的事项外,其他事项国家尚未制定法律或者行政法规的,省、自治区、直辖市和设区的市、自治州根据本地方的具体情况和实际需要,可以先制定地方性法规。在国家制定的法律或者行政法规生效后,地方性法规同法律或者行政法规相抵触的规定无效,制定机关应当及时予以修改或者废止。由此可见,在共享事权上我国仍然采取中央先占原则,即只有国家的法律和行政法规没有规定的,地方性法规才能规定,但无论是《道路交通安全法》还是《道路交通安全法实施条例》都没有

① 2016年《国务院关于推进中央与地方财政事权和支出责任划分改革的指导意见》虽然也进行了一些划分中央与地方权限的尝试,但仅涉及基本公共服务领域的事权划分。

赋予交警查阅复制当事人通讯记录的权力。那么，上位法没有规定到底是禁止下位法规定还是默许下位法规定，要从上位法的立法目的来看。一般来说，对于公民不利的事项，上位法往往是最高标准，下位法不能突破上位法作对公民更为不利的规定。如在回复某人民法院关于地方性法规增加对欠缴公路费用违法行为实行暂扣车辆措施是否合法时，全国人大常委会法工委指出，《公路法》规定对此行为可责令限期缴纳、加收滞纳金或处罚款，地方不宜再规定新的强制措施。① 这一点也为我国《行政处罚法》第 11 条第 2 款、《行政许可法》第 16 条第 4 款、《行政强制法》第 11 条第 1 款所承认。尤其是交警查阅复制当事人通讯记录具有行政强制措施的性质，对此《行政强制法》第 10 条规定，尚未制定法律、行政法规，且属于地方性事务的，地方性法规可以设定本法第 9 条第 2 项、第 3 项（查封和扣押）的行政强制措施。同时，第 11 条也规定，法律对行政强制措施的对象、条件、种类作了规定的，行政法规、地方性法规不得作出扩大规定。法律中未设定行政强制措施的，行政法规、地方性法规不得设定行政强制措施。

由此可见，全国人大常委会法工委在备案审查中认为，甘肃省、内蒙古自治区两地地方性法规中有关交警查阅复制当事人通讯记录的规定超越立法权限，这一结论是成立的。

三、结论

过去学界将法院调取手机通话记录一律认定为侵犯通信自由和通信秘密，确实存在过于绝对化的问题，这使得实践中那些不涉及内容审查的对通信的取证行为陷入了困境，从而造成了宪法理论与司法实务之间的对立。值得注意的是，2019 年 10 月 14 日，最高人民法院通过了《关于修改〈关于民事诉讼证据的若干规定〉的决定》，其修改后的第 14 条第 2 项规定，电子数据包括下列信息、电子文件：……（二）手机短信、电子邮件、即时通信、通讯群组等网络应用服务的通信信息。同时该决定第 2 条第 2 款规定，当事人因客观原因不能自行收集的证据，可申请人民法院调查收集。这等于已经为法院调取公民通信信息进行了“松绑”。由此可见，如

① 参见全国人大常委会法制工作委员会编：《法律询问答复（2000～2005）》，中国民主法制出版社 2006 年版，第 9～10 页。

果不解决上述问题,以后类似本文开始所提到的法院与电信公司之间的"冲突"会越来越频繁。对此,笔者认为,法院到电信公司调取通话记录不属于宪法上的通信检查,并不是因为通话记录不受通信秘密的保护所致,而是因为法院调取不属于检查所致。固然可以说,既然不受通信保护,自然谈不上通信检查。但是不受通信保护是指"无须再进行其是否为检查的审查",而非认为其不是检查。这就好像我们可以说作业不是通信,但不能因此就否定对作业的检查一样。受不受通信秘密保护是基本权利的保护范围问题,是不是检查属于基本权利的干预问题,这两个问题不能混为一谈。

总之,交警查阅复制当事人通讯记录和法院调取通话记录是否侵犯了公民宪法上的通信自由和通信秘密,不仅要考虑宪法上通信自由和通信秘密的保护范围,也要考虑调取和查阅复制是否属于我国《宪法》第40条的检查行为。对此,笔者认为,首先,通话记录与通讯记录是否受通信秘密的保护要根据该记录存储的位置来定,存储在通信服务商处的通话记录、通讯记录属于通信秘密的保护范围,而存储在当事人设备上的通话记录、通讯记录由于当事人可以掌控,不受通信秘密的保护,而是受当事人的隐私权或个人信息自决权的保护。其次,交警查阅复制通讯记录和法院调取通话记录如果不涉及通信的内容或者并未对通信内容进行审查,则不属于《宪法》第40条的检查行为,因此不需要满足"基于国家安全或者追查犯罪的需要、由公安机关或检察机关进行"这两项特殊法律保留的要求。但是仍然受单纯法律保留的调整,即交警在通信服务商处查询复制当事人通讯记录、法院到通信服务商处调取通话记录需要获得法律的授权。所以,地方性法规中规定交警查阅复制当事人通讯记录的真正问题在于违反了我国《宪法》第40条对通信自由和通信秘密的法律保留。

事例9:言论自由视域内的“国家安全”

——香港特别行政区政府依法禁止“香港民族党”运作

黄明涛*

香港民族党(Hong Kong National Party)曾是一个活跃于我国香港特别行政区的政治组织,其主张建立独立的香港主权国家等“港独”政纲,并曾具体推动相关主张的传播。2018年9月,香港特别行政区政府保安局局长(Secretary of Security)根据香港特别行政区法律《社团条例》(香港法例第151章)有关条文的授权,宣布禁止香港民族党的运作,令其即时成为“非法社团”。自香港回归以来,这是第一次有明确主张“港独”的政党或政团依循法律途径遭到“取缔”,引起全社会乃至国际上的瞩目。香港特别行政区是一个具备优良法治传统的地区,取缔“港独”团体之决定与程序,有诸多值得从《宪法》《香港特别行政区基本法》以及本地相关法律层面予以观察之处;而从近年来港人“国家认同危机”愈演愈烈的大背景来看,该次事件同样凸显了“一国两制”方针在政治与宪治层面面临的严峻挑战,应当引起决策部门及各方面的警醒与反思。

一、事例回放

(一)身份认同问题

根据“一国两制”方针及《中英联合声明》,香港地位问题在20世纪末获得和平解决。全国人民代表大会制定了《香港特别行政区基本法》,并明确宣告了《宪法》与《香港特别行政区基本法》之间的关系,为香港特别行政区的设立并且为香港维系一个不同于中国内地的宪治秩序,奠定

---

* 武汉大学法学院副教授,法学博士。

了全面的、坚实的法律基础。在中华人民共和国的统一主权之下,内地居民、香港居民,同属“一个国家”,但在国籍、公民地位、基本权利等方面,有明显差异,此为“两制”的生动写照。

香港特别行政区历来是移民社会,其人口构成之中绝大多数是华人,其余则有不同种族、不同原籍地乃至不同国籍的居民。根据《中英联合声明》《香港特别行政区基本法》《全国人大常委会关于〈中华人民共和国国籍法〉在香港特别行政区实施的几个问题的解释》等法律文件的规定,香港居民中具备“中国血统”的人,绝大多数都获得了中国国籍,为中华人民共和国公民——尽管这不妨碍其中部分人士根据英国政府当年的“居英权计划”获英方给予的公民身份,或持有英国其他种类护照,或拥有其他外国的居留权等权利。同样不可忽视的是,香港居民(包括不具有中国国籍的居民)仍可拥有、申领“中华人民共和国香港特别行政区”居民身份及其证明文件,此项权利由《香港特别行政区基本法》予以保证。可以说,这项权利与依据中国国籍而享有的相应权利处于“平行地位”。

法律地位与权利是一方面,而主观身份认同则是由多方面因素共同决定的,远超过法律制度这个单一因素。香港特别行政区各方面制度——包括政治制度、经济制度、社会制度、文教制度、对外交往制度等——与内地存在明确区隔的情况下,香港居民实际上处于与内地之间保持独立的“生活方式”之中。由此,自然而然会形成一种社会文化意义上的“香港人身份”,以区别于“内地人”,就如同很自然地也会区别于“台湾人”“澳门人”,乃至外国人。当然,这原本不是一个问题;恰恰相反,“一国两制”政策的经典表述之一,就是维持香港地区原有制度和生活方式不变,这就隐含着对于维持原有身份的政策承诺和法律承诺。从某种“原意解释路径”来说,承认并承诺维系港人不同于中国内地人民的身份,是当年确保平稳过渡的必需。而在港人的自我身份认同之外,一般港人(尤其指其中的华人)如何看待、理解中华人民共和国、中国内地、中央、中国人等概念,则会引发所谓“港人国家认同”问题。

香港回归以来,港人身份认同与国家认同的状态并不是一成不变的。根据一份权威民调,2008 年北京奥运会前后,港人的国家认同处于历史高位,但此后则基本上逐渐下滑。① 从2012年的“国民教育科”风波以来,对于香港本地身份或本土身份予以强化或重述的声音开始变得显见,其间经过2014年“占领中环”事件、2015年政改失败、2016年立法会换届等重大事件的推动,港人“与国家离心之趋势”更加明显,进而出现了公开鼓吹香港人独特民族身份以及主张香港脱离中国而建立独立政治实体的政党。

(二)香港民族党

香港民族党于2016年成立,召集人为陈浩天。在该党合法运作期间,仅有陈浩天与另外一人相对为外界所知,因此有媒体曾戏称其为“一人政党”。根据香港民族党的脸书(Facebook)专页和其他公开资料显示,其主要纲领包括6方面:

1. 建立自由而独立的“香港共和国”;
2. 捍卫港人利益,以香港民族利益为本位;
3. 巩固香港民族意识,确立香港公民的定义;
4. 支持并参与一切有效抗争;
5. 废除未经港人授权的基本法,香港“宪法”必须由香港民族制定;
6. 建立支持香港独立的势力,在经济、文化、教育等各方面成立以香港为本位的组织和政治压力团体,奠定自主的势力基础。

此外,在具体目标方面,香港民族党也包含有很多敌视、蔑视中国或中国内地的论述,包括在教育领域“禁止以普通话作为教学语言”,人口上“停止输入中国移民”“中国籍留学生在港毕业后不可直接留港工作”,文化艺术方面“打击文化入侵(如广场舞)”,经济方面“取消中国居民自由行”“停建高铁、港珠澳大桥”等。

实际上,该党召集人陈浩天的创党与文宣,和他本人参选2016年的第六届立法会选举的部署有密切联系。其接受媒体采访、出席论坛或研讨会,乃至站街派发传单等,都既是本党宣传也是为竞选造势。2016年的

---

① 香港大学民意研究所(原为钟庭耀博士负责的香港大学民意研究计划)自1997年香港回归以来,每年通过随机抽样调查的方式,调查研究香港人的身份认同倾向。数据显示,港人对自己“中国人”的身份认同,最高在2008年达至38.6%,随后总体呈走低之势,最低在2019年低至10.8%。与之相对应,港人对“香港人”的身份认同,近年来愈发强烈,在2019年达至最高的55.4%。载香港民意研究所,https://www.pori.hk/pop-poll/ethnic-identity/q001。

立法会选举,因为仍处于后“占中”、后政改(失败)时期的大背景之下,香港特别行政区政治生态发生重大改变,大量本土派政治力量冒气,而其中有很多“政治素人”决定参选立法会。当然,以“香港独立”作为明确政纲,甚至以“香港民族党”为旗号的政党,在本土派政治光谱中也属于最为激进的边缘力量,因而引人瞩目。可以说,“港独政党”的标签为陈浩天聚集了大量的关注度,提升了名气。①

(三)依法禁止运作

2018年9月24日,香港特别行政区保安局局长李家超根据《社团条例》第8(2)条的规定发出“命令”,禁止香港民族党运作或继续运作。该“命令”借由刊登于香港特别行政区宪报(Gazette)而于当天立即生效。根据《社团条例》第18(1)(a)条,被作出该命令的香港民族党已在法律上属于“非法社团”(unlawful society),而该条例第19~23条则规定,对于担任非法社团干事、成员的行为,或煽惑、诱使、邀请他人加入的行为,或容许非法社团于自己所有或管控的处所之内举行集会,或为非法社团募款、提供援助等行为,均属犯罪,并将科以罚款至监禁不等的刑罚。

《社团条例》规定了针对保安局局长禁令的上诉机制。被禁之社团、其分支机构或其成员均有权在禁令生效之后30日以内,就该命令向“行政长官会同行政会议”(Chief Executive in Council,CEIC)提出上诉,后者有权作出“确认、更改或撤销”之处理。行政会议(executive council)是位于香港特别行政区政府架构之内的决策咨询机构。《香港特别行政区基本法》第54~56条规定了行政会议的地位、人员构成与若干职权;不过,行政会议的机构起源于港英殖民时代,而保留至特区时代的原有法律之中有散见于各处的对于行政会议或“行政长官会同行政会议”的具体授权——如此次所依赖的《社团条例》,就授予了特首会同行政会议的上诉复审权。根据该条例,上诉期间不影响原命令继续生效。

2019年2月19日,CEIC作出决定,确认保安局局长的命令为有效,至此,《社团条例》所提供的上诉机制已经终结。由于行政会议的运作遵循保密原则,并未向公众交代其决定过程,上诉相关细节不得而知。李家超局长在2月22日会见传媒时,曾有记者问,处理该次上诉的行政会议内“三人小组”的人员构成以及李家超局长本人是否回避(因李家超作为

---

① 陈浩天最终未能被确认为立法会议员的正式候选人。

发出命令的人,存在利益冲突),但李家超以行政会议"所有程序都是保密的"为由,拒绝作答。[①] 2月26日,中央政府在行政会议决定之后首次就"取缔事件"正式表态,申明"支持香港特区政府依法禁止'香港民族党'运作"。[②]

在香港,任何行政决定,包括经由行政长官会同行政会议所确认或更改之命令,都在司法机关管辖范围之内。根据《高等法院条例》,任何人有权经由"司法复核"(judicial review)程序,向高等法院(高等法院原讼法庭负责处理司法复核的第一审)申请复核(审查)相关决定。香港法律界以及法学界普遍认同,无论是《香港特别行政区基本法》、香港特别行政区所保留的普通法,还是法治原则等,均提供了司法机关行使司法复核权从而监督行政当局的法律基础。对于此类行政决定,如申请人挑战其合法性乃至合宪性(是否符合香港基本法或人权法),则可供法庭选择的救济方式——如果认同申请人的主张的话——包括发出禁止令(injunction)、宣告(declaration)等,从而撤销该命令或使其不能执行。

但是,对于本次禁止香港民族党运作的命令以及行政会议之确认,高等法院并未收到正式的司法复核申请。因此,从法律上来说,保安局局长的命令是一直有效的,而香港民族党也确定构成"非法社团";在实际效果上,这达成了取缔这家"港独政党"的预期效果。

(四)后续进展

中央人民政府始终高度关注该事件的进展。实际上,国务院在申明支持取缔香港民族党的文件(国函〔2019〕19号)中,要求"行政长官就依法禁止'香港民族党'运作等有关情况向中央人民政府提交报告"。根据《香港特别行政区基本法》第43条第2款,行政长官"依照本法的规定对中央人民政府和香港特别行政区负责"。尽管国务院没有明示其发函的法律条文依据,但从上述文件中几乎照搬第43条的表述——"香港特别行政区行政长官依法对中央人民政府和香港特别行政区负责"(仅"依照

---

① 《保安局局长谈建议修订〈逃犯条例〉及民族党》,载香港特别行政区政府新闻公报网,https://sc.isd.gov.hk/TuniS/www.info.gov.hk/gia/general/201902/22/P2019022200811.htm。

② 参见国函〔2019〕19号,载中央人民政府官网,http://www.gov.cn/zhengce/content/2019-02/26/content_5368672.htm。

本法的规定”变成了“依法”)——来看,国务院很可能是把中央的“过问”“要求报告”理解为香港特首向中央负责的一种具体形式了。

2019年4月16日,也就是国务院发函之后不到两个月,特区行政长官林郑月娥向中央人民政府提交了《关于香港特别行政区政府依法禁止“香港民族党”运作等有关情况的报告》。林郑女士在向传媒交代其提交报告之决定时,表达了她所理解的此次报告的意义,主要是“令中央政府了解港府禁止香港民族党运作的决定过程、相关的事实根据和所经过的法律程序”。报告主文的内容之中,有关保安局局长作出决定以及该社团提出上诉的情况,此前已经公布予社会公众知晓,但关于行政会议的上诉程序,该报告则作了进一步披露:

香港民族党发言人及召集人在法定期间内(于2018年10月24日)向行政长官会同行政会议提出上诉;根据《行政上诉规则》(香港法例第1章,附属法例A),行政长官会同行政会议于12月4日委任了一个由3名行政会议成员组成的委员会;①2019年1月14日,上述委员会进行了聆讯(聆讯具体形式未作交代),并根据前述规则第10条的授权,向行政长官会同行政会议就如何作出决定提出了建议;2月19日,在考虑了委员会的建议之后,行政长官会同行政会议作出决定,确认了保安局局长的命令,该决定并以非公开方式发送至此次上诉的双方当事人,即申请人以及作为答辩人的保安局局长。

值得注意的是,上述报告本身以及特首本人并未表明此次“提交报告”是否属于基本法上所规定的中央政府与特区之间的某种互动程序或负责方式。在2019年2月26日当天,即特首向传媒交代中央来函要求其提交报告时,就有记者追问,中央要求提交报告“是否按《基本法》第48条第8项向你下一个指令,是否第一次运用这个方法?如果是的话,又代表什么意思?”对此,林郑月娥并未回应。她在提交报告之前多次强调,从港府角度而言,禁止香港民族党运作一事,“已经完成了在行政机关的程序”;在此过程中,中央没有给过任何指示,没有提过任何要求。② 从《香

① 三人分别为廖长江、周松岗、任志刚。

② 《行政长官就中央人民政府发公函一事会见传媒卷问内容(附短片)》,载香港特别行政区政府新闻公报网,https://www.info.gov.hk/gia/general/201902/26/P2019022600932.htm。

港特别行政区基本法》来看，其第48条规定了特首的若干职权，而其中第8项是“执行中央人民政府就本法规定的有关事务发出的指令”。然而，无论从中央函件的措辞、特首报告的表述，还是有关官员的公开讲话来看，中央此次有否运用“指令”，并不清楚。

二、各方反应

香港民族党被取缔一事引发普遍关注。在香港特别行政区，媒体以及各政党均就此有所报道或表态。在李家超局长于2018年7月先期向媒体吹风，其已收到助理社团事务主任之建议，正考虑是否对香港民族党作出禁止运作之命令时，各家纸媒、网媒就开始对此高度关注，均发表了第一时间的新闻报道，同时有相关评论意见面世。《明报》称，引用《社团条例》向保安局局长建议禁止特定社团运作，“是回归后首例”；并指出民族党召集人陈浩天在接受香港商业电台等采访时表示，“港府以法律包装事件，背后极具政治考虑”，其认为港府始终面临落实《香港特别行政区基本法》第23条之本地国安立法之压力，因而以取缔香港民族党来试图证明，就算没有“第23条立法”，也能够“打压异己”。[①]《星岛日报》刊登立法会议员陈克勤文章，明确支持港府考虑禁止民族党运作。陈议员认为，从公开资料可知，该党的创立宗旨就是建立“香港共和国”，也就是“旗帜鲜明地推动‘港独’”，这种团体“本身就违反国家宪法和基本法……禁止运作亦是理所当然”。[②]

待到2018年9月24日，禁令正式刊宪生效，进一步激起舆论热议。素来不吝惜批评特区政府的《苹果日报》，登载署名卢峰的评论文章，认为政府决定取缔香港民族党“是对一国两制的巨大打击，是对公民权利自由的严重伤害，并为政府滥权限制市民的言论结社自由立下极坏先例”。作

---

① 《民族党面临取缔，陈浩天：警方估计党员十人以上、百人以内》，载明报新闻网，http://news.mingpao.com/ins/%E6%B8%AF%E8%81%9E/article/20180718/s00001/1531876602029/。

② 参见陈克勤：《早该禁止“香港民族党”运作》，载星岛日报网2018年7月21日，https://www.singtaousa.com/%E6%98%9F%E5%B3%B6%E5%BB%A3%E5%A0%B4/1029675-%E6%97%A9%E8%A9%B2%E7%A6%81%E6%AD%A2%E3%80%8C%E9%A6%99%E6%B8%AF%E6%B0%91%E6%97%8F%E9%BB%A8%E3%80%8D%E9%81%8B%E4%BD%9C/。

者强调，该党"香港独立"的政纲虽触怒当权者，但自成立以来却"从没有以任何违法或暴力手段推动'港独'，顶多只是在论坛、研讨会上提出自己的想法，在街头派派传单，成立网站宣传理念等，这些都属于言论自由的范围，该受到《基本法》、国际人权公约及香港人权法的保障"。① 港区全国政协常委林建岳则在《信报》发表文章，持相反看法，认为"民族党是一个正在实施港独违法行为的非法组织，已经远远超出言论结社自由的界限"。②《立场新闻》则强调，"港独"主张是"思想和言论自由的范畴，同意不同意不重要，因为是法律赋予的自由和人权，而且禁之不绝……倘若港独主张真的是人民的自由选择，港独分子自然可以顺理成章通过选举上台，用公投决定一个地方能否独立"，不过，该文也指出，在现实的考量面前，魁北克、苏格兰最终都公投反对独立，而加泰罗尼亚的公投结果虽为独立派胜出，也没有获得西班牙、欧盟和国际社会的承认。③

在中国，香港民族党被禁止运作的相关法律程序与决定同样被媒体广泛报道。不过，内地媒体一般仅简单播报此事件法律处置的事实情况或引述新闻通稿，并无更多分析或评论文字出现。④

三、法律分析

"禁止香港民族党运作案"，在法律层面值得讨论，甚至存在相当争议的点，包括：有违基本法精神的"港独"主张，是否处于言论自由权利的保护之内，以及，基于此宗旨而创立的团体被取缔，是否进一步引发侵犯结社自由权的问题？"港独政团"的法律规制为何依据《社团条例》进行，而

---

① 资料来源：苹果日报网，https://hk.appledaily.com/local/20180927/UOUACCVT5P5DB7SFQDWZVUJS3E/。

② 林建岳：《取缔民族党合情合理合法》，载信报网2018年9月24日，https://www2.hkej.com/instantnews/current/article/1952193/%E6%9E%97%E5%BB%BA%E5%B2%B3%3A%E5%8F%96%E7%B7%A0%E6%B0%91%E6%97%8F%E9%BB%A8%E5%90%88%E6%83%85%E5%90%88%E7%90%86%E5%90%88%E6%B3%95。

③ 黎则奋：《公开加入香港民族党以身试法真抗争》，载立场新闻网2018年8月4日，http://www.thestandnews.com/politics/。

④ 在中国知网以"香港民族党"为检索词，可查询到个别学术论文从香港本地现行法律制度中的国家安全法律漏洞角度对香港民族党被禁止运作案例的分析。参见卢雯雯、邹平学：《香港现行法律和基本法第23条的关系：兼论适应化立法路径的可行性》，载《港澳研究》2019年第3期。

港府的行政决定及相应的救济机制,是否能够有效平衡管治与法治?港独思潮所引发的国家安全方面的风险,其在法律应对方面的安排,是否应当超越于特区自治的范围,或如何在中央权限与特区自治之间实现更合理的分配与协调?在此,本文按照以上问题的"争议程度"之不同,分别稍作分析:

(一)言论自由与结社自由

首先需要明确的是,本案涉及言论自由与结社自由这两项基本权利。无须赘述的是,个人权利不是绝对的,也不得滥用;同样已经广为接受的是,包括国家安全在内的重大公共利益或政府目标(governmental objective),当其法律化并构成对权利的某种限制或剥夺时,须予以仔细审查及平衡。在香港特区,这个审查过程借由"司法复核"程序来完成(如在终审法院处理,则全国人大常委会也有可能参与到基本法的权利条款或其他相关条文的解释之中)。

根据"一国两制"政策、《中英联合声明》及《香港特别行政区基本法》,香港特别行政区在基本权利保障方面——如同其他诸多方面的制度与政策一样——已经形成了一套独特且相对成熟的法律制度。从普遍原理来说,中国内地同样极其重视人权,我国《宪法》第33条就明确规定"国家尊重和保障人权"。但正如全国人民代表大会所作的关于香港基本法的决定(1990年)所宣告的,香港特别行政区的制度与政策以基本法为准,而《香港特别行政区基本法》第三章(尤其包括其中第39条)对香港居民的基本权利进行了全面列举和郑重承诺。鉴于普通法传统被保留并过渡至特别行政区时代的香港宪治之中,因此,关于基本权利,自然不能只看法律条文的规定,也需要考虑判例法中的基本权利(fundamental rights in case law)。也正因如此,回归之前制定的《香港人权法案条例》(港英时代本地法例,总体上过渡至特区法律体系之中)在回归之后进一步在司法实践中被确认为与基本法权利条款、国际人权法融为一体(a jurisprudence of rights),具备了充当审查基准去检视本地法或政府行为的"高级法"地位。

香港特别行政区终审法院在2005年的梁某某诉香港特别行政区案①中,正式接纳了比例原则作为基本法框架下权利保护的审查标准,并将之

① Leung Kwok Hung v. HKSAR(2005) 8 HKCFAR 229, [32].

概括为三方面的检测(test),即权利限制是否:(1)为了达成一项正当目标;(2)可合理地实现上述目标;(3)在程度上超出了必要限度。在2016年的希慎公司诉香港城市规划委员会案①中,终审法院进一步将"狭义比例测试"增补进入本地比例原则框架之中,形成四部曲审查框架。也就是说,法院不会拒绝在一定程度上作利益平衡,以便更为全面、慎重地处理涉及权利限制的案件。

禁止香港民族党运作或继续运作,直接限制了当事人陈浩天及相关成员的结社自由权,并因为阻止了其以该政党名义宣扬其政治主张,进而也限制了其言论自由(表达自由)。政府禁令的法律基础是《社团条例》,其第8(1)条规定,如社团事务主任"合理地相信禁止任何社团或分支机构的运作或继续运作,是维护国家安全或公共安全、公共秩序或保护他人的权利与自由所需要者……"可建议保安局局长作出命令,禁止该社团或该分支机构运作或继续运作。保安局局长李家超在其禁止命令中,尽数援引了"维护国家安全、公共安全、公共秩序及保护他人的权利和自由"这些法定理据。他在面向传媒的解说中,依次交代了他的考量,如该党公开宣示的纲领及目的是废除《香港特别行政区基本法》,建立独立的"香港共和国",并且过去几年有计划、有步骤地将其纲领付诸行动,包括理念宣传、募集资金、参选立法会、海外联络等,对此,李局长认定该党"明显危害国家安全";又如,香港民族党多次公开主张,中国是香港的"殖民者",中国内地人是香港的敌人,要令香港成为一个没有中国人的香港等,李局长认为此类宣扬歧视与仇恨的言辞,以及"会用任何方法"以令中国人在香港绝迹的主张,是"威胁他人的权利与自由"。②

根据过往运用比例原则的判例,"正当理由""合理联系"(rational connection)两部分的审查,法院会相对更倾向接纳政府的意见。尤其是权利限制的理由方面,无论是《人权法案》第16(3)条或第18(2)条,还是《社团条例》(条例本身即属于"依法律之规定"而作出限制)第8(1)条,均给出了足够的空间,毕竟诸如"公共秩序""他人权利自由"都是包容性

---

① Hysan Development Co. Ltd. v. Town Planning Board,(2016)19 HKCFAR 372.

② 《保安局局长就行使〈社团条例〉赋予权力会见传媒开场发言》,载香港特别行政区政府新闻公报网,https://sc.isd.gov.hk/TuniS/www.info.gov.hk/gia/general/201809/24/P2018092400544.htm。

很大的概念。1999年的吴恭劭案是一次典型的处理，刑事被告涉嫌污损国旗与特区区旗的行为，被认为有损“公共秩序”——终审法院参考了法语中的“公共秩序”(ordre public)的内涵来理解人权法案条例所许可的维护公共秩序的需要，并认为中华人民共和国国旗和香港特别行政区区旗作为象征国家统一、特区建制的重要标志物，是应予维系的本地公共秩序的一部分——最终，当事人未能获得表达自由权的保护，刑事定罪被维持。①

关于合理联系，法庭会视政府所能提供的证据，结合案件具体情况，来判定相关限权措施是否与某个可接受的正当目标之间存在“合理联系”。从2019年年末的“禁蒙面法”司法复核案来看，法院将“合理联系”的判定理解为“一个逻辑和常识问题”(a matter of logic and common sense)。② 也就是说，即便事后证明政府所采取的限权措施并非实际有效，也不妨碍在逻辑上、常识上认可相关措施与相关目标存在合理联系。从政府角度而言，这项要求不难满足。

比例原则审查的难点在于第三步乃至近年被引入香港的第四步之中。总体来看，香港特别行政区终审法院并未坚持一套明晰的具体标准，用于判断限权措施是否“必要”(necessary)。但基本可以肯定的是，对必要性的理解不必依循“最小损害原则”，即法院不要求政府必须在所有可得方案中选择对权利侵害程度最小的那一种限权方案。希慎案运用了“明显缺乏合理依据”标准——法院只会在立法者或政策制定者所作之决定明显缺乏合理依据时，才会干预——这可视作一种宽松理解“必要性”的方式，但要注意，该案所涉及的是财产权(《香港特别行政区基本法》第105条)，与作为“硬核政治权利”的结社自由、言论自由颇为不同，对于后者，法院具备足够的机构能力(institutional competency)去审视禁令，这算不上代替政府其他分支进行决策。

此外，正如国际人权法学者、曾任教于香港大学法律学院的彼德森(Petersen)教授所指出，1999年的国旗案的不同之处在于，禁止污损国旗的刑法条文仅属于对表达“形式”的限制，而非针对表达“内容”的限制，

---

① HKSAR v. Ng Kung Siu (1999) 2 HKCFAR 442.

② Kwok Wing Hang and Others v. Chief Executive in Council and Another, HCAL 2945/2019, 2949/2019, at para. 135.

香港特别行政区终审法院当时特别强调,这一点使得该项限制仅为“有限的限制”。本次禁止民族党运作则本质上有所不同,是明确地因言论内容——“香港独立建国”等——而予以法律上之限制、禁止,并且政府正面承认了这一点。① 的确,在很多国家或地区,此类限制被通称为 content-based restriction,即针对言论内容的限制,法庭一般会以最高标准来要求政府一方作举证与辩解,否则很可能否决其合宪性。而香港特别行政区终审法院在希慎案中明确表示,对权利的干预程度越深,政府就必须相应提供更强的论证。② 因此,香港政府在取缔民族党一事上面临着超出当年国旗案的证立(justification)难度。

至于实质性的价值权衡或者说港版“狭义比例原则”,应该说,希慎案也仅仅是“预告”“引入”了这一审查步骤,李义法官(Judge Ribeiro)主笔的判词之中也没有完成实质性的权衡作业。未来比例原则的四部曲会有怎样的发展或定型,有待观察。

无论如何,鉴于本案仍然没有行至司法复核那一步,所以特别行政区法院或许“错过了”一次整理、检视比例原则的机会,或者说,在政治气氛如此紧张的背景下,法院暂时避开了一个棘手的难题。

(二)“一国两制”框架下的国家安全法律制度

《香港特别行政区维护国家安全法》已经于 2020 年 7 月 1 日在香港生效。香港民族党此前已被取缔;《香港特别行政区维护国家安全法》第 39 条确认,“本法实行以后的行为,适用本法定罪处刑”,所以不存在针对陈浩天或该党成员此前行为作出相关检控的问题。但如今显而易见的是,宣扬建立独立的“香港共和国”、或废除香港基本法等主张,有非常大的可能性构成《香港特别行政区维护国家安全法》所规定之罪行——如第 21 条的“煽动”他人组织、策划、实施或参与实施“将香港特别行政区……从中华人民共和国分离出去”“非法改变香港特别行政区……的法律地位”,一旦定罪,最高刑罚可达 10 年有期徒刑。

香港特别行政区的维护国家安全法律制度历来是极受瞩目也不易处理的问题。《香港特别行政区基本法》第 23 条规定,“香港特别行政区应

---

① Carole Petersen, Prohibiting the Hong Kong National Party: Has Hong Kong Violated the International Covenant on Civil and Political Rights?, HKLJ 789, p. 790(2018).

② Hysan Development Co. Ltd. v. Town Planning Board, [2016]19 HKCFAR 372.

自行立法禁止任何叛国、分裂国家、煽动叛乱、颠覆中央人民政府及窃取国家机密的行为，禁止外国的政治性组织或团体在香港特别行政区进行政治活动，禁止香港特别行政区的政治性组织或团体与外国的政治性组织或团体建立联系”。其中，“应自行立法”是《香港特别行政区基本法》对本地立法机关所提出的宪制义务。这样的本地立法方案，体现了国家与特区之间的一种妥协，兼顾了中央对源于香港的国家安全漏洞的关切与港人对于维系本地高度自治的渴望。这就是所谓的“23 条立法”问题。

在作为人大立法的《香港特别行政区维护国家安全法》制定以前，香港特别行政区政府曾经就“23 条立法”作过努力，但不及立法通过，就在香港社会引发巨大民意反弹。一般认为，第一任特首董建华于 2005 年选择提前辞职，与国安立法计划的挫败有很大关系。此后，不论曾荫权时期、梁振英时期，或是林郑月娥执政的前半期，“23 条立法”所必需的条件——包括主流民意的支持、立法会内足够议员的支持等——始终未能具备。这一项宪制义务的落实，看上去遥遥无期。[①] 但与此同时，如本文开篇所提及的，港人在国家认同上出现越来越令中央政府感到悲观的情形，甚至最终出现了公开鼓吹“香港独立”的政治团体。在 2016 年立法会换届之后发生的 DQ 议员事件（包括随后全国人大常委会作出的关于《香港特别行政区基本法》第 104 条的解释），证明中央政府不会容忍独派政治人物或其政治光谱上的温和邻居“本土派”借由法律渠道进入体制内；然而，2019 年的反修例运动显示，被阻挡了进入立法会道路的激进政治力量，会转而在街头上演更加直接的政治对抗。这些背景的叠加，促使中央下定决心绕开基本法框架来完成香港国家安全制度的建构，才有了“5·28 人大决定”以及此后迅雷不及掩耳的国安立法。也就是说，与“23 条立法”的原本安排不同，2020 港版国安法是一部“人大立法”，但是经过《香港特别行政区基本法》第 18 条设立的“纳入程序”（主要用来在香港实施有关国防、外交等全国性法律），进入香港特别行政区的法律体系之中，成为一部“在香港生效实施的法律”。尽管取缔香港民族党事件发生在 2018 年下半年至 2019 年上半年，彼时距离“反修例运动”爆发尚有几个月时间，但仅凭常识即可判断，“港独政党”的出现，必定也是令中央决

---

① See Johannes Chan SC & C. L. Lim, ed., *Law of the Hong Kong Constitution*, 2nd edition, Sweet & Maxwell, 2015, p. 189.

定接管国安立法的助推因素之一。

然而,应该怎样从香港国安制度的角度来评价取缔民族党一案?或者,该次事件对于我们认识香港国安制度能提供哪些启示呢?

一方面,“23条立法”未能落实,并不意味着香港特别行政区在国家安全领域毫无设防,也不代表特区政府在维护国家安全问题上无可作为。以煽动罪为例,傅华伶教授指出,与很多国家或地区相比,香港地区在回归之前实行的相关法律不仅赋予了检控部门较大的举证优势——不必证明被告抱有煽动意图(seditious intention),而是由对方自己来举证其善意(innocence)——本身也保留了更多的罪行类别,不止是煽动,也包括出版或持有煽动性的出版物(seditious publications)的罪名。实际上,特区政府在2003年6月提交至立法会的(“23条立法”)条例草案(the National Security Bill)关于煽动罪的规定,比起原有的普通法罪行,已经作了大幅度收缩,如通过,将提供给基本权利一个更为有利的法律环境。①

本次取缔香港民族党,在法律上是以《社团条例》为基础,将该党界定为“非法社团”,从而引入非法社团相关的刑事责任予以应对。尽管保安局局长的这一份禁令所依据的事实并不十分充分——如“不排除任何手段”是否等同于煽动使用暴力以至构成对于公共秩序的现实威胁——但追求类似目标的政治团体,如果作出构成煽动暴力的行为,《社团条例》仍是一种可用于应对的法律手段。此外,《公安条例》《刑事罪行条例》等本地法例,以及普通法相关罪名,都仍然是有效的法律资源。

另一方面,《香港特别行政区维护国家安全法》的颁布与实施,仍需顾及香港特别行政区居民既有的基本权利,因为维护国家安全并不是压倒一切、无以平衡的政府目标。该法第4条规定,香港特别行政区维护国家安全“应当尊重和保障人权,依法保护香港特别行政区居民根据《香港特别行政区基本法》和《公民权利和政治权利国际公约》、《经济、社会及文化权利的国际公约》适用于香港的有关规定享有的包括言论、新闻、出版的自由,结社、集会、游行、示威的自由在内的权利和自由”。本条位于该法第一章“总则”部分,证明其具有申明该法实施之总体精神的地位,

---

① See Fu Hualing, Carole J. Petersen and Simon N. M. Young, ed., *National Security and Fundamental Freedoms: Hong Kong's Article 23 under Scrutiny*, Hong Kong University Press, 2005, pp. 248 – 249.

相关罪行条文的适用,必须考虑到香港特别行政区居民行使相关权利的需要。

尽管《香港特别行政区维护国家安全法》是在香港特别行政区公布实施的“全国性法律”,第62条也赋予其自身优越于香港特别行政区“本地法律”的地位,但该法仍处于基本法框架之内,不能挑战基本法在香港特别行政区的“宪制性法律”地位。无论从全国人大“5·28决定”、《香港特别行政区维护国家安全法》第1条中的“制定依据条款”来解读,还是全局性地考虑全国人大1990年关于香港基本法的决定、《香港特别行政区基本法》第11条的规定,都可以确定,《香港特别行政区维护国家安全法》的实施不得违反基本法。因此,在司法程序中,基于基本权利的“合宪性审查”(constitutional review)仍是国安案件有可能面对的。换句话说,如果再次面对类似陈浩天鼓吹香港独立的言论,律政司根据《香港特别行政区维护国家安全法》第21条指控其构成“煽动他人实施‘将香港特别行政区从中华人民共和国分离出去’的犯罪”,那么面对言论自由的抗辩,法庭大概率会将煽动(incite)限定理解为,根据相关言论的性质,以及言论所处的环境,他人有可能实施该言论者所敦促、引诱其实施的犯罪行为(《香港特别行政区维护国家安全法》第20条规定“不论是否使用武力或者以武力相威胁”均属犯罪,这当然是极其宽泛的);相反,如果将言论的任何潜在、遥远的效果都归结于言论者,从而认定为构成煽动,是不符合比例原则中的“必要性”检测的。

最后需要说明的是,在《香港特别行政区维护国家安全法》实施以后,香港特别行政区原有法律中有关国家安全的刑事法如何适用,以及如何与《香港特别行政区维护国家安全法》上的罪行相协调,仍未可知。根据《香港特别行政区维护国家安全法》,香港警务处设立了专门处理国家安全犯罪的部门,即“警务处国安处”;相应地,律政司也依法设立了负责国安案件检控的专门职位,特首也被授权指定专门法官(所谓“指定法官”)审理国安案件。由于国家安全是一个极为宽泛的概念,所谓“港独政党”的具体存在方式、运作方式、相关言论或行动,具体会划入《香港特别行政区维护国家安全法》的管辖范围,还是属于香港特别行政区其他法律的管辖范围,必须具体案件具体分析,很难一概而论。严格来说,《香港特别行政区维护国家安全法》也没有百分百接管香港的国家安全法律制度。

(三)“港独”团体的法律规制及其救济机制

无论是《香港特别行政区基本法》第23条,还是《香港特别行政区维护国家安全法》,并没有专门针对“港独政党”的入罪条款。从政党政治的制度环境来看,香港地区也一直缺乏关于政党制度的成熟、系统的法律制度。① 以香港民族党为例,实际上,陈浩天并未依循《社团条例》的规定将“香港民族党”登记为本地“政治性社团”,而是以一家根据《公司条例》注册的名为C&N Limited的公司为依托,对外以“香港民族党”的名义进行活动及发表言论。正如有学者指出的,在民族党被禁止运作之后,假如陈浩天改换一个新的组织名称并继续鼓吹“港独”,那么政府除了再次对“新社团”予以取缔之外,并不能进一步解决其背后公司的法律地位问题,因此可谓仍有法律漏洞。②

另外一个问题与《社团条例》规定的行政上诉机制有关。行政长官会同行政会议处理针对保安局局长禁令的上诉,这一安排遭人诟病之处在于,行政会议一直遵循保密原则,其运作过程以及相关资讯,并无义务向社会公开。保密原则是从港英时代沿袭下来的。行政会议的前身行政局是殖民地时代辅助港督进行行政决策的机构,其内部运作是不对外界公开的;然而时过境迁,保密原则与法治、良好管治等现代概念之间的抵触已经越发明显,不能令外界放心,有关上诉机制是否提供给当事方足够的程序保障。如上文所述,在行政长官后来提交给中央人民政府的报告当中,行政长官会同行政会议的上诉复审过程有所披露,但仍然极其简略。

《行政上诉规则》作为行政长官会同行政会议处理向其提出的上诉的一般程序规则,规定了以下几方面内容:(1)处理上诉必须有聆讯,而行政长官会同行政会议可以委任由行政会议议员组成的委员会(不少于2人)来处理聆讯,但是,委员会的聆讯以“非公开形式”进行;(2)上诉申请人可以出席聆讯,可由自己亲自陈述,或委托大律师或律师代表陈述,答辩人(被上诉的政府部门首长或相关公职人员)也可出席;(3)行政长官会同行政会议有权就上诉作出决定,不受委员会建议的约束;(4)对上诉所

---

① 参见曹旭东:《比较法视野中的香港政治资金规管:模式、制度及评估》,载《法学评论》2017年第1期。

② 参见卢雯雯、邹平学:《香港现行法律和基本法第23条的关系:兼论适应化立法路径的可行性》,载《港澳研究》2019年第3期。

涉及的法律问题，行政长官会同行政会议有酌情权决定是否以“案件陈述”的方式寻求上诉法庭（高等法院上诉法庭）的意见，若上诉法庭作出裁决，则行政长官会同行政会议将发出命令执行此裁决。

可以肯定的是，行政长官会同行政会议由《社团条例》《行政上诉规则》所获得的授权，是一种典型的公法上的权力，因此其最终决定属于司法复核的管辖范围之内。申请人如果对上诉结果不满，可以向特区法院申请司法复核。在此需要补充的是，提出司法复核不一定必须以《香港特别行政区基本法》（尤其是基本权利）为依据，这只是申请理据（ground for application）之一；更为传统的行政法上的理据包括不合法、不合理、程序瑕疵、打破合法预期（legitimate expectation）等，这些都是可能被援用的，取决于个案的具体情况。

四、治标仍需治本：走出政治抗争的死循环

香港特别行政区地位的特殊性，决定了其并非一个典型的“去殖民化”案例。从英国管治之下脱离，转换为中华人民共和国主权之下的一个特别地方，先天地就面对如何与中国内地的政治制度、主流意识形态和谐共处的问题。

国家安全与港人身份是既有联系也有区别的问题。“第23条立法”的宪制安排，其原初意图是防范“源于香港的”对于国家（内地或中央）的政权安全威胁，这与特定历史背景有关。今天的香港，社会心理与政治版图已经改变。香港的国家安全隐患，不具备挑战内地政权安全的能力，但的确会与“国家统一”“一国两制”等概念形成对立。

国安立法能够应对一时之需。从客观上分析，该法设立了极具含括性的罪名和极为严峻的刑罚，加之设立了不同于特区既有执法体制的“国安机制”，直接引入内地执法机制去处理个别严重案件，因此，诸如“香港民族党”这种公开叫嚣独立的团体，会被法律全面压制。众所周知，香港完全不具备独立建国的外在条件，因此，主流民意对于“港独”思潮也并不在意；但反观反修例运动，可知港府的真正挑战不在于国安，而在于管治。要走出管治困局、重建“一国两制”的号召力与国际声誉，唯一的出路就是政改——回归《香港特别行政区基本法》，以具备实质竞争性的普选为基础，来完善、提升特区政制，才能赢得主流民意，并且消除极端思潮、激进运动的社会空间。有关香港政改的讨论，过去几十年已经不计其数，本文

在此不作详细展开,但一个能够最大限度纳入主流民意的政改方案,才是具有实质意义、有助于长远地改善管治的方案,其应该做到:(1)不以内地政治文化为标准衡量香港特别行政区不同政治力量和政治主张;(2)不依赖个别人士或政党的“顺服”,而是依靠基本法本身来确保任何在任行政长官和特区政府对于“一国两制”政策的忠诚。

事例10：招聘单位的生育限制要求与应聘者的平等就业权

——评湖南省新宁县人民医院要求临时护士应聘者两年内不准怀孕事件

邹　奕 *

一、事例回放

2019年1月21日，湖南省新宁县人民医院（以下简称新宁县人民医院）本拟发布的《2019年招聘临时护士人员简章》（以下简称《招聘简章》）对应聘者提出了6项要求："1. 具有良好品行，遵纪守法"；"2. 普通高等学校全日制统招大专及以上护理专业或助产专业毕业，往届毕业生须获得护士执业资格证书，本届毕业生须护士执行考试成绩合格，学历经电子注册"；"3. 护理专业中级及以上职称35周岁以内，中级以下30周岁以内"；"4. 身高1.52米以上"；"5. 身体健康（按公务员体检标准体检）"；"6. 两年内不准怀孕"。① 它们分别从品行、学历及专业、年龄、身高、健康状况、生育计划等6个方面为应聘者设立了门槛。其中，最后一项要求——"两年内不准怀孕"——引起了较大的社会争议。相对于其他方面的要求，明确的生育限制要求在事业单位的招聘中比较少见。

首先，看本事例的起始原因。面对社会上普遍而强烈的质疑，新宁县人民医院院长徐玉光回应："我招聘的是临时护士，一年一签。如果是招聘在编护士，我们不可能提出这个条件"，"不存在违反劳动法，也不存在

---

* 四川大学法学院副教授，法学博士。

特别感谢王蓓教授、柳建龙副教授提供的意见，当然，文责自负。

① 参见《护士入职两年内不准怀孕？医院回应：一来就休产假不如不招》，载搜狐网2019年1月29日，https://www.sohu.com/a/292177081_694864。

歧视女性,我这个条款是她愿意来就来,你对我这个要求达不到,你可以不来”。他表示,“如果刚招进来的护士又要休产假,医院工作根本无法搞,还不如不招”。[①] 另据媒体报道,因医护人员不足,新宁县人民医院经主管部门同意启动了2019年临时护士人员的招聘工作。其《招聘简章》起草时确有“两年内不准怀孕”的内容,在未经审批也未加盖医院公章的情况下就流入了社会。[②]

其次,看本事例的后续发展。2019年1月25日,新宁县人力资源和社会保障局的工作人员表示,“由于医院招聘的是临时护士,所以招聘信息不用报送劳动管理部门审查,目前该局劳动保障监察大队已经介入调查。”[③]当日,中共新宁县委员会宣传部的工作人员称,上述《招聘简章》尚未由新宁县人民医院正式对外发布,仅为限于内部交流的文件,其内容经媒体报道后,该医院迅速作出整改,将临时护士应聘者“两年内不准怀孕”这一要求取消,现已正式对外发布的《招聘简章》没有此项要求。[④] 而后,据新宁县卫生和计划生育局的一名副局长介绍,新宁县人民医院“正式招聘公告中已没有了‘两年内不准怀孕’的条款,招聘工作也在县纪委的监督下严格依法依规进行”。[⑤] 2019年1月24日、25日,64名应聘者参加了新宁县人民医院的招聘考试,[⑥]该医院计划招聘的临时护士人员数量为13名。[⑦]

涉及本事例的各类新闻,并未报道特定应聘者曾针对“两年内不准怀孕”的招聘要求寻求包括司法救济在内的法律救济。鉴于新宁县人民医

---

① 参见《护士入职两年内不准怀孕? 医院回应:一来就休产假不如不招》,载搜狐网2019年1月29日,https://www.sohu.com/a/292177081_694864。

② 参见萧阳:《新宁县人民医院招聘护士已取消不妥条款》,载中国新闻网,http://www.hn.chinanews.com/hnjjdy/fzfl/2019/0125/23819.html。

③ 《医院招临时护士要求“两年内不准怀孕”当地人社局介入调查》,载搜狐网2019年1月25日,https://www.sohu.com/a/291400667_255783。

④ 参见《邵阳一县医院招护士要求两年内不准怀孕 回应:已取消》,载凤凰网湖南,http://hunan.ifeng.com/a/20190126/7189575_0.shtml。

⑤ 萧阳:《新宁县人民医院招聘护士已取消不妥条款》,载中国新闻网,http://www.hn.chinanews.com/hnjjdy/fzfl/2019/0125/23819.html。

⑥ 同上。

⑦ 参见《2019湖南邵阳新宁县人民医院招聘护士13人公告》,载中公教育网,http://hn.yixue99.com/2019/0123/9731.html。

院迫于各方面压力已经迅速"纠错",有理由推测:在被制定单位自行取消之前,《招聘简章》中"两年内不准怀孕"的要求很可能还未来得及经受任何应聘者的法律挑战。

二、问题的提出

从党政机关工作人员的上述表态来看,在新宁县人民医院已经正式对外发布的《招聘简章》中,并无"两年内不准怀孕"的要求。所以,这一所谓的招聘要求也就不可能对应聘者的平等就业权构成实际限制——除非新宁县人民医院在其招聘临时护士人员的程序中实际上实施了这一不成文的要求。然而,这个颇具典型性的事例无疑反映了招聘单位之生育限制要求与应聘者之平等就业权的紧张关系。事实上,诸如此类的事件先前已然存在。只是因未经曝光或者曝光度有限而未引起如此广泛的关注。不仅如此,这一类事件今后很有可能再度发生。在市场经济条件下,为了实现维持有效运行、创造经济效益等目标,公立医院等事业单位确有动机将特定的生育限制作为具体的招聘要求——该要求既有可能公之于众也有可能仅供内部掌握。由此观之,不管是往后看还是向前看,本事例都绝不是可以忽略的少数个案。

如若付诸实践,"两年内不准怀孕"的招聘要求确有可能限制应聘者的若干法律权利。笔者主要关注其中的平等就业权,并且将其作为特定领域的平等权加以研讨。由于兼具一般法律依据和宪法依据,平等就业权不仅是一般法律权利也是基本权利。因此,新宁县人民医院本拟在其《招聘简章》中写明并对外发布的上述招聘要求同时存在合法性问题和合宪性问题。诚然,作为宪法事例评析,本文自当聚焦于合宪性问题而非合法性问题。但是,在法律实务中,几乎任何合宪性问题都不是孤立产生的,往往与合法性问题存在关联。因此,对后者的适度回应将有助于对前者的深入分析。

(一)合法性问题

本事例并不存在复杂的法律关系。但是,作为该事例的争议焦点,"两年内不准怀孕"的招聘要求却涉嫌违反不同效力位阶的一系列法律规范。其中的相当一部分法律规范正是应聘者之平等就业权的依据。

1. 平等就业权的一般法律依据

在本事例中,"两年内不准怀孕"之招聘要求所影响的应聘者具有两重身份。一方面,这类应聘者是"劳动者"。作为我国的法律概念,"劳动者"尚未由法律规范明确界定,其内涵和外延比较模糊。将事业单位的职工归入"劳动者"这一范畴应无疑义。但问题在于,尚未成为其职工的应聘者是否也可以归入该范畴?从相关法律的表述来看,答案应该是肯定的。例如,我国《劳动法》第3条规定:"劳动者享有平等就业和选择职业的权利";《就业促进法》第3条第1款规定:"劳动者依法享有平等就业和自主择业的权利。"我们没有理由将这里的就业和择业限缩解释为再次就业和再次择业。因此,"劳动者"可以被广义界定为:任何具有劳动能力,正在或者将要从事劳动而获取作为生活资料来源之合法收入的自然人。另一方面,上述应聘者是"妇女"。从招聘简章来看,符合条件的男子同样可以应聘新宁县人民医院的临时护士人员。目前,医学院校的护理专业不乏男性学生,医疗机构的护理岗位也不乏男性护士,对于男子主修护理专业、从事护理工作的偏见已经基本消除。不仅如此,相对于妇女,男子从事护理工作在体力、心理素质等方面更具优势,若单从这个意义上说,男子应聘护士人员更具竞争力。在本事例中,男性应聘者的竞争力很可能更加明显,原因在于:所谓"两年内不准怀孕"的招聘要求只会对女性应聘者构成限制。

基于上述两重身份,特定女性应聘者可以依据法律、行政法规、部门规章、地方性法规、地方政府规章以及其他规范性文件主张平等就业权。鉴于相关的规范性文件数量较多,下文仅就3部法律中有关平等就业权的规范进行例示。这3部法律颇具代表性,它们是《妇女权益保障法》、《劳动法》和《就业促进法》。从具体内容来看,这一类规范包括两种类型:第一种为授权性规范,规定劳动者、妇女享有何种权利;第二种为义务性规范,规定用人单位应当和不应当做什么。二者关系密切,后者为前者提供了具体的评价标准和指引规则。下文的例示以前者为主、后者为辅。

《妇女权益保障法》第2条第1款规定:"妇女在……各方面享有同男子平等的权利。"《就业促进法》第27条第1款规定:"国家保障妇女享有与男子平等的劳动权利。"《劳动法》第13条规定:"妇女享有与男子平等的就业权利。"从上述的任一规定都不难推导出,女性应聘者作为"妇女"享有同男子平等的就业权利。值得一提的是,《就业促进法》和《劳动法》的上述条文还进一步规定,不得以性别为由拒绝录用妇女或者提高对妇女的录用标准。作为针对用人单位的义务性规范,这些规定可以说是对妇女平等就业权的具体化。根据前文所引的《劳动法》第3条和《就业促进法》第3条第1款，劳动者享有平等就业的权利。因此，女性应聘者作为“劳动者”同样享有这一类权利。不过，这个意义上的平等就业权并非只是相对于男性应聘者而言的，其参照对象还包括其他的女性应聘者，具体到本事例中，主要是指那些两年内无生育计划的女性应聘者。综上所述，在本事例中，女性应聘者无论是作为劳动者抑或妇女均有权要求新宁县人民医院在其招聘临时护士人员的工作中予以平等对待。为了比较全面地回应合法性问题，下文还将进行3个方面的分析。

2. 招聘要求与合同义务的区分

就事业单位的招聘而言，其对应聘者提出的特定要求并不必然会成为聘用合同为聘用人员设定的特定义务。在本事例中，倘若“两年内不准怀孕”的招聘要求付诸实践，那么新宁县人民医院与特定应聘者订立聘用合同时就存在两种情况：其一，该招聘要求被写入聘用合同，成为受聘为临时护士人员的合同义务，具有形式上的法律约束力；①其二，该招聘要求没有被写入聘用合同，未成为受聘为临时护士人员的合同义务，不具有形式上的法律约束力。之所以有可能出现后一种情况，是因为院方试图规避法律责任。《妇女权益保障法》第23条第2款明确要求：“各单位在录用女职工时，应当依法与其签订劳动（聘用）合同或者服务协议，劳动（聘用）合同或者服务协议中不得规定限制女职工结婚、生育的内容。”②但在这种情况下，院方有可能坚持认为，既然临时护士人员在订立合同之前就已允诺两年内不怀孕，其理应遵守这一“君子协定”。

言至此，需要加以说明的问题有二。就第一种情况来说，女性临时护士可否以平等就业权为由拒绝履行“两年内不准怀孕”的合同义务？此其一。就第二种情况来说，院方可否以“两年内不准怀孕”未写入聘用合同

① 在实践中，某些公立医院甚至将类似的生育限制要求写入了管理文件。如湖北省宜城市中医医院于2012年发布的《关于进一步加强聘用人员管理的补充规定》曾规定：“凡经我院聘用（含事业单位正式聘用人员）未满三年的护士，其他医、药、技专业岗位的女同志，未经医院计生许可，擅自生育、怀孕的，一律予以清退。”参见《护士入职两年内不准怀孕？医院回应：一来就休产假不如不招》，载搜狐网2019年1月29日，https://www.sohu.com/a/292177081_694864。

② 《就业促进法》第27条第3款也有类似规定：“用人单位录用女职工，不得在劳动合同中规定限制女职工结婚、生育的内容。”

为由否认其在临时护士人员的招聘工作中存在差别对待？此其二。本文倾向于对这两个问题给出否定的答案。在第一种情况下，女性临时护士当然有理由拒绝履行上述合同义务。不过，平等就业权并非其适当的理据，因为女性临时护士是聘用人员而非应聘者。从逻辑上说，其无法就既有工作主张该权利。女性临时护士作为女性公民完全可以主张生育的权利。《人口与计划生育法》第17条规定："公民有生育的权利"。《妇女权益保障法》第27条第1款则规定："任何单位不得因结婚、怀孕、产假、哺乳等情形，降低女职工的工资，辞退女职工，单方解除劳动(聘用)合同或者服务协议。"可见，即使女性劳动者作为应聘者没有对"两年内不准怀孕"的招聘要求提出异议，其作为聘用人员仍可以对"两年内不准怀孕"的合同义务提出质疑。在第二种情况下，"两年内不准怀孕"的招聘要求确有可能造成依据生育计划的差别对待，从而限制了部分女性应聘者的平等就业权。这种已然存在的差别待遇不会因为聘用合同未载明"两年内不准怀孕"而消除。另外，需要警惕的是，特定女性临时护士如若在两年内身怀有孕，则不无可能被视为违背"君子协定"的"失信人"而遭遇不公。面对此种境遇，她们可以主张若干法律权利。

3. 意思自治与强制规定的冲突

新宁县人民医院的《招聘简章》实际上兼具招聘广告的功能，可以定性为要约邀请，属于民事法律行为。从这个意义上说，在《招聘简章》中规定何种招聘要求应当取决于该医院的意思自治，其他组织和个人在一般情况下无从置喙。至于在聘用合同中为聘用人员规定何种义务，也应该由院方与拟聘用人员在充分协商的情况下加以约定，依然遵循私法自治的原则。基于意思自治的逻辑，新宁县人民医院似乎可以就限制、侵犯部分女性应聘者的平等就业权提出有力的抗辩。这也正是该院院长就"两年内不准怀孕"的招聘要求作出的解释："我这个条款是她愿意来就来，你对我这个要求达不到，你可以不来。"①

尽管如此，一般而言，当民事主体的意思自治与法律法规的强制性规定发生冲突时，前者通常应当让位于后者。根据《民法典》第143条第3款，民事法律行为既不得违反法律、行政法规的强制性规定，也不得违背

① 《护士入职两年内不准怀孕？医院回应：一来就休产假不如不招》，载搜狐网2019年1月29日，https://www.sohu.com/a/292177081_694864。

公序良俗，唯其如此，该行为方才有效。其中，“前者侧重于具体的法律规范对民事法律行为效力的要求，后者则是从公共秩序和善良习俗方面对民事法律行为提出的要求。”①如前所述，《妇女权益保障法》《劳动法》《就业促进法》等法律以及有关下位法的规定，均可以为女性应聘者的平等就业权提供依据。作为强制性规定，相关的法律规范得以限制新宁县人民医院在其临时护士人员招聘工作中的意思自治空间。值得一提的是，“两年内不准怀孕”的招聘要求有可能同时存在于法相悖和于理不合的嫌疑。《招聘简章》将应聘者的年龄限定在30周岁和35周岁以内（因应聘者的职称不同而有所区别）。这一年龄段的女性应聘者均为育龄妇女，禁止其在两年内怀孕似乎有悖于常理常情，不符合公序良俗。

4. 性别平等与生育平等的竞合

“两年内不准怀孕”的招聘要求是否导致了差别对待，因而限制了平等就业权？该招聘要求使哪些应聘者受到不利差别对待，因而限制了这一群体的此类权利？笔者认为，这两个问题息息相关、密不可分。平等就业权具有平等权的一般属性，其主体必须有参照对象。既然如此，我们有必要厘定有关上述招聘要求的分类依据。对于抽象度较高的平等权条款，即前述的授权性条款，这是合法性分析的第一个步骤，实际上，它也是合宪性分析的首个步骤。

根据美国的平等保护理论，分类（差别对待）的具体形式有三种：其一，基于法律字面的分类（字面上的差别对待）；其二，基于法律效果、目的的分类（有意的差别对待）；其三，法律实施中的分类（有差别的实施）。②在本事例中，“两年内不准怀孕”的招聘要求显然构成了字面的分类，其分类依据就在于应聘者的生育计划，确而言之，即在两年内是否打算怀孕。差别对待的结果是：在两年内无生育计划的应聘者有机会被聘为临时护士人员；在两年内有生育计划的应聘者就没有这个机会。实际上，本文开篇引自《招聘简章》的6项招聘要求均构成了字面的分类。可是，唯有“两

① 黄薇主编：《中华人民共和国民法典总则编解读》，中国法制出版社2020年版，第432页。

② See Allan Ides & Christopher N. May, *Constitutional Law-Individual Rights: Examples & Explanations*, Wolters Kluwer, 2013, pp. 208–210. 中文版本参见［美］阿兰·艾德斯、［美］克里斯托弗·N. 梅：《美国宪法：个人权利案例与解析》，项焱译，商务印书馆2014年版，第229~230页。

年内不准怀孕”这一要求所针对的是应聘者未来的情形而非现在的情况。对于应聘者而言,口头允诺两年内不怀孕甚或未对此提出异议即可被推定为符合该要求。然而,此种“表态”并不符合部分应聘者的真实意思。可见,依据生育计划的分类将女性应聘者分成了两个群体,其中之一无缘于临时护士人员岗位。至于男性应聘者,其生理特点决定了其本无“怀孕”的可能性,他们完全没有动机反对“两年内不准怀孕”的招聘要求。

当然,就本事例而言,较之于生育平等问题,性别平等问题更受社会各界的关注。而根据平等保护理论,“两年内不准怀孕”的招聘要求的确同时构成了依据性别的分类,但其属于基于效果的分类,表现得更为隐蔽。《招聘简章》并未规定男性应聘者优先。可是,“两年内不准怀孕”这一要求足可将相当一部分女性应聘者拒之门外,实质上在男女两性应聘者之间形成了明显的差别待遇。① 需要注意的是,《妇女权益保障法》第23条第1款、《就业促进法》第27条第2款以及《劳动法》第13条均禁止用人单位以性别为由提高对妇女的录用标准。综上所述,“两年内不准怀孕”的招聘要求对两年内有生育计划的女性应聘者构成了不利差别对待,因而限制了其平等就业权。至于此种差别对待可否被认定为歧视,这里不拟展开探究。对于平等权来说,合法性分析与合宪性分析在很大程度上具有同构性,下文如能论证上述招聘要求缺乏合宪性,那么也就可以间接推论其缺乏合法性。

(二)合宪性问题

本文聚焦本事例涉及的合宪性问题,但鉴于下文将针对这一问题展开比较详细的分析,这里仅简要说明该问题的3个特点。

第一,本事例的合宪性问题具体而言就是基本权利问题。如前所述,本文主要关注的基本权利为平等就业权。我国《宪法》②没有使用“平等就业权”这一表述。但是,在《宪法》构建的基本权利谱系中,平等就业权可以被视为就业领域的平等权。另外,该权利与劳动权不无逻辑联系。作为基本权利,平等就业权同时具有消极权利和积极权利两个面向。下

① 从我国目前护理行业的就业情况来看,有意应聘新宁县人民医院临时护士人员岗位的男性数量应该相当有限,但这并不影响本文在理论层面的研讨。

② 如无特别说明,《宪法》在下文中均指1982年通过并于2018年最新修正的现行《中华人民共和国宪法》。

文的合宪性分析将主要从该权利的防御权功能面向展开，但也会在一定程度上关照其受益权功能面向。①

第二，本事例的合宪性问题具有非典型性，基本上不涉及国家机关之规范行为、具体行为的合宪性争议。作为该事例的争议焦点，“两年内不准怀孕”的招聘要求来自新宁县人民医院，该公立医院系事业单位而非国家机关。由于基本权利的约束对象主要限于国家机关，下文将讨论平等就业权对于公立医院的招聘是否具有约束力。

第三，本事例的合宪性问题与合法性问题具有密切关联，前文已经指出，对于二者的分析具有很强的同构性。就平等就业权而言，相关的一般法律规范较之于相关的宪法规范更加具体和明确。分析前者有助于解读后者。当然，宪法解释应当具有独立性，过度依赖一般法律解释不免有“以法释宪”之嫌。最后需要指出的是，相对于一般法律上的平等就业权，宪法上的平等就业权在救济方面将面临更加明显的制度障碍。当然，这不应该是我们漠视后者的理由，而应当是我们进一步重视它的原因。

三、合宪性分析

合宪性分析的核心工作，当然是检视新宁县人民医院“两年内不得怀孕”的招聘要求是否侵犯了特定女性应聘者宪法上的平等就业权，从而构成了不符合宪法要求的歧视。但是，在开展这一核心工作之前，我们必须进行两个方面的基础性工作：一是分析平等就业权的宪法依据；二是探究基本权利对于事业单位的效力。前者比较简单，后者相对复杂。倘若平等就业权没有宪法依据，抑或基本权利对于事业单位没有效力，前述的合宪性检视将同时缺乏必要性和可行性。

（一）平等就业权的宪法依据分析

综观《宪法》全文，关于平等的明确规定并不鲜见，它们包括：第 4 条第 1 款、第 5 条第 5 款、第 33 条第 2 款、第 34 条、第 36 条第 2 款、第 48 条。

---

① 关于基本权利的功能与国家义务的对应关系，参见张翔：《基本权利的规范建构》（修订版），法律出版社 2017 年版，第 70 ~ 71 页。

其中,只有第 34 条和第 48 条第 2 款指明了特定的领域或者事项。[①]《宪法》并未专门规定就业领域的平等,更没有写入"平等就业权"这一概念。

尽管如此,我们可以根据两个平等权条款推导出平等就业权。一是一般平等权条款,即第 33 条第 2 款,其规定:"中华人民共和国公民在法律面前一律平等。"二是性别平等权条款,即第 48 条,其第 1 款规定:"中华人民共和国妇女在政治的、经济的、文化的、社会的和家庭的生活等各方面享有同男子平等的权利。"显然,后者更加具体,它禁止基于性别的歧视,从文义上看,该条款所禁止的是针对妇女而非男子的歧视。在本事例中,"两年内不准怀孕"的招聘要求确实有可能构成性别歧视。不过,若仅依凭性别平等条款,两年内有生育计划的女性应聘者无法主张与其他女性应聘者享有平等的就业机会。而一般平等权条款可以充当前者的宪法依据。该条款的保护对象为所有公民而非妇女。无论是基于性别的歧视还是基于生育计划的歧视,均有可能被其禁止。需要说明的是,严格从《宪法》原意来看,一般平等权条款中的"平等"仅指执法的平等。[②] 但时至今日,我国政学两界基本上达成了共识:这里的"平等"同时包括立法的平等和执法的平等。由此观之,不管是将新宁县人民医院的招聘行为认定为广义上的立法抑或执法,该行为均有可能受一般平等权条款的规制。

不仅如此,从文义解释和体系解释的维度来看,平等就业权也可以得到劳动权条款的支持。《宪法》第 42 条第 1 款规定:"中华人民共和国公民有劳动的权利和义务。"从广义上说,劳动权应当包括争取劳动机会的权利,换言之,即就业的权利。该条第 2 款则明确要求"国家通过各种途

① 《宪法》第 34 条规定:"中华人民共和国年满十八周岁的公民,不分民族、种族、性别、职业、家庭出身、宗教信仰、教育程度、财产状况、居住期限,都有选举权和被选举权;但是依照法律被剥夺政治权利的人除外。"该条指明了在选举权、被选举权事项上的平等。第 48 条第 2 款规定:"国家保护妇女的权利和利益,实行男女同工同酬,培养和选拔妇女干部。"该条指明了在劳动报酬上的平等。而该条第 1 款涉及所有方面,并未指明特定的领域或者事项。

② 作为 1982 年全面修宪的主要领导者,彭真在《关于中华人民共和国宪法修改草案的报告》中指出:"草案恢复了一九五四年宪法关于公民在法律面前一律平等的规定。……在这样的法律面前,在它的实施上,所有公民都是平等的,任何公民都不允许有超越宪法和法律的特权。"参见彭真:《关于中华人民共和国宪法修改草案的报告——一九八二年十一月二十六日在第五届全国人民代表大会第五次会议上》,载《中华人民共和国全国人民代表大会常务委员会公报》1982 年第 5 号,第 7 页。

径,创造劳动就业条件"。

综上所述,平等就业权是平等权与特定劳动权的结合。既然平等权与劳动权均为《宪法》列明的基本权利,那么平等就业权自然也就可以被定性为基本权利。

(二)基本权利对于事业单位的效力探究

基本权利对于事业单位是否具有效力?如若不然,宪法上的平等就业权就无法约束新宁县人民医院的招聘行为。甚至可以说,后者在逻辑上并无侵犯前者的可能性。就《宪法》的相关规定来看,我们似乎不难得出肯定的答案。首先,根据"序言"第13自然段和第5条第4款,各事业组织必须遵守《宪法》,这两处规定非常明确。由此可见,《宪法》对于事业单位具有效力。既然如此,《宪法》所规定的基本权利对于事业单位也当然具有效力。其次,前述的一般平等权条款、性别平等权条款的第1款以及劳动权条款的第1款没有指明约束对象。基于严格的文义解释,这些基本权利的约束对象似乎不限于国家或者国家机关。

尽管如此,一种传统而主流的观点认为,宪法具有鲜明的公法属性,其所规定的基本权利主要应当针对国家机关。由此推导,虽然事业单位属于体制内的组织,但其毕竟不是国家机关,在一般意义上不受基本权利的约束。笔者赞同这一观点,但同时主张:在特定情形下,基本权利的效力可以及于事业单位。

在我国的《民法典》中,公序良俗条款便完全可以充当此种中介。该法典第8条规定:"民事主体从事民事活动,不得违反法律,不得违背公序良俗。"如果将新宁县人民医院的招聘视作民事主体的民事活动,那么其招聘要求就不得违背公序良俗。而宪法上的平等就业权作为客观价值秩序具有"辐射"效应,使得平等就业成为公序良俗的具体内容。

还应当看到的是,在本事例中,新宁县人民医院是该县最主要的公立医院,其较之于应聘者个人拥有更多的资源,属于相对强势的一方。从本事例的后续发展来看,64名应聘者参加了应聘考试,但其中只有13人能够得到聘用。这也就说明新宁县人民医院提供的临时护士人员岗位是供不应求而非供过于求。在这种买方市场中,该医院处于主动而应聘者处于被动,前者具有更强的议价能力。从这个意义上说,基于宪法上的平等就业权对前者加以规制也具有必要性。

在我国,公立医院属于体制内的事业单位,与国家存在天然的亲缘性:它们的基本资产、主要开支来源于国家,其管理人员和运营政策则受制于国家,与特定国家机关——现在主要是各级人民政府的卫生健康部门——保持着行政隶属关系。公立医院医护人员的招录过去基本上由有关行政机关负责。后来,招录医护人员的权限有限地下放到了公立医院。正如前文所述,即使新宁县人民医院在本事例中计划招聘的是临时护士人员而非在编护士人员,其招聘工作仍然必须征得其主管部门的同意。新宁县人民医院的招聘是以国家财政和公共资源为成本的,因而必须以公共利益而非单位自身利益甚至个别私人利益为先。所以,该医院的招聘可以被拟制为国家机关的行为。

综上所述,无论是参考基本权利第三人效力理论还是州行为理论,我们均可以得出结论:在特定情况下,基本权利对于事业单位具有效力,在本事例中,宪法上的平等就业权可以约束新宁县人民医院的招聘行为。

(三)基于平等就业权的合宪性检视

这一部分将实质性地研讨本事例提出的合宪性问题:新宁县人民医院"两年内不准怀孕"的招聘要求究竟是否侵犯了部分女性应聘者宪法上的平等就业权,从而构成不具有合宪性的歧视。

并非所有的差别对待(分类)均为歧视;若没有任何差别对待,则无所谓歧视。因此,确定新宁县人民医院"两年内不准怀孕"的招聘要求是否存在差别对外,是判断其是否构成歧视的基本前提。鉴于前文已经进行了这一步骤的分析,这里不再赘述,仅重申其结论:该招聘要求同时造成了依据性别的差别对待和依据生育计划的差别对待,前者是基于字面的分类,后者是基于效果的分类。从逻辑上说,对于前者而言,受到不利影响的群体是女性应聘者,此种不利影响是相对的;对于后者而言,受到不利影响的群体是两年内有生育计划的女性应聘者,此种不利影响是绝对的。

本事例所涉及之两种差别对待(分类)的可疑程度如何呢?首先来看依据性别的分类。对于第一个问题,由于我国妇女具有选举权、被选举权等政治权利,且约占人口总数的一半,所以女性应聘者在政治上确被代表。对于第二个问题,女性应聘者难以改变自己的性别。对于第三个问题,就我国现行《宪法》通过之后的历史来看,出于各种原因,女性应聘者在就业市场遭遇歧视的情况比较常见。由此观之,三个问题之中有两个答案为是,所以,依据性别的差别对待应该处于准可疑分类和可疑分类之间,这与美国的情况比较类似,它所对应的是中度审查基准或者严格审查基准。再来看依据生育计划的分类。对于第一个问题,两年内有生育计划的女性应聘者只占所有女性应聘者的一部分——有可能还是小部分,其在政治上被代表的程度有限。对于第二个问题,一般来说,这一类女性应聘者改变生育计划不存在太大的难度。对于第三个问题,相对于其他女性应聘者,这一类女性应聘者在过去遭遇了更多的歧视。由此观之,在三个问题之中也有两个答案为是,同样,依据生育计划的差别对待应该处于准可疑分类和可疑分类之间,它所对应的依然是中度审查基准或者严格审查基准。

按照重要性来划分,政府行为所影响的权利可以分为"基本权利"和其他权利。影响前一类权利的政府行为很有可能面临严格审查,而影响后一类权利的政府行为则很有可能面临合理性审查。

根据上述标准,本事例所涉及之招聘行为是否影响了《宪法》所列举的权利呢——平等权除外?答案是肯定的,依据前文所述,"两年内不准怀孕"的招聘要求影响了劳动权,该基本权利由《宪法》第42条专门予以规定。因此,该招聘行为很有可能需要接受严格审查。

综上所述,由于新宁县人民医院的招聘行为一方面导致了在可疑程度上处于准可疑分类与可疑分类之间的分类,另一方面影响了基本权利,总体而言应当适用严格审查基准。

至于符合要求的目的是非常重要的①目的,较之于比例原则之下的正当性原则提出了明显更高的要求。另外,尽管适用严格审查基准的判断标准并不直接涉及手段与目的的均衡,但所谓"非常重要的目的"与合理性审查之"正当的目的"、中度审查基准之"重要的目的"在一定意义上体现了此种均衡的考量。当然,究竟何种目的方才称得上是"正当的"、"重要的"以及"非常重要的",在很大程度上缺乏量化标准,须依赖经验判断和政治决断。另外,这种简单的三分法也未免过于机械。因此,下文的分析将在这一点上加以变通,在适用严格审查基准时仅要求正当的目的,并且考虑手段与目的是否均衡,这就分别对应了比例原则之下的正当性原则和相称性原则(狭义比例原则)。

---

① 英文表述为"compelling"或"overriding",也被译为"令人信服的"、"急迫的"或"压倒性的"。

本事例中“两年内不准怀孕”的招聘要求必须同时满足四个方面的要求,方可被认定为通过了合宪性审查,否则即构成不具有合宪性的歧视。

(1)目的是否正当

新宁县人民医院向其临时护士人员的应聘者提出“两年内不准怀孕”的招聘要求是否具有正当的目的?这一点应该不存在疑问。从事例的回放可知,此次招聘主要是为了应对医护人员不足的问题,而提出该招聘要求似乎也是无奈之举,其直接目的是防止新招的女性临时护士因怀孕休产假而暂离岗位从而导致医院工作无法正常开展。

从表面上看,提出“两年内不准怀孕”的招聘要求主要是出于对单位利益的维护——维持医院的有效运行。尽管如此,我们也不能否认其背后的公共利益考量。当前,许多县级人民医院都存在护士人员严重紧缺的情况,护理不足已经给病患的治疗效果和康复水平带来了诸多消极影响。诚然,部分县级人民医院有条件招聘临时护士人员,但在现实中,部分女性临时护士在受聘后不久即怀孕休产假,客观上降低了护理工作的效率,影响了护理工作的效果。如今,国家提倡一对夫妻生育两个子女,妇女在就业不久后怀孕的情况更加普遍。实际上,许多国家机关也面临类似的问题。不同于一般工作,公立医院的护理工作与广大病患的生命健康息息相关,因而具有明显的公共利益因素。

(2)手段可否完全达成目的

“两年内不准怀孕”的招聘要求可以在多大程度上保障新宁县人民医院的有效运行,同时保障新宁县公共护理服务供应的基本充足?这一点难以精确地量化。尽管如此,从经验和逻辑来看,限制临时护士人员生育的手段完全可以达成维持公共护理资源的目的。应该注意的是,这里的手段是绝对的,而目的则是相对的。在公共利益层面,院方只是试图最大限度地保持护士人员的在岗人数。我们不宜苛求其完成精确的量化指标。

(3)手段造成的负担是否最小

在新宁县人民医院有可能采取的所有招聘政策之中(不显著增加成本),“两年内不准怀孕”的招聘要求是否构成了最小限制手段。首先可以肯定的是,这一招聘要求并非最大限制手段。为了避免临时护士人员因怀孕休产假而离岗,该医院还有可能考虑仅招聘男性临时护士,或者要求在更长的时间内不怀孕,但这显然就造成了更大的限制。

然而，“两年内不准怀孕”并不是限制最小的手段，可供新宁县人民医院选择的替代性方案至少有如下两种：其一，要求应聘者一年内不怀孕，如前所述，院方与这一类护士人员的聘用合同也正好是一年一签；其二，只将“两年内有生育计划”作为参考的消极指标，同等条件下优先聘用两年内无生育计划的应聘者。当然，这两种方案也未必不被认定为歧视，但二者通过合宪性审查的概率相对更高。需要说明的是，另外一些方案也可以说是限制较小的手段，比如，全部或部分改招在编护士人员；又如，适度延长临时护士人员的聘用期限（从1年延长至2年或3年）；再如，取消“两年内有生育计划”的招聘要求并且适度增加临时护士人员的招聘名额。可是，这些方案将使得成本显著增加，且有可能无法得到主管部门的同意。

论述至此，可以针对新宁县人民医院“两年内不准怀孕”的招聘要求作出合宪性判断：该招聘要求对于其背后的目的而言并非最小限制手段，因而构成歧视，不具有合宪性。

（4）手段与目的是否均衡

就新宁县人民医院“两年内不准怀孕”的招聘要求而言，成本和收益孰高孰低？对于这一问题的判断需要考虑具体情况，引入量化分析。粗略地说，直接的成本在于：特定的女性劳动者放弃应聘临时护士人员，或者，放弃两年内的生育计划。前者无疑意味着一个就业机会的丧失，后者则有可能导致身体负担和经济成本的增加，在极少数个案中甚至有可能导致生育机会的丧失。而限制生育的收益在于：保障新宁县人民医院的有效运行以及新宁县公共护理服务供应的基本充足。毋庸讳言，通过量化的成本收益分析来权衡手段与目的确实存在较大难度，容易受价值取向和政策偏好的影响。或许正是出于这个原因，美国法院在平等保护分析中对此种分析一直比较谨慎。由于前文已就“两年内不准怀孕”的招聘要求作出了最终判断，这里不再具体讨论其手段与目的是否均衡。

（四）平等就业权的受益权功能面向

以上合宪性检视均是从平等就业权的防御权功能面向展开的，这里从该权利的受益权功能面向进行简要分析。

“受益权功能是指公民基本权利所具有的可以请求国家作为某种行

为,从而享受一定利益的功能。”①不同于防御权功能,受益权功能针对的是国家的给付义务而非消极义务。《宪法》第42条第2款明显地体现了这一功能,该款规定:“国家通过各种途径,创造劳动就业条件,加强劳动保护,改善劳动条件,并在发展生产的基础上,提高劳动报酬和福利待遇。”结合两个平等权条款加以解读,这里所说的“创造劳动就业条件”应当包括创造平等的劳动就业条件。

在本事例中,对于应聘者宪法上的平等就业权,新宁县人民医院主要承担消极义务。但如前所述,“两年内不准怀孕”的招聘要求可以被认定为歧视,该医院因而违反了这一义务,由此引起了第二性的积极义务。窃以为,后者主要应当由该医院的主管部门予以承担。基于行政上的隶属关系,主管部门可以针对新宁县人民医院的招聘行为实行有效的行政监督,要求该医院取消上述招聘要求。另外,如若能够征得前者的同意,后者也可以对其招聘计划予以适当调整,从而避免对应聘者造成歧视。具体的调整方案可见前文,此处不赘。当然,这种调整很可能需要消耗国家财政和公共资源,必须谨慎而为。

四、维权的路径:代结语

笔者最后尝试简要分析:在本事例中,特定女性应聘者面对新宁县人民医院“两年内不准怀孕”之招聘要求,可以通过何种路径维护自身的平等就业权。

比较现实的维权路径有四条。第一条路径是向有关社会团体投诉,要求其维护或者协助维护自身的平等就业权。这些社会团体主要包括工会、共产主义青年团和妇女联合会。其法律依据如《妇女权益保障法》第53条。第二条路径是向人力资源和社会保障部门举报,请求及时予以核实处理。其法律依据如《就业促进法》第60条。第三条路径是向该医院的主管部门即新宁县的卫生健康部门申诉,请求及时予以行政监督。第四条路径是向人民法院提起民事诉讼。不同于行政机关招录公务员引发的纠纷,事业单位招聘临时职工引起的纠纷一般通过民事诉讼而非行政诉讼予以解决。而从本事例的后续发展来看,在院方主管机关以及人力资源和社会保障部门介入之前,就业平等问题首先引起了新闻媒体的关

---

① 张翔:《基本权利的规范建构》(修订版),法律出版社2017年版,第69页。

注。由此观之,在上述四条法律路径之外,通过新闻媒体的舆论监督进行维权也不失为一个值得尝试的方案。

从理论上说,特定女性应聘者主张的平等就业权具有一般法律权利和基本权利的双重属性。但就实践而言,较之于对基本权利的主张,对一般法律权利的主张更有可能取得比较理想的维权结果。在采用非诉讼方式维权的路径中,相关的行政机关、社会团体通常更加关注一般法律权利。在相当一部分实务界人士看来,大多数基本权利规范——包括涉及平等就业权的基本权利规范——比较原则和抽象,可操作性不强,尤其是没有指明哪一类行政机关或社会团体负责维权或者协助维权,这些基本权利规范因而只能通过一般法律规范得以间接适用。而在采用诉讼方式维权的路径中,人民法院在民事裁判文书中引用《宪法》作为裁判依据目前存在制度障碍。在废止齐玉苓诉陈晓琪案的批复以后,最高人民法院又通过其制定的《人民法院民事裁判文书制作规范》禁止民事裁判文书引用《宪法》作为裁判依据。① 另外,从我国目前启动合宪性审查的条件来看,公民个人缺乏维护自身基本权利的专门机制。②

最后值得一提的是,在特定女性应聘者与新宁县人民医院订立聘用合同之后,前者依然可以依据相关的法律规定维护自身的权利,只不过,这时其权利在逻辑上已然不包括平等就业权了。如果聘用合同不含“两年内不准怀孕”的款项,受聘的女性临时护士可以在两年内怀孕,若因此遭遇不公再进行维权。如果聘用合同确有“两年内不准怀孕”的款项,无论是否存在两年内生育计划也不管是否实施了该计划,受聘的女性临时护士都至少可以尝试三条维权路径:第一,向该医院劳动争议调解委员会申请调解;第二,若调解不成,向劳动争议仲裁委员会申请仲裁;第三,若对仲裁裁决不服,向人民法院提起民事诉讼。

---

① 详见《最高人民法院关于印发〈人民法院民事裁判文书制作规范〉〈民事诉讼文书样式〉的通知》(法〔2016〕221 号)。

② 根据《立法法》第 99 条,公民个人认为行政法规、地方性法规、自治条例和单行条例同宪法相抵触的,可以向全国人民代表大会常务委员会书面提出进行审查的建议,由常务委员会工作机构进行研究,必要时,送有关的专门委员会进行审查、提出意见。不过,本条文以及该法其他条文乃至其他法律均未规定,公民个人可以利用这一机制对事业单位具有规范性的文件进行合宪性挑战。

图书在版编目(CIP)数据

2019年中国十大宪法事例评析 / 胡锦光主编. -- 北京：法律出版社，2020
ISBN 978-7-5197-5147-0

Ⅰ. ①2… Ⅱ. ①胡… Ⅲ. ①宪法-案例-中国-2019 Ⅳ. ①D921.05

中国版本图书馆CIP数据核字(2020)第229444号

2019年中国十大宪法事例评析
2019 NIAN ZHONGGUO SHIDA XIANFA SHILI PINGXI

胡锦光 主编

策划编辑 沈小英
责任编辑 程王刚 单 洁
装帧设计 汪奇峰

出版 法律出版社
总发行 中国法律图书有限公司
经销 新华书店
印刷 北京虎彩文化传播有限公司
责任校对 王 丰 郭艳萍
责任印制 吕亚莉
编辑统筹 法治与经济出版分社
开本 A5
印张 7.125
字数 226千
版本 2020年12月第1版
印次 2020年12月第1次印刷

法律出版社/北京市丰台区莲花池西里7号(100073)
网址/www.lawpress.com.cn
投稿邮箱/info@lawpress.com.cn
举报维权邮箱/jbwq@lawpress.com.cn
销售热线/400-660-8393
咨询电话/010-63939796

中国法律图书有限公司/北京市丰台区莲花池西里7号(100073)
全国各地中法图分、子公司销售电话：
统一销售客服/400-660-8393/6393
第一法律书店/010-83938432/8433　西安分公司/029-85330678　重庆分公司/023-67453036
上海分公司/021-62071639/1636　深圳分公司/0755-83072995

书号：ISBN 978-7-5197-5147-0　**定价**：86.00元